Como os médicos pensam

Como os médicos pensam

Jerome Groopman

TRADUÇÃO
Alexandre Martins

AGIR

Título original
How Doctors Think

Capa
Victor Burton

Copidesque
Paulo Corrêa

Revisão técnica
Diego Alfaro

Revisão
Maryanne B. Linz
Damião Nascimento

Produção editorial
Maíra Alves

CIP-Brasil. Catalogação-na-fonte. Sindicato Nacional dos Editores de Livros, RJ.

G914c Groopman, Jerome E.
Como os médicos pensam / Jerome Groopman; tradução de Alexandre Martins. — Rio de Janeiro: Agir, 2008.

Tradução de: How doctors think
ISBN 978-85-220-0939-8

1. Medicina — Processo decisório. 2. Lógica médica. 3. Médicos — Psicologia. 4. Clínica médica. I. Título.

CDD: 610
08-0980 CDU: 61

08 09 10 11 12 8 7 6 5 4 3 2 1

AGIR

AGIR EDITORA LTDA. – Uma empresa Ediouro Publicações S.A.
Rua Nova Jerusalém, 345 – CEP 21042-235 – Bonsucesso – Rio de Janeiro – RJ
Tel.: (21) 3882-8200 fax: (21) 3882-8212/8313

Para minha mãe

Ayshet Chayil

(uma mulher de valor)

Nós conseguimos a ordem
deixando de fora a parte desordenada.

William James

Sumário

Introdução

Anne Dodge tinha perdido a conta de quantos médicos consultara nos últimos 15 anos. Perto de trinta, ela podia apostar. Agora, dois dias depois do Natal de 2004, em uma manhã surpreendentemente agradável, ela estava novamente dirigindo rumo a Boston para ver mais um médico. Seu médico pessoal tinha se oposto à viagem, argumentando que os problemas de Anne eram tão antigos e tão bem definidos que a consulta seria inútil. Mas seu namorado insistira teimosamente. Anne disse a si mesma que a consulta faria bem ao namorado e que ela estaria de volta em casa ao meio-dia.

Anne está na casa dos 30 anos de idade, tem cabelos castanho-claros e olhos azul-claros. Cresceu em uma cidadezinha de Massachusetts, com três irmãs. Ninguém tivera uma doença como a dela. Por volta dos 20 anos, descobriu que não se dava bem com comida. Após uma refeição Anne sentia como se uma das mãos segurasse seu estômago e o torcesse. A náusea e a dor eram tão intensas que ela eventualmente vomitava. O médico da família a examinou e não identificou nada de errado. Receitou antiácidos. Mas os sintomas continuaram. Anne perdeu o apetite e tinha de se obrigar a comer; então ficava enjoada e se retirava discretamente para o banheiro para regurgitar. Seu clínico-geral suspeitou do que poderia estar errado, mas para ter certeza a encaminhou a um psiquiatra, que chegou a um diagnóstico: anorexia nervosa com bulimia, uma doença caracterizada por vômitos e aversão à comida. Se o quadro não fosse corrigido, ela poderia morrer de fome.

Ao longo dos anos Anne se consultou com muitos clínicos, até encontrar a última, uma mulher especializada em pacientes com distúrbios alimentares. Anne também foi examinada por muitos especialistas: endocrinologistas, ortopedistas, hematologistas, infectologistas e, claro, psicólogos e psiquiatras. Foi medicada com quatro diferentes antidepressivos e fez psicoterapia uma vez por semana. Nutricionistas controlavam cuidadosamente sua ingestão diária de calorias.

Mas a saúde de Anne continuou a deteriorar-se, e os 12 meses anteriores tinham sido os piores de sua vida. Seu número de hemácias e plaquetas tinha caído para níveis perigosos. Uma biópsia de medula óssea revelou poucas células em desenvolvimento. Os dois hematologistas que Anne consultou atribuíram os baixos valores à deficiência nutricional. Anne também tinha uma grave osteoporose. Um endocrinologista disse que seus ossos eram como os de uma mulher de 80 anos, em função da falta de vitamina D e de cálcio. Um ortopedista identificou uma pequena fratura no metatarso do seu pé. Também havia sinais de que seu sistema imunológico estava entrando em colapso: Anne padecia de uma série de infecções, inclusive meningite.

Em 2004, foi internada quatro vezes em uma clínica psiquiátrica para tentar ganhar peso sob supervisão. Para recuperar seu organismo, a clínica determinou que Anne ingerisse três mil calorias por dia, principalmente na forma de carboidratos de fácil digestão, como cereais e massa. Mas, quanto mais Anne comia, pior se sentia. Não apenas era tomada de extrema náusea e ânsia de vômito, como passou a ter graves cólicas intestinais e diarréia. Sua médica disse que ela havia desenvolvido a síndrome do intestino irritável, um distúrbio associado a estresse psicológico. Em dezembro, o peso de Anne tinha chegado a 37 quilos. Embora ela dissesse estar se forçando a ingerir quase três mil calorias, a clínica e a psiquiatra consideraram a perda de peso constante como um sinal de que Anne não dizia a verdade.

Naquele dia Anne estava tendo uma consulta com o dr. Myron Falchuk, um gastroenterologista. Falchuk já tinha recebido seu prontuário, e a médica dissera a ele que a síndrome do intestino irritável de Anne era mais uma manifestação de sua saúde mental em deterioração. Falchuk ouviu na descrição do caso pela médica a mensagem implícita de que sua função era examinar o abdome de Anne, que tinha sido cutucado e furado muitas vezes por muitos médicos, e assegurar a ela que a síndrome do intestino irritável, embora desconfortável e incômoda, deveria ser tratada da forma que a médica tinha recomendado, com dieta adequada e tranqüilizantes.

Mas foi exatamente o que Falchuk não fez. Em vez disso, ele começou a perguntar, escutar e observar, e depois a pensar de forma diferente sobre o problema de Anne. E, agindo assim, salvou a vida dela, porque durante 15 anos um aspecto fundamental de sua doença tinha sido ignorado.

Este livro é sobre o que se passa na cabeça de um médico enquanto ele trata de um paciente. A idéia surgiu de forma inesperada, em uma manhã de setembro de 2004, enquanto eu fazia a ronda com um grupo de residentes e estudantes de medicina. Eu era o médico responsável pelo setor de "clínica geral", o que significava que era minha responsabilidade orientar aquela equipe de iniciantes no atendimento a pacientes com uma grande gama de problemas clínicos, não apenas aqueles ligados às minhas próprias especialidades de doenças do sangue, câncer e aids. Havia em nossa ala pacientes com pneumonia, diabetes e outras doenças comuns, mas também alguns com sintomas que não apontavam imediatamente para um diagnóstico, ou com doenças para as quais havia muitos tratamentos possíveis, com nenhum deles sendo claramente superior aos outros.

Eu gosto de fazer rondas do modo tradicional. Um dos membros da equipe apresenta os principais aspectos do caso, e depois nós vamos em grupo até o leito, onde conversamos com o paciente e o examinamos. A equipe então retorna à sala de reunião para debater o problema. Utilizo na discussão um método socrático, estimulando os estudantes e residentes a desafiarem uns aos outros e a me desafiarem com suas idéias, mas no final da ronda naquela manhã de setembro eu estava um pouco incomodado. Preocupava-me com a falta de intercâmbio entre os membros da equipe, mas estava ainda mais decepcionado comigo como professor. Concluí que com freqüência excessiva aqueles brilhantes e afáveis estudantes de medicina e residentes deixavam de questionar de forma inteligente, escutar cuidadosamente ou observar com atenção. Eles não estavam pensando em profundidade sobre os problemas de seus pacientes. Havia algo profundamente errado no modo como estavam aprendendo a decifrar charadas clínicas e a se preocupar com as pessoas.

É comum ouvir esse tipo de crítica — de que as novas gerações de médicos não são tão perspicazes ou competentes quanto as anteriores — entre médicos mais velhos, normalmente feita assim: "Quando eu estava me formando há trinta anos tudo era rigoroso e precisávamos conhecer nosso trabalho. Já hoje..." Esses médicos mais velhos e amargos falam como se alguma espécie de mágica que os tinha transformado em ótimos clínicos houvesse desaparecido. Suspeito que todas as gerações levam consigo a idéia de que seu tempo e seu lugar, vistos através das lentes distorcidas da nostalgia, eram superiores aos de hoje. Confesso que até recentemente eu também tinha essa sensação nostálgica. Mas, refletindo, vi que também havia grandes falhas em minha própria formação médica. O que diferenciava meu aprendizado daquele dos jovens novatos era a natureza da deficiência, o tipo de falha.

Minha geração nunca foi claramente ensinada a pensar como clínicos. Nós aprendemos medicina de forma improvisada. Os residentes observavam os grandes médicos da mesma maneira como os aprendizes observavam os mestres-artesãos em uma guilda medieval, e, de algum modo, esperava-se que os novatos assimilassem a forma como os mais velhos chegavam ao diagnóstico e ao tratamento. O médico responsável raramente explicava de forma clara os passos mentais que o levavam a tomar suas decisões. Nos últimos anos tem havido uma reação firme a essa abordagem improvisada. De modo a criar uma estrutura mais organizada, os alunos de medicina estão sendo ensinados a seguir algoritmos preestabelecidos e regras de atuação na forma de cadeias de decisão. Esse método também está sendo imposto à equipe médica por certos administradores em muitos hospitais dos Estados Unidos e da Europa. Companhias de seguros consideram isso particularmente interessante para decidir se aprovam a utilização de certos exames diagnósticos ou tratamentos.

A base da cadeia de decisão clínica é o principal sintoma do paciente ou um resultado de laboratório, que é escrito em um fluxograma. Setas ligam esse resultado a outras "caixas" do diagrama. Por exemplo: um sintoma comum como "garganta inflamada" dá início ao algoritmo, vindo depois uma série de seqüências com perguntas do tipo "sim" ou "não" relativas a sintomas associados. Há febre ou não? Há nódulos linfáticos inchados associados à inflamação na garganta? Outros membros da família com o mesmo sintoma? Da mesma forma, um exame de laboratório como uma cultura de bactérias da garganta aparece bem depois na cadeia, com ramos baseados em respostas "sim" ou "não" aos resultados da cultura. O percurso até o final dos ramos deve levar ao diagnóstico correto e ao tratamento.

Algoritmos clínicos podem ser úteis para diagnósticos e tratamentos simples, como distinguir uma garganta inflamada de uma faringite viral, por exemplo. Entretanto, eles logo se mostram insuficientes quando o médico precisa ir além de um fluxograma, quando os sintomas são vagos, ou múltiplos e enganadores, ou quando os resultados dos exames não são definitivos. Nesses casos — os tipos de casos em que um médico criterioso é mais necessário —, os algoritmos desestimulam os clínicos a pensar de forma independente e criativa. Em vez de ampliar o raciocínio do médico, eles podem limitá-lo.

Da mesma forma, há um movimento que prega que todas as decisões de tratamento devem ser baseadas em dados estatisticamente comprovados. Essa chamada medicina baseada em evidências está rapidamente se tornando um padrão em muitos hospitais. Tratamentos que não se incluam nas provas estatísticas são considerados tabus até que testes clínicos consigam produzir um volume de informações suficiente. Claro que todos os médicos devem levar em consideração as pesquisas no momento de escolher um tratamento. Mas a rígida confiança atual na medicina baseada em evidências ameaça levar o médico a escolher um tratamento passivo, baseado apenas em números. As estatísticas não podem substituir o ser humano que está à sua frente; estatísticas dizem respeito a médias, não a indivíduos. Os números apenas complementam a experiência pessoal do médico com um remédio ou um procedimento, assim como seu conhecimento de se a "melhor" terapia do ponto de vista clínico atende às necessidades e aos valores específicos de um paciente.

Toda manhã, quando as rondas começavam, eu via os estudantes e residentes consultando seus algoritmos e depois apresentando estatísticas de estudos recentes. Concluí que a geração seguinte de médicos estava sendo condicionada a operar como um computador bem programado que funciona em uma estrutura rigidamente binária. Após várias semanas incomodado com a confiança exclusiva de alunos e residentes em algoritmos e em terapias baseadas em dados, e com minha própria sensação de que não sabia como ampliar os horizontes deles e mostrar outros aspectos, me fiz uma pergunta simples: como um médico deveria pensar?

Essa pergunta previsivelmente levou a outras: médicos diferentes pensam de forma diferente? Alguns modos de pensar são mais ou menos comuns nas diferentes especialidades? Em outras palavras, cirurgiões pensam diferente de clínicos, que pensam diferente de pediatras? Há um modo de pensar que seja "melhor", ou há muitos estilos diferentes que podem levar ao diagnóstico correto e à escolha do tratamento mais eficaz? Como um médico pensa quando é obrigado a improvisar, quando confrontado com um problema para o qual há poucos precedentes, ou nenhum? (Nesses casos os algoritmos são fundamentalmente irrelevantes e não há dados estatísticos.) Quanto o modo de pensar de um médico difere nas visitas de rotina em comparação a momentos de crise clínica? As emoções de um médico — a simpatia ou antipatia por um paciente específico, sua postura relativa à estrutura social e psicológica da vida do seu paciente — influenciam seu raciocínio? Por que mesmo as mais brilhantes mentes médicas deixam passar uma pista fundamental para o verdadeiro diagnóstico de uma pessoa ou se afastam muito da solução certa? Em suma, quando e por que o modo de pensar é certo ou errado na medicina?

Eu não tinha respostas prontas para essas perguntas, embora tivesse me formado em uma faculdade de medicina e feito um programa de residência conceituado, além de ter me dedicado à clínica médica por cerca de trinta anos.

Então comecei a buscar as respostas junto a meus colegas.* Praticamente todos os médicos que entrevistei ficaram intrigados com as perguntas, mas confessaram que nunca tinham pensado em como pensavam. Então busquei na literatura médica estudos sobre reflexão clínica. Descobri um grande número de pesquisas que modelavam a tomada de decisão médica "ótima" a partir de fórmulas matemáticas complexas, mas mesmo os defensores dessas fórmulas admitiam que elas raramente refletiam a realidade do leito e não podiam ser obedecidas na prática. Descobri por que achava difícil ensinar os estagiários a pensar durante as rondas. Também descobri que não estava atendendo meus próprios pacientes tão bem quanto poderia. Senti que se tivesse maior consciência de meu próprio método de raciocínio, principalmente de suas armadilhas, seria capaz de oferecer mais cuidados. Não fui um dos hematologistas que avaliaram Anne Dodge, mas poderia muito bem ter sido, e temi que também eu pudesse não ter reconhecido o que estava faltando no diagnóstico dela.

Claro que não é possível esperar que um médico seja infalível. No fundo, a medicina é uma ciência inexata. Todo médico comete erros de diagnóstico e de tratamento. Mas a freqüência com que esses erros ocorrem, e sua gravidade, pode ser reduzida se compreendermos como um médico pensa e como pode pensar melhor. Este livro foi escrito tendo este objetivo. É dirigido principalmente a leigos, embora eu ache que médicos e outros profissionais de medicina o considerarão útil. Por que para os leigos? Porque os médicos precisam desesperadamente que os pacientes, seus parentes e amigos os ajudem a pensar. Sem sua ajuda, os médicos não têm as pistas fundamentais daquilo que realmente está acontecendo. Aprendi isso não como médico, mas quando fiquei doente, quando eu fui o paciente.

Todos nos perguntamos por que um médico fez certas perguntas ou se desviou para áreas inesperadas enquanto reunia informações sobre nós. Todos nos perguntamos o que exatamente o levou a fazer um determinado diagnóstico e

* Logo me dei conta de que tentar compreender como psiquiatras pensam estava além de minhas capacidades. O tratamento de doenças mentais é por si só um campo enorme, que abrange várias escolas de pensamento e teorias da mente. Por esse motivo, não abordo a psiquiatria neste livro.

sugerir um tratamento específico, rejeitando as alternativas. Embora prestemos grande atenção ao que um médico diz e tentemos ler suas expressões faciais, freqüentemente ficamos perplexos com o que realmente está passando por sua cabeça. Essa ignorância impede uma comunicação eficaz com o médico, impede que digamos tudo o que ele precisa ouvir para chegar ao diagnóstico correto e nos recomendar a melhor terapia.

No caso de Anne Dodge, após uma miríade de testes e procedimentos, foram as palavras dela que levaram Falchuk a diagnosticar corretamente sua doença e salvar sua vida. Embora a medicina moderna conte com a ajuda de uma gama impressionante de tecnologias, como exames de ressonância magnética de alta resolução e análises de DNA, a linguagem ainda é a base da prática clínica. Nós dizemos ao médico o que nos incomoda, aquilo que achamos que está diferente, e então respondemos às suas perguntas. Esse diálogo é nossa primeira pista de como nosso médico pensa, portanto é com isso que o livro começa, estudando o que aprendemos sobre a mente de um médico a partir do que ele diz e de como diz. Mas não é apenas a lógica clínica que os pacientes podem extrair de seu diálogo com um médico. Eles também podem medir a sua temperatura emocional. Normalmente é o médico que avalia nosso estado emocional. Mas poucos de nós nos damos conta do quanto as emoções e o temperamento de um profissional podem influenciar seu julgamento médico. Nós, é claro, talvez tenhamos apenas vislumbres dos sentimentos do nosso médico, mas mesmo esses pequenos momentos podem revelar muito sobre por que ele resolveu escolher um possível diagnóstico ou sugeriu um tratamento em especial.

Após estudar o significado das palavras e sentimentos do médico, o livro segue o caminho que tomamos quando nos enveredamos no atual sistema de medicina. Se temos um problema que carece de solução imediata, corremos para um pronto-socorro. Lá, os médicos freqüentemente não têm a vantagem de nos conhecer e precisam trabalhar com um volume de informações limitado sobre nosso histórico médico. Eu estudo o modo como os médicos pensam nessas condições, como avaliações precisas podem ser feitas e graves erros cognitivos cometidos sob a pressão do tempo em um pronto-socorro. Se nossos problemas clínicos não são de emergência, então nosso caminho começa com o médico de atendimento primário — no caso de uma criança, um pediatra; no caso de um adulto, um clínico-geral. Na gíria de hoje, esses médicos são chamados de "porteiros", porque abrem as portas para os especialistas. A história continua através dessas portas; a cada passo do caminho, vemos como é fundamental que mesmo o médico mais inteligente duvide de seu raciocínio, repetidamente levando em conta em sua análise a possibilidade de estar errado. Também identificamos a tensão entre sua reconhecida insegurança e a necessidade de fazer uma escolha clínica e agir. Um dos capítulos aborda isso em meu próprio caso; busquei a ajuda de seis renomados cirurgiões de mão em função de um problema que me incapacitava, e recebi quatro opiniões diferentes.

Muito já foi dito sobre o poder da intuição, e certamente impressões iniciais formadas em um instante podem estar certas. Mas, como ouvimos de um leque de médicos, confiar demais na intuição pode ser um perigo. Boas avaliações médicas fundem primeiras impressões — *Gestalt* — com análise cuidadosa. Isso demanda tempo, talvez a mercadoria mais rara em um sistema de saúde que mede consultas em minutos. O que médicos e pacientes podem fazer para encontrar tempo para pensar? Abordo esse tema nas páginas seguintes.

Hoje a medicina não está separada do dinheiro. Até que ponto todo o marketing dos laboratórios farmacêuticos realmente influencia decisões de forma consciente ou subliminar? Eu acredito que muito poucos médicos se prostituam em busca do lucro, mas todos somos suscetíveis aos esforços sutis, ou não tão sutis, da indústria farmacêutica para modelar nosso raciocínio. Essa indústria é fundamental; sem ela, haveria menos tratamentos novos, uma desaceleração do progresso. Muitos médicos e um executivo do setor falam com grande sinceridade sobre o alcance do marketing de medicamentos, sobre como aspectos naturais do envelhecimento são mentirosamente transformados em doenças e sobre como os pacientes podem ficar alertas quanto a isso.

O câncer, claro, é uma doença temida, que se torna mais provável à medida que envelhecemos. Ele irá atacar aproximadamente um a cada dois homens e uma a cada três mulheres em algum momento de sua vida. Foram feitos recentemente grandes progressos clínicos no tratamento de alguns tipos de câncer que antes não podiam ser tratados, mas ainda há muitos tumores malignos que, na melhor das hipóteses, só podem ser temporariamente controlados. O modo como um oncologista pensa sobre o valor de tratamentos complexos e sofridos demanda não apenas um conhecimento da ciência, mas também uma sensibilidade para a alma — quanto risco estamos dispostos a correr e como queremos levar nossa vida. Dois especialistas em câncer revelam como orientam as escolhas de seus pacientes e como seus pacientes os orientam na escolha do tratamento que melhor se ajusta ao temperamento e ao estilo de vida de cada um deles.

No final desta viagem pela mente dos médicos, retornamos à linguagem. O epílogo oferece palavras que pacientes, seus parentes e amigos podem usar para ajudar um médico ou cirurgião a pensar, assim ajudando mais a si mesmos. Os pacientes e seus entes queridos podem ser verdadeiros parceiros dos médicos quando sabem como os médicos pensam e por que eles às vezes não pensam. Fazendo uso desse conhecimento, os pacientes podem oferecer ao médico as informações mais importantes sobre si mesmos, ajudá-lo a chegar ao diagnóstico certo e oferecer o tratamento necessário. Pacientes e seus entes queridos podem ajudar mesmo o médico mais experiente a evitar erros de raciocínio. Para isso, eles precisam de respostas às perguntas que fiz a mim mesmo, e para as quais eu não tinha respostas prontas.

Pouco tempo depois de Anne Dodge ter se consultado com o dr. Myron Falchuk, encontrei-me com ele em seu consultório no Beth Israel Deaconess Medical Center, em Boston. Falchuk é um homem atarracado, recém-entrado na casa dos 60 anos, com uma grande cabeça calva e olhos brilhantes. Seu sotaque é de difícil identificação e tem um tom quase musical. Nasceu no interior da Venezuela e cresceu falando iídiche em casa e espanhol nas ruas da cidade. Quando jovem, foi viver com parentes no Brooklyn. Lá, ele rapidamente aprendeu inglês. Tudo isso o tornou particularmente sensível à linguagem, suas nuanças e sua força. Falchuk deixou Nova York para estudar no Dartmouth College, e depois freqüentou a Faculdade de Medicina de Harvard; foi residente do Peter Bent Brigham Hospital, em Boston, e durante vários anos fez pesquisas sobre doenças do sistema digestivo no Instituto Nacional de Saúde. Após quase quatro décadas, não perdeu o entusiasmo por cuidar de pacientes. Quando começou a discutir o caso de Anne Dodge, empertigou-se na cadeira como se tivesse sido atingido por uma descarga elétrica.

"Ela estava magérrima, e parecia exausta", contou-me Falchuk. "O rosto estava marcado pela fadiga. E o modo como se sentou na sala de espera — tão quieta, as mãos apertadas — me mostrou como era tímida." Desde o início Falchuk estava lendo a linguagem corporal de Anne Dodge. Tudo era uma pista potencial, contando a ele algo não apenas sobre seu quadro físico, mas também sobre seu estado emocional. Aquela era uma mulher abatida pelo seu sofrimento. Precisava ser arrancada daquilo, gentilmente.

Estudantes de medicina são ensinados que a avaliação de um paciente deve seguir um roteiro linear, executando passo a passo: você primeiramente colhe a história do paciente, depois faz uma avaliação física, pede exames e analisa os resultados. Apenas após os dados terem sido reunidos você deve formular hipóteses sobre o que pode haver de errado. Essas hipóteses devem ser aferidas em função de probabilidades estatísticas baseadas nos dados existentes, relativos a cada sintoma, anormalidade física e exames de laboratório; depois você calcula o diagnóstico provável. É uma análise bayesiana, um método de tomada de decisão defendido por aqueles que criam algoritmos e praticam rigidamente a medicina baseada em evidências. Mas, na verdade, poucos médicos trabalham com esse paradigma matemático, se é que algum o faz. O exame físico começa com a primeira impressão visual na sala de espera, e com a resposta física obtida ao apertar a mão da pessoa. Hipóteses sobre o diagnóstico vêm à mente do médico antes mesmo que seja dita uma palavra sobre a história clínica. E em casos como o de Anne, é claro, o especialista tinha um diagnóstico no relatório escrito pela clínica e confirmado pela miríade de observações de médicos em seu prontuário.

Falchuk conduziu Anne Dodge para o consultório com a mão no cotovelo dela, levando-a suavemente até a cadeira em frente à sua mesa. Ela olhou para uma pilha de papéis de 15 centímetros de altura. Era o dossiê que tinha visto nas mesas de seus endocrinologistas, hematologistas, infectologistas, psiquiatras e nutricionistas. Durante 15 anos ela o tinha visto aumentar de tamanho, consulta após consulta.

Mas então o dr. Falchuk fez algo que chamou a atenção de Anne: transferiu o prontuário para o canto mais distante da mesa, puxou uma caneta do bolso de cima do jaleco branco e pegou um bloco de papel pautado da gaveta. Então disse:

— Antes de falar sobre por que você está aqui hoje, vamos voltar ao começo. Fale sobre a primeira vez em que você não se sentiu bem.

Por um momento, ela ficou confusa. O médico não tinha falado com sua clínica e olhado o prontuário?

— Eu tenho bulimia e anorexia nervosa — respondeu suavemente. Apertou as mãos com força. — E tenho síndrome do intestino irritável.

Falchuk deu um sorriso gentil:

— Quero ouvir sua história nas suas próprias palavras.

Anne olhou para o relógio na parede, a marcha constante do ponteiro maior desperdiçando tempo precioso. Sua médica tinha dito que o dr. Falchuk era um importante especialista, que havia uma longa lista de espera para uma consulta com ele. Seu problema não era de emergência, e ela só conseguira uma hora em menos de dois meses por causa de um cancelamento na agenda de Natal. Mas não identificou nenhum sinal de impaciência no médico. Mantinha-se tão calmo que parecia ter todo o tempo do mundo.

Então Anne começou, como o dr. Falchuk tinha pedido, desde o início, contando a longa e tortuosa história de seus sintomas iniciais, os muitos médicos que consultara, os testes que fizera. Enquanto ela falava, o dr. Falchuk consentia com a cabeça ou dizia frases curtas: "Hã-hã." "Entendo." "Continue."

Em alguns momentos Anne se viu perdendo o fio da meada. Era como se o dr. Falchuk tivesse lhe dado permissão para abrir as comportas, e um fluxo de lembranças dolorosas passou por ela. Estava seguindo aos tropeços, arrastada como na infância em Cape Cod, quando uma grande onda a apanhou desprevenida. Ela não conseguia lembrar exatamente de quando tinha feito a biópsia de medula óssea para a anemia.

— Não se preocupe muito com isso — disse Falchuk.

Durante um bom tempo Anne ficou sentada em silêncio, ainda procurando a data.

— Verei isso mais tarde no seu histórico. Vamos falar sobre os últimos meses; especificamente sobre o que você tem feito para tentar recuperar peso.

Isso era mais fácil para Anne; o médico tinha arremessado uma corda e a estava trazendo de volta para a praia do presente. Enquanto ela falava, Falchuk se concentrou nos detalhes de sua dieta.

— Agora me diga novamente o que acontece após cada refeição — disse ele.

Anne achou que já havia explicado aquilo, que estava detalhado no seu histórico. Certamente sua médica tinha falado ao dr. Falchuk sobre a dieta. No entanto, ela continuou:

— Tento comer o máximo possível de cereal pela manhã, e depois pão e massa no almoço e no jantar.

Anne explicou que cólicas e diarréia se seguiam a praticamente todas as refeições. Estava tomando remédios contra náusea que haviam reduzido bastante a freqüência dos vômitos, mas não ajudavam na diarréia.

— Todos os dias eu calculo quantas calorias estou ingerindo, exatamente como a nutricionista me ensinou. E está perto de três mil — disse Anne.

O dr. Falchuk parou. Anne viu seus olhos se tornarem distantes. Depois ele voltou a focalizar e a levou para a sala de exames do outro lado do corredor. O exame físico foi diferente de todos os outros que ela fizera até então. Anne esperava que ele se concentrasse no seu abdome, apertasse e cutucasse o fígado e o baço, a fizesse respirar fundo e procurasse regiões sensíveis. Em vez disso, Falchuk olhou cuidadosamente para sua pele e para as palmas das mãos. Falchuk estudou cuidadosamente as linhas das mãos, como se fosse um quiromante lendo as linhas da vida e o futuro. Anne ficou um tanto perplexa, mas não perguntou por que ele estava fazendo aquilo. Nem questionou por que ele passou tanto tempo examinando o interior de sua boca com uma lanterna, inspecionando não apenas sua língua e palato, mas também as gengivas e o tecido brilhante atrás dos lábios. Ele também passou um bom tempo estudando suas unhas das mãos e dos pés.

— Algumas vezes é possível encontrar na pele ou no tecido da boca pistas que levam a um diagnóstico — explicou ele finalmente.

O médico também pareceu se concentrar nos vestígios de matéria fecal em seu reto. Ela lhe contou que tomara café-da-manhã cedo e tivera diarréia antes de seguir de carro para Boston.

Ao final do exame físico, pediu que ela se vestisse e retornasse à sala. Anne estava cansada. A energia que tinha reunido para a viagem estava desaparecendo. Preparou-se para mais um discurso sombrio sobre como precisava comer mais, já que seu quadro piorava.

— Não tenho certeza de que isso seja síndrome do intestino irritável, ou que sua perda de peso se deva a bulimia e anorexia nervosa — disse o dr. Falchuk.

Ela não sabia se havia entendido bem. Falchuk pareceu perceber sua confusão:

— Pode haver uma outra coisa acontecendo que explique por que você não consegue recuperar peso. Eu posso estar errado, claro, mas precisamos ter certeza, considerando-se como você está frágil e o quanto está sofrendo.

Anne se sentiu ainda mais confusa e lutou contra a vontade de chorar. Aquele não era o momento de ter um colapso. Precisava se concentrar no que o médico estava dizendo. Ele sugeriu mais exames de sangue, o que era bastante simples, mas depois sugeriu um procedimento chamado endoscopia. Anne prestou bastante atenção enquanto Falchuk descrevia como iria introduzir um instrumento de fibra óptica, basicamente um telescópio flexível, através do esôfago, passando pelo estômago e chegando ao intestino delgado. Caso visse algo anormal, faria uma biópsia. Anne estava exausta de intermináveis exames e procedimentos: radiografias, densitometria óssea, a dolorosa biópsia de medula óssea por causa da contagem de hemácias e múltiplas punções lombares quando tivera meningite. Apesar da garantia de que seria sedada, ela tinha dúvidas sobre se a endoscopia justificava o aborrecimento e o desconforto. Lembrou-se da relutância de sua médica em encaminhá-la a um gastroenterologista, e ficou pensando se o procedimento não seria sem sentido, feito apenas por fazer ou, ainda pior, para ganhar dinheiro.

Dodge estava prestes a recusar, mas então Falchuk repetiu enfaticamente que alguma outra coisa poderia ser a causa de seu quadro.

— Considerando como você está mal, quanto peso perdeu, o que aconteceu com seu sangue, seus ossos, seu sistema imunológico ao longo dos anos, precisamos ter certeza absoluta de tudo o que está errado. Talvez seu corpo não consiga digerir o que você está comendo, talvez aquelas três mil calorias estejam simplesmente passando através de você, e por isso você foi reduzida a 37 quilos.

Quando me encontrei com Anne Dodge um mês depois de sua primeira consulta com o dr. Falchuk, ela me contou que ele lhe dera o melhor presente de Natal que já havia recebido. Ganhara mais de 5 quilos. A profunda náusea, a ânsia de vômito, as cólicas e a diarréia que se seguiam a cada café-da-manhã, almoço e jantar enquanto ela se esforçava para encher o estômago de cereais, pão e massa tinham diminuído. Os testes de sangue e a endoscopia mostraram que ela sofria de doença celíaca; uma doença auto-imune, fundamentalmente uma alergia ao glúten, principal componente de muitos grãos. Antes considerado raro, o mal, também chamado de espru celíaco, é hoje mais facilmente reconhecido graças a testes diagnósticos sofisticados. Mais ainda: ficou claro que a doença celíaca não é apenas uma doença infantil, como se pensava; os sintomas podem não se manifestar antes do final da adolescência ou do início da juventude, como Falchuk acreditava ter acontecido no caso de Anne Dodge. Sim, ela sofria de um distúrbio alimentar. Mas a reação do seu corpo ao glúten provocou irritação e mudanças no revestimento dos seus intestinos, de modo que os nutrientes não eram absorvidos. Quanto mais cereal e massa ela acrescentava à dieta, mais o trato intestinal era prejudicado, e menos calorias e vitaminas fundamentais eram absorvidas pelo organismo.

Anne Dodge me contou que estava ao mesmo tempo animada e um tanto perturbada. Após passar 15 anos tentando melhorar, havia começado a perder as esperanças. Agora, tinha pela frente uma nova oportunidade de recuperar a saúde. Levaria tempo, disse, para reconstruir não apenas seu corpo, mas sua mente. Talvez um dia pudesse, como definiu, ser "inteira" novamente.

Atrás da mesa de Falchuk, uma grande fotografia emoldurada ocupa boa parte da parede. Um grupo de homens vestidos sobriamente posa, alguns segurando chapéus-coco, outros com grossos bigodes como os de Teddy Roosevelt; o tom sépia da foto e a aparência dos homens a situa no início dos anos 1900. Parecia incoerente com o comportamento sociável e os trajes elegantes de Falchuk. Mas é, como ele diz, sua pedra de toque.

"A fotografia foi tirada em 1913, quando inauguraram o Brigham Hospital", explicou Falchuk. "William Osler fez as primeiras grandes rondas." Um sorriso surgiu em seus lábios. "É uma cópia. Eu não roubei o original quando fui residente-chefe." Osler era altamente sensível ao poder e à importância das palavras, e seus textos influenciaram muito Falchuk. "Osler dizia basicamente que, se você escutar o paciente, ele dará o diagnóstico. Muitas pessoas vêem um especialista como eu como um técnico. Eles o procuram para fazer um procedimento. Não há dúvida de que procedimentos são importantes ou de que a tecnologia especializada de que dispomos hoje é vital para cuidarmos de um paciente. Mas acho que essa tecnologia também nos afastou da história do paciente", disse, fazendo depois uma pausa. "E, quando você se afasta da história do paciente, já não é realmente um médico."

O modo como um médico pensa pode ser percebido inicialmente na maneira como ele fala e ouve. Além das palavras ditas e ouvidas, há a comunicação não-verbal, a atenção que ele dá à linguagem corporal do paciente, além da sua própria linguagem corporal — suas expressões, sua postura, seus gestos. Debra Roter, professora de políticas de saúde e administração na Universidade Johns Hopkins, trabalha em equipe com Judith Hall, professora de psicologia social na Universidade Northeastern. Elas estão entre as mais produtivas e perspicazes pesquisadoras dedicadas à comunicação médica. Elas analisaram milhares de fitas de vídeo e entrevistas ao vivo entre médicos de diferentes especialidades — clínicos, ginecologistas, cirurgiões — e pacientes, analisando frases e movimentos físicos. Também verificaram dados de outros pesquisadores. Demonstraram que o modo como um médico faz perguntas e o modo como reage às emoções do seu paciente são a chave para o que elas chamam de "ativação e envolvimento do paciente". A idéia, como Roter explicou quando conversamos, é "despertar a pessoa", para que o paciente se sinta livre, quando não ansioso, para iniciar um diálogo. A liberdade do paciente de falar é necessária para que o médico consiga pistas sobre o enigma clínico que tem diante de si. Se o paciente é inibido, interrompido prematuramente ou limitado a um modelo de diálogo, o médico poderá não ouvir algo fundamental. Observadores notaram que, em média, os médicos interrompem seus pacientes 18 segundos após eles começarem a contar sua história.

Vamos aplicar as descobertas de Roter e Hall ao caso de Anne Dodge. Falchuk começou sua conversa com a pergunta geral e aberta de quando ela começou a se sentir mal. "O modo como um médico faz uma pergunta determina as respostas do paciente", disse Roter. Se Falchuk tivesse feito uma pergunta específica, limitada — "Que tipo de dor abdominal você tem, aguda ou constante?" —, teria implicitamente revelado a idéia prévia de que Anne Dodge tinha síndrome do intestino irritável. Sobre o esforço dos médicos para estabelecer um diagnóstico, Roter diz que "se você sabe para onde está indo, então as perguntas limitadoras são mais eficazes. Mas se você está inseguro quanto ao diagnóstico, uma pergunta limitadora é ineficaz, porque ela o coloca imediatamente, talvez de forma irrevogável, na direção errada". A grande vantagem do interrogatório aberto é que aumenta a oportunidade de o médico ouvir informações novas.

"O que é preciso para conseguir sucesso com perguntas abertas?", perguntou Roter retoricamente. "O médico precisa fazer o paciente sentir que realmente está interessado em ouvir o que ele tem a dizer. E, quando conta sua história, o paciente dá pistas e chaves de algo em que o médico poderia não estar pensando."

O tipo de pergunta que o médico faz é apenas metade de um diálogo médico bem-sucedido. "O médico deve reagir às emoções do paciente", continuou Roter. A maioria dos pacientes está tomada de medo e ansiedade; alguns ainda têm uma sensação de vergonha por sua doença. Mas um médico oferece mais do que alívio psicológico reagindo simpaticamente ao paciente. "O paciente não quer parecer idiota nem desperdiçar o tempo do médico. Mesmo se o médico fizer as perguntas certas, o paciente poderá não colaborar por causa de seu estado emocional. O objetivo do médico deve ser conhecer a história, e para isso ele precisa compreender as emoções do paciente", disse Roter.

Falchuk identificou imediatamente em Anne as emoções que a impediriam de contar sua história. Tentou deixá-la à vontade, reagindo com simpatia à sua história. Fez ainda mais uma coisa que Roter considera essencial para a obtenção de informações: eliminou a ansiedade e a reticência de Anne indicando que estava realmente prestando atenção, que queria ouvir mais. Suas frases simples — "Hã-hã", "Estou acompanhando", "Continue" — mostraram a Anne Dodge que o que ela estava dizendo era importante para ele.

Judy Hall, a psicóloga social, foi ainda mais fundo na dimensão emocional do diálogo entre médico e paciente: se o médico parece gostar do paciente e se o paciente gosta do médico. Ela descobriu que esses sentimentos não são segredo de nenhum dos lados da escrivaninha. Em estudos com médicos de atendimento primário e cirurgiões, os pacientes sabiam de forma impressionantemente precisa o que o médico sentia por eles. Muito disso, naturalmente, é fruto de comportamento não-verbal: as expressões faciais do médico, o modo como ele se senta, se seus gestos são calorosos e receptivos ou formais e distantes. "O médico deveria ser emocionalmente neutro e imparcial com todos, e sabemos que isso não é verdade", disse Hall.

Sua pesquisa sobre o relacionamento entre médicos e pacientes diz respeito ao caso de Anne Dodge. Hall descobriu que os pacientes mais doentes são aqueles de quem os médicos menos gostam, e que pessoas muito doentes sentem esse desgosto. Em geral, os médicos tendem a gostar das pessoas mais saudáveis.

Por que isso? "Eu não ataco os médicos. Alguns médicos sentem aversão aos pacientes muito doentes, e as razões para isso são bastante desculpáveis", disse Hall. Muitos médicos têm uma profunda sensação de fracasso quando lidam com doenças que resistem até mesmo à melhor terapia; nesses casos eles ficam frustrados, porque todo o seu trabalho duro parece em vão. Assim, param de tentar. De fato, poucos médicos recebem calorosamente pacientes como Anne Dodge. Consideremos: 15 anos de anorexia nervosa e bulimia, um distúrbio socialmente estigmatizado, um mal que freqüentemente é muito difícil de curar. Consideremos também quanto tempo e atenção Anne recebeu ao longo desses 15 anos, de tantas pessoas e sem nenhum vestígio de melhora; e em dezembro de 2004 ela estava apenas piorando.

Roter e Hall também estudaram o efeito que o comportamento do médico junto ao leito tem no diagnóstico e no tratamento bem-sucedidos. "Tendemos a nos lembrar dos extremos, do cirurgião genial que, à beira do leito, comporta-se como um autista, ou do gentil clínico-geral não muito competente. Mas as coisas boas aparecem juntas — o bom exercício da medicina em geral exige ambos. A boa prática é um pacote completo", disse Hall, concluindo que, por isso, "a maior parte do que os médicos fazem é falar, e a comunicação não pode ser separada da medicina de qualidade. Você precisa de informações para chegar ao diagnóstico, e a melhor forma de conseguir essas informações é criar um relacionamento com o paciente. A competência não pode ser separada da capacidade de comunicação. Não é uma troca".

Falchuk se entrega a um monólogo interno para conduzir seu raciocínio. "Ela me disse que estava ingerindo três mil calorias por dia. Eu me perguntei: 'Devo acreditar em você? E se acreditar, então por que não está ganhando peso?'" A simples possibilidade tinha de ser levada à sua conseqüência lógica: a de que ela realmente estava tentando, de que realmente estava colocando cereais, pão e massa na boca, mastigando, engolindo, lutando para não vomitar e, ainda assim, definhando, sua contagem de células diminuindo, seus ossos se decompondo, seu sistema imunológico entrando em colapso. "Eu tenho de dar a ela o benefício da dúvida", disse Falchuk a si mesmo.

A mente aberta de Falchuk se refletiu no seu questionamento aberto. Quanto mais observava Anne Dodge, e quanto mais ouvia, mais incomodado se sentia. "Simplesmente parecia impossível concluir definitivamente que era um quadro exclusivamente psiquiátrico. Todos a tinham descrito como um caso de neurose. Mas minha intuição me dizia que a imagem não se ajustava perfeitamente. E, quando comecei a pensar assim, passei a especular sobre o que estaria faltando."

A intuição clínica é uma sensação complexa que aperfeiçoamos com muitos anos de prática, ouvindo as histórias de literalmente milhares de pacientes, examinando milhares de pessoas e, o mais importante, lembrando-nos de quando erramos. No Instituto Nacional de Saúde, Falchuk tinha feito pesquisas com pacientes com má absorção, pessoas que não conseguiam extrair nutrientes e calorias vitais da comida que ingeriam. Esse histórico foi fundamental para reconhecer que Anne Dodge poderia sofrer não apenas de anorexia nervosa ou bulimia, mas também de alguma forma de má absorção. Ele me disse que Anne o fez lembrar de que no passado tinha sido enganado por uma paciente que estava perdendo peso rapidamente. A mulher tinha um diagnóstico de má absorção. Ela disse que comia bem, mas tinha cólicas e diarréias terríveis, e seus muitos médicos acreditaram nela. Após mais de um mês de avaliações, com muitos exames de sangue e endoscopias, Falchuk, por acaso, encontrou debaixo da cama do hospital um frasco de laxante que ela tinha esquecido de esconder. Não havia nada de errado com seu trato gastrointestinal. Havia algo de tragicamente errado com sua psique. Falchuk aprendeu que é preciso levar em consideração tanto a mente quanto o corpo, às vezes de forma independente, às vezes em função de suas ligações.

Diferentes médicos, como veremos nos capítulos seguintes, adquirem competência de formas impressionantemente semelhantes, embora trabalhando em campos muito distintos. Basicamente, eles reconhecem e recordam seus erros e suas avaliações equivocadas e incorporam essas lembranças ao seu raciocínio. Estudos mostram que a experiência é obtida não apenas pela prática constante, mas ao receberem informações que os ajudam a compreender seus erros técnicos e suas decisões equivocadas. Durante minha formação, conheci um cardiologista que tinha a merecida reputação de um dos melhores em sua área, não apenas por ser um poço de conhecimento, mas também um clínico com excelente capacidade de julgamento. Ele mantinha um diário de todos os equívocos que sabia ter cometido ao longo das décadas e, de tempos em tempos, relia esse compêndio quando tentava resolver um caso especialmente difícil. Era retratado por muitos de seus colegas como um excêntrico, um obsessivo. Apenas mais tarde me dei conta de que sua mensagem implícita para nós era: devemos admitir nossos erros para nós mesmos, depois analisá-los e mantê-los ao alcance da mão todo o tempo se quisermos ser ótimos clínicos. No caso de Anne Dodge, Falchuk imediatamente recordou como tinha aceitado sem questionar as informações da paciente do Instituto Nacional de Saúde que estava usando laxantes em segredo. A situação oposta, ele sabia, também podia se aplicar. Em qualquer dos casos, aquilo exigia reflexão e investigação continuadas.

Quando Falchuk me disse que "a imagem não se ajustava", suas palavras eram mais que uma simples metáfora. Donald Redelmeier, médico do Centro de Ciências da Saúde Sunnybrook, em Toronto, tem especial interesse pela cognição médica e por sua relação com os diagnósticos. Ele se refere a um fenômeno chamado "teste do globo ocular", o momento fundamental em que um médico identifica "algo intangível, mas desajustado na apresentação do paciente". Esse instinto, claro, pode estar errado. Mas não deve ser ignorado, porque pode levar o médico a reconhecer que as informações à sua frente foram inadequadamente "classificadas".

Os médicos classificam os pacientes o tempo todo de forma seca: "Estou lhe mandando um caso de diabetes e insuficiência renal", ou "Estou com um viciado em drogas na emergência com febre e tosse causadas por pneumonia". Muitas vezes o médico escolhe o quadro certo e todas as informações se ajustam perfeitamente a ele. Mas um médico consciente sabe que aceitar o quadro como definido pode ser um erro grave. Anne Dodge foi classificada no quadro de bulimia e anorexia nervosa desde os 20 anos de idade. Era facilmente compreensível que cada um de seus médicos recebesse seu caso naquele quadro, ao qual todos os dados se ajustavam perfeitamente. Aparentemente não havia nenhum motivo para refazer seu retrato clínico, olhar para ele de outro ângulo. Exceto um. "É como a prova de DNA em um crime", explicou Falchuk. "O paciente estava dizendo: 'Já falei, eu sou inocente.'" Essa é a arte da medicina, a sensibilidade à linguagem e à emoção que produz um clínico de alto nível.

Falchuk quase se levantou da cadeira ao me mostrar as fotos do intestino delgado deformado de Dodge tiradas durante a endoscopia. "Eu fiquei muito entusiasmado com isso", disse. Ele teve o doce prazer do detetive que resolve o mistério, o orgulho legítimo de identificar o culpado. Mas, além do entusiasmo e da satisfação intelectual, ele demonstrou sua alegria por ter salvado uma vida.

Intelecto e intuição, grande cuidado aos detalhes, atenção ao escutar e perspicácia psicológica se somaram naquele dia de dezembro. Poderia ter sido diferente. Anne Dodge, com seu histórico de anorexia nervosa e bulimia, poderia então ter desenvolvido a síndrome do intestino irritável. Mas Falchuk perguntou a si mesmo: "O que eu posso estar deixando passar neste caso? E qual seria a pior coisa a ser ignorada?"

E se ele não se tivesse feito essas perguntas? Então Anne Dodge, seu namorado ou um parente poderiam tê-las feito — talvez muitos anos antes. Claro que um paciente ou um ente querido não é um médico. Eles não têm a formação e a experiência do médico. E muitos leigos se sentem inibidos na hora de fazer perguntas. Mas as perguntas são legítimas. Pacientes podem aprender a perguntar e a pensar do modo como os médicos deveriam fazê-lo. Nos capítulos e no epílogo que se seguem iremos estudar os tipos de erro de raciocínio que os médicos podem cometer e as palavras que pacientes e seus entes queridos podem oferecer para evitar esses erros cognitivos.

No caso de Anne Dodge, foi Falchuk quem fez as perguntas simples, mas no fim salvadoras, e para respondê-las ele precisou ir mais longe. E Anne Dodge precisou concordar em ir mais longe, submeter-se a mais exames de sangue e a um procedimento invasivo. Para que concordasse, precisou confiar não apenas na capacidade de Falchuk, mas também em sua sinceridade e em suas motivações. Essa é a outra dimensão dos estudos de Roter e Hall: como a linguagem, verbal e não-verbal, pode prover informações fundamentais para um diagnóstico correto e convencer um paciente a aceitar o conselho do médico. "Submissão" pode ter uma conotação negativa, carregada de paternalismo, apresentando os pacientes como atores passivos que fazem tudo o que os médicos todo-poderosos ordenam. Mas, de acordo com a pesquisa de Roter e Hall, sem confiança e uma sensação de simpatia mútua, Anne Dodge provavelmente teria rejeitado a sugestão de Falchuk de realizar mais exames de sangue e uma endoscopia. Ela teria sido "não-cooperativa", no jargão clínico pejorativo. E ainda estaria tentando convencer seus médicos de que estava comendo três mil calorias por dia enquanto definhava.

Minha admiração por Myron Falchuk aumentou quando ele partiu do caso de Anne Dodge para discutir não seus sucessos clínicos, mas seus erros. Mais uma vez, todos os médicos são falíveis. Nenhum médico está certo todas as vezes. Todos os médicos, mesmo os mais brilhantes, oferecem um diagnóstico equivocado ou escolhem a terapia errada. Não é uma questão de "erros médicos". Já se escreveu muito sobre erros médicos na imprensa leiga, e eles já foram analisados em um relatório do Instituto de Medicina da Academia Nacional de Ciências. Eles envolvem prescrever a dose errada de um remédio ou examinar uma radiografia de um paciente ao contrário. O diagnóstico equivocado é algo diferente. É uma janela para a mente médica. Revela por que os médicos não questionam suas suposições, por que seu raciocínio é algumas vezes limitado ou distorcido, por que eles subestimam suas lacunas de conhecimento. Especialistas que estudam os tratamentos equivocados concluíram recentemente que a maioria dos erros se deve a falhas de raciocínio clínico, e não a erros técnicos. Em um estudo de diagnósticos equivocados que causaram sérios danos aos pacientes, cerca de 80% podiam ser atribuídos a uma seqüência de erros cognitivos, como os cometidos no caso de Anne Dodge, que a encaixaram em um quadro limitado, ignorando informações que contradiziam uma idéia estabelecida. Outro estudo, com cem diagnósticos errados, revelou que conhecimentos médicos inadequados foram responsáveis por erros em apenas quatro oportunidades. Os médicos não tropeçaram por causa de sua ignorância de fatos clínicos; eles erraram os diagnósticos porque caíram em armadilhas cognitivas. Tais erros produzem uma taxa de diagnósticos equivocados perturbadoramente alta. Até 15% de todos os diagnósticos são imprecisos, segundo um relatório de 1995 no qual médicos receberam descrições por escrito dos sintomas de pacientes e examinaram atores fingindo ser pacientes com várias doenças. Essas descobertas se ajustam à pesquisa clássica, baseada em autópsias, que mostra que de 10% a 15% de todos os diagnósticos são errados.

Lembro-me de todos os diagnósticos equivocados que fiz durante meus trinta anos de carreira. O primeiro aconteceu quando eu era residente de clínica geral no Massachusetts General Hospital (MGH); a pesquisa de Roter e Hall o explica. Um de meus pacientes era uma mulher de meia-idade com queixas aparentemente intermináveis cuja voz soava como uma unha arranhando um quadro-negro. Certo dia ela apareceu com uma nova queixa, desconforto no alto do peito. Tentei, sem sucesso, descobrir o que teria provocado o desconforto — comida, exercício, tosse. Então pedi exames de rotina, incluindo uma radiografia de tórax e um eletrocardiograma. Ambos deram resultado normal. Desesperado, receitei antiácidos. Mas ela continuou a reclamar, e parei de escutar. Essencialmente, eu não conseguia pensar de forma diferente. Várias semanas depois fui convocado à emergência. Minha paciente tinha um aneurisma de aorta rompido, uma ruptura possivelmente letal da grande artéria que leva sangue do coração para o restante do corpo. Ela morreu. Embora uma ruptura de aorta freqüentemente seja fatal mesmo quando identificada, nunca me perdoei por não tê-la diagnosticado. Havia uma chance de que ela pudesse ter sido salva.

O trabalho de Roter e Hall sobre simpatia e antipatia explica em parte o que aconteceu na clínica três décadas atrás. Eu gostaria de ter sido ensinado — e ter me tornado consciente disso — a perceber como a emoção pode prejudicar a capacidade do médico de escutar e pensar. Médicos que não gostam de seus pacientes normalmente os interrompem enquanto falam dos sintomas, e estabelecem um diagnóstico e um tratamento convenientes, mas não adequados. O médico se torna cada vez mais convencido da verdade de sua avaliação errada, desenvolvendo um compromisso psicológico com ela. Ele se fixa em sua conclusão distorcida. Seus fortes sentimentos negativos para com o paciente tornam ainda mais difícil abandonar aquela conclusão e definir um novo quadro clínico.

Essa distorção do raciocínio clínico leva a tratamentos ruins. O impressionante não são apenas as conseqüências das emoções negativas do médico. Apesar das pesquisas que mostram que a maioria dos pacientes capta a negatividade do médico, poucos deles compreendem seu efeito no tratamento médico, e raramente mudam de médico por causa disso. Ao contrário, freqüentemente se culpam por se queixar e abusar da paciência do médico. Na verdade, os pacientes deveriam, educada mas livremente, levantar a questão com seus médicos. "Acho que não estamos nos comunicando bem", pode dizer o paciente. Isso indica ao médico que há um problema de compatibilidade. O problema pode ser resolvido com franqueza por um paciente que queira manter a relação. Mas, quando perguntei a outros médicos o que eles fariam caso, como pacientes, identificassem uma postura negativa de seus médicos, todos disseram diretamente que arrumariam outros médicos.

CAPÍTULO 1

Decisões de carne e osso

Em uma manhã abafada de junho de 1976, vesti um jaleco branco engomado, coloquei um estetoscópio em minha maleta e conferi no espelho, pela terceira vez, se o nó da minha gravata estava certo. Apesar do calor, caminhei lepidamente pela Cambridge Street até a entrada do Massachusetts General Hospital. Era um momento havia muito aguardado, meu primeiro dia de residência — parar de brincar de médico, começar a ser um de verdade. Meus colegas de faculdade e eu tínhamos passado os dois primeiros anos em salões de conferência e em laboratórios, aprendendo anatomia, fisiologia, farmacologia e patologia em livros e manuais, usando microscópios e placas de Petri em experiências. Nos dois anos seguintes aprendemos junto aos pacientes. Fomos ensinados a organizar a história de um paciente: sua queixa principal, sintomas associados, história patológica pregressa, informações sociais relevantes, tratamentos anteriores e atual. Depois fomos orientados sobre como examinar as pessoas: diferenciar a ausculta cardíaca normal da anormal; palpar fígado e baço; verificar os pulsos do pescoço, braços e pernas; observar o contorno do nervo óptico e a disposição dos vasos da retina. A cada passo éramos supervisionados atentamente, com nossos mestres, os médicos praticantes, segurando nossas mãos firmemente.

Ao longo daqueles quatro anos de faculdade de medicina, fui um aluno dedicado e esforçado, imbuído da crença de que tinha de aprender todos os fatos e detalhes de modo que um dia pudesse assumir a responsabilidade pela vida de um paciente. Eu me sentava na primeira fila da sala de conferências e praticamente nem mexia a cabeça, quase catatônico de tanta concentração.

Durante minhas aulas práticas de clínica geral, cirurgia, pediatria, obstetrícia e ginecologia, adotava uma postura igualmente concentrada. Determinado a reter todo o conhecimento, fazia longas anotações durante as palestras e depois das visitas aos pacientes. Todas as noites, transferia essas anotações para fichas que organizava em minha mesa, separadas por assunto. Nos fins de semana eu tentava decorá-las. Meu objetivo era armazenar uma enciclopédia na cabeça, de modo que, quando recebesse um paciente, pudesse abrir o livro mental e encontrar o diagnóstico e o tratamento corretos.

Os novos residentes se reuniram em uma sala de conferências no Bulfinch Building. O Bulfinch é uma elegante estrutura de granito cinza, com oito colunas jônicas e janelas do chão ao teto, que data de 1823. Fica nesse prédio o famoso Domo do Éter, o anfiteatro onde o éter anestésico foi apresentado pela primeira vez, em 1846. Em 1976 o Bulfinch Building ainda tinha enfermarias com quase duas dúzias de pacientes em uma única sala cavernosa, os leitos separados por uma cortina fina.

Fomos recebidos pelo diretor do departamento de medicina, Alexander Leaf. Suas observações foram rápidas — ele nos disse que, como residentes, tínhamos o privilégio de aprender e servir. Embora ele falasse quase sussurrando, o que ouvimos foi alto e claro: o programa de residência no MGH era altamente seletivo, e eles esperavam muito de nós durante nossas carreiras na medicina. Então o chefe dos residentes entregou a agenda de cada residente.

Havia três unidades clínicas, Bulfinch, Baker e Phillips, e nos 12 meses seguintes nós iríamos passar por todas elas. Cada unidade ficava em um prédio distinto, e, juntos, os três prédios refletiam a estrutura de classes dos Estados Unidos. As enfermarias do Bulfinch recebiam pessoas que não tinham médico particular, principalmente indigentes italianos do North End e irlandeses de Charlestown e Chelsea. Os residentes tinham um grande orgulho de cuidar daqueles nas enfermarias do Bulfinch, que eram "os seus" pacientes. O Baker Building recebia os pacientes "semiparticulares", dois ou três em uma enfermaria, operários e pessoas de classe média com plano de saúde. A unidade "particular" ficava na Phillips House, um elegante prédio de 11 andares com vista para o rio Charles; os quartos eram simples ou suítes, e dizia-se que no passado as suítes abrigavam valetes e empregadas. Os muito ricos eram levados à Phillips House por um grupo seleto de médicos particulares, muitos dos quais tinham consultórios em Beacon Hill e eram eles mesmos membros das famílias fundadoras de Boston.

Comecei na unidade Baker. Nossa equipe era composta de dois residentes recém-chegados e um residente-chefe. Depois da reunião com o dr. Leaf, nós três começamos a trabalhar imediatamente com uma pilha de prontuários de pacientes. O residente-chefe dividiu nossas tarefas em três grupos, ficando com os mais doentes.

Nós tínhamos um plantão a cada três noites, e meu turno foi o primeiro. Ficávamos sozinhos responsáveis por todos os pacientes do andar, e pelos que fossem internados. Às 7 horas da manhã seguinte nos reuníamos e verificávamos o que tinha acontecido durante a noite.

— Lembre-se, seja forte e agüente firme — disse-me o residente-chefe, e os clichês eram brincadeiras apenas em parte.

Os novos residentes só deveriam pedir ajuda em circunstâncias extremas:

— Você pode me enviar uma mensagem se realmente precisar de mim, mas estarei em casa dormindo, já que estive de plantão na noite passada — acrescentou.

Apalpei o bolso esquerdo do jaleco e senti o volume das minhas fichas da faculdade. Disse a mim mesmo que as fichas me dariam lastro para navegar sozinho. Passei a maior parte do dia lendo os prontuários dos meus pacientes e me apresentando a eles. O nó no estômago diminuiu aos poucos. Mas voltou a apertar quando meu colega residente e o residente-chefe me passaram seus pacientes, alertando-me para os problemas que poderia encontrar no plantão.

Um silêncio crepuscular desceu sobre o Baker. Ainda havia alguns pacientes que eu não tinha visto. Fui para o quarto 632, conferi o nome na porta com minha relação e bati. Uma voz me mandou entrar.

— Boa noite, sr. Morgan, sou o doutor Groopman, seu novo residente. — O nome "doutor Groopman" ainda me soava estranho, mas estava impresso no crachá preso ao meu jaleco.

William Morgan era descrito na ficha como "um afro-americano de 66 anos de idade", com hipertensão difícil de controlar com medicamentos. Tinha sido internado no hospital dois dias antes, com dores no peito. Busquei em minha enciclopédia mental o fato de que os afro-americanos têm um alto índice de hipertensão, que pode ser agravada por hipertrofia cardíaca e insuficiência renal. A primeira avaliação na emergência e os exames de sangue e o eletrocardiograma posteriores não indicaram angina, dor provocada por obstrução da artéria coronária. O sr. Morgan apertou minha mão com força e sorriu:

— Primeiro dia, hein?

Fiz que sim.

— Vi em seu prontuário que o senhor é carteiro. Meu avô também trabalhou nos Correios — disse.

— Carteiro?

— Não, ele separava correspondência e vendia selos.

William Morgan me disse que tinha começado assim, mas que era um "tipo inquieto" e se sentia melhor trabalhando do lado de fora que internamente, mesmo no pior clima.

— Entendo o que quer dizer — respondi, pensando que naquele exato momento, sozinho, encarregado de um andar cheio de pessoas doentes, eu também preferiria estar do lado de fora. Informei ao sr. Morgan sobre as radiografias feitas mais cedo naquele dia. As radiografias gastrointestinais não tinham revelado nenhuma anormalidade no esôfago ou no estômago.

— Bom saber disso.

Eu estava prestes a me despedir quando o sr. Morgan deu um pulo na cama. Seus olhos se arregalaram. Seu queixo caiu. Seu peito começou a arfar violentamente.

— O que há de errado, sr. Morgan?

Ele sacudiu a cabeça sem conseguir falar, arfando desesperadamente.

Tentei pensar, mas não consegui. A enciclopédia desapareceu. As palmas das mãos ficaram úmidas, a garganta seca. Eu não conseguia me mexer. Meus pés pareciam estar colados no chão.

— Esse homem parece ter problemas — disse uma voz profunda.

Virei-me. Atrás de mim havia um homem na faixa dos 40 anos, com cabelo preto curto, olhos escuros e um bigode de pontas viradas. Ele se apresentou:

— John Burnside. Trabalhei aqui há alguns anos e passei para ver velhos amigos. Sou cardiologista na Virgínia.

Com aquele bigode curvado e o cabelo curto, Burnside parecia um personagem da Guerra de Secessão. Lembrei que um famoso general com seu nome tinha lutado naquele conflito. Burnside rapidamente tirou o estetoscópio do meu bolso e o colocou no peito do sr. Morgan. Após alguns segundos, deixou a campânula do instrumento posicionada sobre o coração do sr. Morgan e tirou o aparelho dos ouvidos.

— Venha, ouça.

Ouvi alguma coisa que parecia uma torneira completamente aberta, depois fechada por um instante, depois novamente aberta, com o padrão se repetindo.

— Este cavalheiro acaba de sofrer uma ruptura da valva aórtica — disse Burnside. — Ele precisa dos serviços de um cirurgião cardíaco. Imediatamente.

O dr. Burnside ficou com o sr. Morgan enquanto eu saía correndo em busca de uma enfermeira. Ela mandou outra enfermeira chamar a equipe de cirurgia e correu de volta comigo, levando o carrinho de parada. O dr. Burnside entubou o sr. Morgan e a enfermeira começou a bombear ar com uma bolsa de respiração. Outras enfermeiras chegaram. O residente de cirurgia cardíaca apareceu. Juntos, levamos o sr. Morgan para a sala de cirurgia. O dr. Burnside se despediu. Agradeci.

Voltei para o Baker e fiquei alguns minutos sentado na sala das enfermeiras. Eu estava perturbado. O acontecimento parecia surreal — ter uma primeira conversa agradável com um de meus pacientes, e, de repente, como em um terremoto, o salto do sr. Morgan e a aparição *deus ex machina* do dr. Burnside.

Senti o peso das fichas no bolso. Apenas conceitos A quando estudante, fingindo ser médico. Agora, no mundo real, me dei um F.

Forcei-me a cumprir minhas obrigações durante o resto da noite: conferir o nível de potássio de um paciente com diarréia; ajustar a dose de insulina para um diabético com nível de glicose no sangue alto demais; pedir a transfusão de duas bolsas de sangue para uma mulher idosa com anemia. No intervalo das tarefas, meu pensamento retornava ao que tinha acontecido com o sr. Morgan. Nas palestras de fisiologia da faculdade eu tinha aprendido as importantes fórmulas de desempenho cardíaco e troca de gases nos pulmões; na aula de farmacologia, a ação de vários medicamentos no músculo cardíaco. Nas rondas com os pacientes tinha passado horas auscultando os corações. Mas não tive nenhuma idéia do que estava ouvindo no peito do sr. Morgan, nem do que fazer com isso. Minhas notas altas eram sem sentido. O comitê de seleção do MGH tinha cometido um erro me aceitando como residente. Após todos os anos de preparação, acabei com uma cabeça vazia e meus pés presos no chão.

Felizmente, o restante da noite foi sem incidentes. Três pacientes foram internados, mas nenhum deles estava muito doente, e a maior parte da avaliação tinha sido feita na emergência antes da transferência para a ala Baker. Por volta das 3 horas da manhã telefonei para o centro cirúrgico. Soube que o dr. Morgan tinha sobrevivido a uma cirurgia cardíaca aberta, com uma prótese valvar firmemente colocada no lugar. Meus ombros despencaram de alívio.

Aquela primeira noite como residente me ensinou que eu precisava pensar de uma forma diferente da qual tinha aprendido na faculdade de medicina — na verdade, diferente da forma como sempre tinha pensado seriamente durante minha vida, embora eu tivesse conhecido pacientes como o sr. Morgan antes. Na faculdade de medicina tínhamos estudado o que eram chamados estudos de casos, pacientes na forma de informações escritas. O médico responsável apresentava uma descrição detalhada que começava mais ou menos assim: "Um funcionário dos Correios aposentado, afro-americano, de 66 anos de idade e com história de hipertensão mal controlada chega ao hospital se queixando de dor torácica que tem piorado ao longo das semanas. A primeira avaliação descartou angina. No terceiro dia de internação, ele tem insuficiência respiratória aguda." O médico então daria mais detalhes sobre o sr. Morgan — seus níveis elevados de pressão arterial, os medicamentos que não conseguiram controlar o quadro anteriormente — e nos conduziria por uma análise detalhada do problema. Primeiramente, a queixa principal, no caso, insuficiência respiratória aguda. Em segundo lugar, a história da doença, com angina tendo sido descartada. Em terceiro, a história patológica pregressa, especialmente hipertensão não controlada. Quarto, o exame clínico. Nesse momento, o médico falaria sobre o que estava sendo ouvido pelo estetoscópio: sons de respiração descritos como roucos, indicando fluido nos pulmões; outra bulha cardíaca, um "S3", indicando insuficiência cardíaca; e o sopro do tipo crescendo-decrescendo da insuficiência aórtica — sangue sendo bombeado através do ventrículo esquerdo para a aorta, mas depois escorrendo novamente para o coração.

Mãos se ergueriam na sala com alunos apresentando suas idéias sobre o que havia de errado. Nosso mentor receberia as hipóteses e as escreveria no quadro, criando um "diagnóstico diferencial", uma lista de possíveis causas de falta de ar súbita em um homem com aquela história clínica e aqueles achados físicos. A partir desse diagnóstico diferencial ele apontaria a resposta certa e depois relacionaria as medidas adotadas para restaurar as funções respiratória e cardíaca até o paciente ser submetido a um *bypass** cardiopulmonar na sala de cirurgia.

Nos dois últimos anos de faculdade, quando vimos pacientes em rondas hospitalares, o médico responsável preparou para nós uma estratégia intelectual semelhante. Ele nos conduzia em uma análise serena, objetiva e linear das informações clínicas e de como tratar o problema.

* Método de manutenção da circulação extracorpórea, geralmente usado em cirurgia cardíaca, no qual o sangue vai do coração do paciente para um coração-pulmão artificial a fim de ser oxigenado, e retorna à circulação arterial. (N. do R.)

Mas, como afirma Robert Hamm, do Instituto de Ciências Cognitivas da Universidade do Colorado, em Boulder, a ironia é que nosso mestre, o médico-assistente, não pensa dessa forma quando realmente encontra um paciente como William Morgan. Nesses momentos, escreve Hamm, definitivamente não fica claro que esteja sendo empregado qualquer "raciocínio". Os estudos mostram que enquanto normalmente são necessários vinte ou trinta minutos de exercício didático para o médico e os alunos chegarem a um diagnóstico coerente, um clínico experiente, em geral, necessita de apenas vinte segundos para ter uma noção do que há de errado com o paciente. Segundo Hamm e outros pesquisadores em cognição médica, se eu tivesse perguntado a John Burnside o que estava se passando na cabeça dele, ele teria dificuldade em descrever. Simplesmente aconteceu rápido demais.

O dr. Pat Croskerry, médico emergencista em Halifax, Nova Escócia, começou a carreira acadêmica como psicólogo de desenvolvimento e hoje estuda cognição médica. Ele me explicou que a "tomada de decisão de carne e osso" é baseada no chamado reconhecimento de padrões. As principais pistas do problema de um paciente — sejam da história clínica, do exame físico, de radiografias ou exames de laboratório — se encaixam em um padrão que o médico identifica como uma doença ou condição específica. O reconhecimento de padrões, disse-me Croskerry, "reflete uma percepção imediata". Isso ocorre em segundos, basicamente sem qualquer análise consciente; é baseado principalmente na avaliação visual do paciente pelo médico. E não ocorre segundo uma combinação de pistas linear passo a passo. O cérebro funciona como um ímã, atraindo pistas de todas as direções.

Naquela primeira noite como residente também aprendi que o pensamento é inseparável da ação. Donald A. Schön, professor do Instituto de Tecnologia de Massachusetts, estudou padrões cognitivos em várias profissões. A medicina, afirmou, envolve "pensamento em ação", diferentemente, por exemplo, da economia. Os economistas trabalham começando por reunir um grande volume de informações, depois as analisando meticulosamente, e só depois da coleta e da análise chegam a conclusões e fazem recomendações. Médicos à beira do leito não coletam muitas informações e depois relaxadamente levantam hipóteses sobre possíveis diagnósticos. Na verdade, os médicos começam a pensar em diagnósticos no exato instante em que vêem um paciente. Mesmo quando estão dizendo "Oi" eles avaliam a pessoa, registrando sua palidez ou rubor, a inclinação da cabeça, os movimentos de olhos e boca, o modo como a pessoa se senta ou levanta, seu timbre de voz e a maneira como respira. Suas idéias sobre o que há de errado continuam a evoluir enquanto examinam os olhos, auscultam o coração, palpam o fígado, estudam as primeiras radiografias. As pesquisas mostram que a maioria dos médicos chega rapidamente a dois ou três possíveis diagnósticos no momento em que recebe um paciente — alguns poucos talentosos podem manter quatro ou cinco em mente. Todos formulam suas hipóteses a partir de um conjunto de informações muito incompleto. Para fazer isso, os médicos se valem de atalhos. Isso é chamado de heurística.

Croskerry disse que a heurística floresce quando um médico avalia pacientes desconhecidos, quando precisa trabalhar rápido ou quando seus recursos tecnológicos são limitados. Os atalhos são a reação do médico à incerteza e às exigências da situação. São as ferramentas de trabalho básicas da clínica médica, quando o médico precisa combinar pensamento e ação. Como diz Croskerry, eles são "rápidos e simples", o cerne da tomada de decisão de carne e osso.

O problema é que as faculdades de medicina não ensinam atalhos. Você na verdade é desencorajado a se valer deles, já que eles se afastam muito dos exercícios didáticos em sala de aula ou nas rondas hospitalares comandadas pelo médico-assistente. Em nosso estudo de caso de um paciente como o sr. Morgan, após termos analisado sistematicamente todas as peças do problema, seríamos instados a refletir sobre a ciência básica subjacente à insuficiência cardíaca. A isso se seguiria um debate animado sobre as mudanças na contratilidade do músculo cardíaco e nos fluxos de pressão através da valva rompida. É claro que um médico precisa conhecer fisiologia, patologia e farmacologia, mas também deveria aprender sobre heurística — o poder dos atalhos e a necessidade deles, e sobre suas armadilhas e seus riscos.

Mais à frente iremos estudar como a heurística serve de base para todo o raciocínio médico amadurecido, como ela pode salvar vidas e como também pode levar a graves erros na tomada de decisão clínica. Mais importante: os atalhos corretos precisam ser utilizados na temperatura emocional ideal. O médico precisa estar consciente de qual heurística está utilizando — e como seus sentimentos internos podem influenciá-la.

Os efeitos dos sentimentos internos de um médico em seu raciocínio não merecem atenção na formação médica e nas pesquisas sobre tomada de decisão. "A maioria das pessoas supõe que a tomada de decisão médica é um processo objetivo e racional, livre de emoções", disse-me Pat Croskerry. Na verdade, é o contrário. O quadro interno do médico, seu nível de tensão, age e influencia fortemente suas análises clínicas e suas ações. Croskerry falou da lei de Yerkes-Dodson sobre desempenho de tarefas, desenvolvida por psicólogos estudando habilidade psicomotora. Ela é representada por uma curva em forma de sino.

O eixo vertical representa o "desempenho" da pessoa, e o eixo horizontal, seu grau de "estímulo" — ou seja, o nível de tensão determinado por adrenalina e outras substâncias químicas relacionadas com o estresse. Antes da elevação, na base do sino, há pouca ou nenhuma tensão. "Você quer estar no auge, onde você pensa e se comporta da melhor forma", disse Croskerry. Ele batizou esse ponto de "ansiedade produtiva", um nível ideal de tensão e ansiedade que torna a mente concentrada e provoca reações rápidas.

Trinta anos depois daquele episódio angustiante no quarto do sr. Morgan, vi três alunos de medicina com ansiedade extrema semelhante. Eles estavam cuidando de um homem na casa dos 40 anos chamado Stan, que havia chegado à emergência com forte dor abdominal. Stan tinha febre baixa, e sua pressão arterial estava caindo. Quando os estudantes começaram a examiná-lo, gritou para que aliviassem seu sofrimento:

— Por favor, parem com a dor — cobrou-lhes.

Os estudantes pareceram entrar em pânico. Um deles pegou uma seringa com morfina e a injetou na via intravenosa presa ao braço de Stan. Em um minuto, Stan parou de respirar. Os alunos pediram ajuda para uma ressuscitação cardiorrespiratória.

Felizmente, Stan não é um paciente de verdade, a despeito da textura macia de sua pele, do timbre verdadeiro de sua voz e da pulsação em seus braços. Ele é um manequim de alta tecnologia. Pode ser programado para apresentar a fisiologia normal ou os sinais de diversas doenças, e a responder de forma autêntica aos tratamentos. A dra. Nancy Oriol, diretora da Faculdade de Medicina de Harvard, disse que os três alunos daquele dia eram iguais a todos os outros novatos que tinham cuidado de Stan: nenhum dos grupos conseguiu oferecer o diagnóstico correto. A pressão arterial de Stan estava caindo porque ele tinha pancreatite aguda. Os alunos não conseguiram dar a ele o tratamento correto para essa condição, e não pediram os tipos e os volumes certos de líquidos intravenosos para aumentar sua pressão arterial. Em reação aos gritos de dor de Stan e a seus pedidos de que algo fosse feito, vários estudantes injetaram uma dose de morfina, provavelmente letal.

— O que aconteceu com você, Jerry, no quarto do sr. Morgan, foi o que aconteceu aos estudantes com Stan — disse a dra. Oriol. — Foi como se tudo o que você aprendera na faculdade tivesse sido apagado.

As simulações com Stan são concebidas para funcionar como uma ponte entre o aprendizado analítico em sala de aula e o reconhecimento de padrão apresentado no alto da curva de Yerkes-Dodson. Mas, como Oriol e outros admitem, continuará a chegar o momento em que o aprendiz não poderá mais ser um aprendiz, quando ele será a pessoa que terá responsabilidade por um paciente vivo, que respira e tem necessidades.

O estímulo extremo surge não apenas naquele primeiro encontro com um William Morgan, mas durante todo o período como residente. Durante essa formação, jovens médicos paulatinamente aprendem como se afastar do limite da curva de Yerkes-Dodson na direção de pontos de desempenho eficiente. Meu grupo de residentes fez isso, como os residentes ainda fazem, principalmente seguindo a máxima "Veja um, faça um, ensine um". No pronto-socorro, na unidade de tratamento intensivo ou nas enfermarias, você viu "um", que pode ser um infarto do miocárdio (também chamado de "ataque cardíaco"), uma embolia pulmonar, uma hemorragia cerebral ou uma crise epiléptica. Se tiver sorte e isso acontecer de dia, o residente-chefe não estará em casa dormindo e será chamado ao local, avaliará rapidamente a situação, dará ordens e trabalhará para salvar o paciente. Como o residente que "viu um", você participou, em parte começando a "fazer um" seguindo as instruções do residente enquanto auscultava o coração e os pulmões, examinava as pupilas dilatadas ou inseria um tubo de respiração através de uma boca trincada. Você prestou toda a atenção nas ordens do residente-chefe, nas medidas que ele tomou para fornecer oxigênio a um pulmão lesado, estabilizar a pressão arterial com um coração insuficiente, estancar uma hemorragia ou conter as descargas elétricas de um cérebro tendo uma crise epiléptica. Se você tiver muita sorte, apesar da correria do momento, o residente-chefe poderá oferecer algumas palavras explícitas, explicando as soluções de que se valeu para inserir o tubo na traquéia e não, equivocadamente, no esôfago, como definir uma dose de anticoagulante para uma embolia pulmonar, qual medicamento ele preferia para tentar restaurar a pressão em queda ou conter a crise epiléptica. Na próxima vez você já estará mais preparado para imitá-lo. Começará a pensar e agir simultaneamente.

O dr. Burnside precisou de cerca de 15 segundos para descobrir o que havia de errado e o que fazer por William Morgan. Os médicos tiveram 15 anos para refletir no caso de Anne Dodge. Anne Dodge estava tendo uma morte lenta por desnutrição. William Morgan teria morrido rapidamente por insuficiência cardíaca aguda. A condição de Anne Dodge pedia a eliminação de um único elemento de sua dieta: o glúten; a de William Morgan exigia uma intervenção complexa, com a abertura de seu coração e a colocação de uma nova valva. Dados esses contrastes, você pode imaginar que um médico pensa de modo diferente com uma Anne Dodge e com um William Morgan. Certamente o tempo e a tarefa determinam quanta análise intencional em oposição a quanto raciocínio intuitivo rápido é necessário. Mas eu diria que semelhanças importantes superam todas as diferenças. Nos dois casos, Myron Falchuk e John Burnside reconheceram um padrão clínico. E nos dois casos eles tiveram de conter suas emoções interiores. Falchuk teve de evitar os sentimentos negativos que os médicos têm por pacientes classificados como "psiquiátricos", considerando tais pessoas neuróticas, enjoadas, perturbadas e geralmente fantasiosas — um fardo, já que elas não contam a verdade e suas queixas físicas e, portanto, não merecem ser levadas a sério porque seus sintomas não se originam no peito, nos intestinos ou nos ossos, e sim na mente. Um grande número de pesquisas demonstrou que pacientes considerados como tendo desordens psicológicas recebem pouca atenção de clínicos, cirurgiões e ginecologistas. Em conseqüência disso, seus problemas físicos freqüentemente deixam de ser diagnosticados, ou o diagnóstico demora. Os sentimentos negativos do médico embaçam seu raciocínio. Burnside enfrentou um desafio diferente: reduzir seu grau de euforia de modo a pensar e agir rápida e eficientemente. Nos dois casos, o ajuste adequado da temperatura emocional salvou uma vida. Cognição e emoção são inseparáveis. As duas se somam em todos os encontros com todos os pacientes, de forma óbvia em uma tragédia clínica como a de William Morgan, mais sutilmente em um caso crônico demorado como o de Anne Dodge.

A importância de o médico compreender seu estado interior ficou clara quando contei aos colegas o que tinha acontecido no quarto de William Morgan. Meu medo e minha ansiedade eram familiares a eles. Mas o que eu e meus colegas raramente reconhecemos, e o que os médicos raramente discutem — desde quando eram alunos de medicina, residentes, e mesmo ao longo de suas carreiras profissionais —, é como outras emoções influenciam a percepção e a avaliação de um médico, suas ações e reações. Durante muito tempo acreditei que os erros que cometemos na medicina fossem basicamente técnicos — prescrever a dose errada de um medicamento, fazer uma transfusão de sangue incompatível, marcar uma radiografia de um braço "direito" em vez de "esquerdo". Mas como cada vez mais as pesquisas revelam, os erros técnicos são responsáveis por apenas uma pequena parcela de nossos diagnósticos e tratamentos errados. A maioria dos erros é de raciocínio equivocado. E parte do que provoca esses erros cognitivos são nossos sentimentos internos, aqueles que não admitimos imediatamente e que muitas vezes nem sequer reconhecemos.

CAPÍTULO 2

Lições do coração

Em uma tarde de primavera, há muitos anos, Evan McKinley estava caminhando na floresta perto de Halifax, Nova Escócia, quando uma dor no peito o obrigou a parar na trilha. McKinley era um guarda florestal com 40 e poucos anos, em boa forma e bem preparado. Ele vinha sentindo um incômodo crescente no peito nos dias anteriores, porém nada mais grave que isso. Não suava, não sentia tonturas nem tinha febre. Mas a cada vez que respirava, a dor aumentava. Evan retornou lentamente pela floresta até a cabana onde ficava seu escritório. Sentou-se e esperou que a dor passasse, mas isso não aconteceu. Sendo guarda florestal, estava acostumado a dores musculares ao subir trilhas íngremes ou correr com uma mochila carregada. Mas aquilo era diferente, e ele decidiu procurar um médico imediatamente.

Por acaso, o dr. Pat Croskerry estava trabalhando no pronto-socorro naquele dia. Ele avaliou McKinley: um homem rijo e forte, usando o característico conjunto de jaqueta e calças verde-oliva, o uniforme do guarda florestal americano. O rosto de McKinley era bronzeado, como seria de esperar de alguém que passava a maior parte do dia trabalhando ao ar livre, e a testa não apresentava suor. Croskerry escutou com atenção enquanto McKinley descrevia como sua dor no peito tinha aumentado nos dias anteriores e como piorara naquele dia. Croskerry fez perguntas para conseguir uma descrição mais precisa dos sintomas. McKinley disse que a dor se localizava no centro do peito, mas não passava para os braços nem para a garganta, nem irradiava para trás. A dor não piorava se ele mudava de posição, e tampouco respirar fundo o fazia ter a sensação de desmaio.

Croskerry fez um questionário sobre fatores de risco para doenças cardíacas e pulmonares. McKinley nunca fumara nem tinha na família casos de infarto, acidente vascular cerebral (conhecido como "derrame") ou diabetes. Ele riu, assim como Croskerry, quando o médico usou a expressão "vida sedentária". McKinley acrescentou que não se sentia especialmente estressado, que sua vida familiar era boa, que adorava seu emprego e que nunca estivera acima do peso. Croskerry fez então um exame clínico. Primeiramente conferiu se os sinais vitais registrados pela enfermeira na triagem estavam certos. A pressão de McKinley era de 11 por 6, o pulso era de 60 batimentos por minuto e regular, como seria de esperar de um homem atlético. Croskerry auscultou com cuidado especial os pulmões e o coração de McKinley, principalmente quando ele respirou fundo, mas tudo parecia correto. Seus músculos eram fortes, e quando Croskerry apertou na junção entre as costelas e o esterno, McKinley não sentiu dor. Não havia inchaço nem sensibilidade nas panturrilhas e coxas. Finalmente, Croskerry pediu um eletrocardiograma, uma radiografia de tórax e exames de sangue, incluindo seus níveis de oxigênio e de enzimas cardíacas, que poderiam indicar danos ao coração. Como ele esperara, todos os resultados foram normais.

— Não estou preocupado com suas dores no peito — disse Croskerry a McKinley. — Você provavelmente se exercitou demais no campo e distendeu algum músculo. Minha suspeita de que isso seja provocado pelo coração é nenhuma.

Profundamente tranqüilizado, o guarda florestal foi para casa.

Na manhã seguinte Croskerry estava de folga, lendo um romance que queria terminar. Ele era um atleta animado e integrara a equipe olímpica de remo do Canadá em Montreal, em 1976. Continuava em forma, e naquele dia correu seis quilômetros no porto de Halifax. Ao chegar ao pronto-socorro no início da tarde, deparou-se com um colega.

— Caso muito interessante aquele homem que você atendeu ontem — disse o médico. — Ele chegou esta manhã com um infarto agudo do miocárdio.

Croskerry ficou chocado. Revisou suas anotações no prontuário da emergência. O colega tentou tranqüilizá-lo:

— Se eu tivesse atendido esse cara, não teria chegado ao ponto de pedir tantos exames quanto você.

Mas Croskerry não achou isso reconfortante. Não porque se considerasse infalível. Ele reconhecia que tinha cometido um erro cognitivo comum que poderia ter custado a vida do guarda florestal. Ao recordar o caso de McKinley, Croskerry me contou: "Claramente deixei passar algo. E por que deixei passar? Não deixei passar por maldade ou negligência. Deixei passar porque meu raciocínio foi influenciado demais pela aparência saudável daquele homem." A voz de Croskerry vacilou por um momento. "Felizmente, ele não morreu."

Dores no peito são a segunda razão mais comum para um paciente procurar um serviço de emergência (dores abdominais são a primeira). Nos Estados Unidos e no Canadá são feitos anualmente mais de seis milhões de atendimentos de emergência de pacientes como McKinley. Mas, apesar de sua freqüência, a dor torácica é um dos sintomas mais difíceis de um médico decifrar. Depois Croskerry se deu conta de que, ao atender McKinley, o guarda estava com angina instável — uma dor no peito crescente, causada por problemas coronarianos, que normalmente antecede um infarto do miocárdio. "A angina instável não apareceu no eletro porque 50% desses casos não aparecem", disse Croskerry com uma voz que a mim parecia uma bronca em si mesmo. "A angina instável não apareceu nas enzimas cardíacas porque ainda não havia danos ao músculo cardíaco, e não apareceu na radiografia de tórax porque o coração ainda não tinha parado de bombear sangue, portanto ainda não havia líquido nos pulmões."

O equívoco que Croskerry cometeu é chamado de erro de representatividade: seu raciocínio é guiado por um protótipo; portanto, deixa de considerar possibilidades que contradizem o protótipo, atribuindo desse modo os sintomas à causa errada. Croskerry me contou como seus olhos tinham se concentrado na boa forma de McKinley e em seu elegante uniforme verde-oliva, e como o físico e os traços angulosos do guarda lembravam a ele um jovem Clint Eastwood — todas elas fortes associações com saúde e vigor. Sim, a angina de McKinley tinha aspectos incomuns; sua dor não era típica de problemas coronarianos, nem os exames clínico e laboratorial apontaram para o coração. Mas, como Croskerry enfatizou, era exatamente essa a questão: "Você precisa estar com a mente preparada para o atípico, e não ser rápido demais para tranqüilizar a si mesmo e ao paciente de que tudo está bem." Hoje, quando dá aulas a estudantes e residentes sobre esses erros, Croskerry usa Evan McKinley como exemplo.

Normalmente os médicos cometem o que é chamado de erro de atribuição: quando os pacientes se encaixam em um estereótipo negativo. O dr. Donald Redelmeier, da Universidade de Toronto, que, como Croskerry, estuda cognição médica, falou-me de um caso que tinha visto poucos dias antes em uma ronda. Charles Carver estava na casa dos 70 anos de idade, era aposentado da marinha mercante e vivia sozinho em um pequeno apartamento. Nos meses anteriores ele se sentira cansado, e sua barriga começara a inchar. Quando Carver foi para o pronto-socorro, o residente percebeu hálito de álcool, e Carver disse que tomava um copo de rum toda noite. Além da barriga, as pernas e os pés estavam inchados. Carver estava com a barba por fazer; suas roupas eram velhas e gastas. O residente ficou pensando em quantos dias tinham se passado desde que ele tomara um banho.

A apresentação inicial ao dr. Redelmeier na ronda foi concisa. "Charles Carver, marinheiro mercante aposentado, de 73 anos de idade, com um longo histórico de etilismo, apresenta fadiga crescente e retenção de líquido." O residente palpou o fígado de Carver e disse a Redelmeier que estava inchado, duro e com nódulos. Redelmeier começou a questionar o residente sobre os problemas de Carver. Logo ficou claro que ele só tinha em mente um diagnóstico possível: cirrose alcoólica. Redelmeier pediu que a equipe médica oferecesse outras explicações para os problemas de Carver. Foi evidente que eles ficaram aborrecidos, acharam que estavam perdendo um tempo precioso da ronda que podiam usar para discutir casos muito mais interessantes do que o de um velho marinheiro fedorento bebedor de rum. "A intenção do residente era botar aquele bêbado para dormir, dar a ele um diurético leve e mandá-lo para casa o mais rápido possível", disse-me Redelmeier.

"Você se vê tomado por uma sensação de nojo", disse Redelmeier quando discutimos que tipo de sentimentos um homem como Charles Carver produz em um médico. Esse nojo o afasta do paciente. É claro que, como médico, seu trabalho é diagnosticá-lo e tratá-lo corretamente, mas, consciente ou inconscientemente, você quer se livrar do trabalho e mandar um homem daqueles seguir seu caminho. Em especial, os médicos consideram as pessoas que não cuidam de si — alcoólatras com cirrose, doentes com enfisema em estágio terminal que fumam muito e diabéticos muito obesos — como, de certa forma, merecedoras de menos tempo e atenção. Ou, como no estereótipo de pacientes psiquiátricos no qual Anne Dodge foi encaixada, pessoas nas quais não se deve acreditar quando dizem que estão seguindo as determinações médicas. Médicos gostam que seus tratamentos sejam bem-sucedidos, e um ingrediente indispensável para esse sucesso é a cooperação do paciente. Um médico me disse que pacientes que não cuidam de si mesmos o fazem sentir como Sísifo.*

O próprio Redelmeier tende a essa sensação visceral de nojo. Aprendeu a reconhecer o sentimento e, como diz, "colocar uma bandeira vermelha na minha cabeça". Assim, na ronda daquele dia, Redelmeier não desistiu. Forçou os residentes a apresentarem hipóteses alternativas para o problema hepático de Carver. Insistiu em testes para quadros incomuns, como deficiência de alfa-1-antitripsina, uma doença hereditária que pode causar problemas pulmonares e hepáticos, e doença de Wilson, outra doença hereditária, na qual o acúmulo de cobre afeta o fígado e o cérebro.

Para surpresa de todos, inclusive de Redelmeier, Charles Carver tinha doença de Wilson. "Eles disseram que eu era um clínico brilhante", lembrou Redelmeier com um risinho. "Mas na verdade não teve nada de brilhantismo. Eu simplesmente estava me obrigando a não cometer um erro de atribuição e descartar o caso como sendo o de mais um alcoólatra nojento." Redelmeier

* Personagem mitológico. Como punição por sua malícia, Zeus o condenou ao reino das sombras, o Hades (inferno), onde deveria, por toda a eternidade, rolar uma grande pedra de mármore até o cume de uma montanha. Ao chegar, a pedra rolava montanha abaixo e Sísifo tinha que recomeçar. Daí a expressão "trabalho de Sísifo" para as tarefas consideradas inúteis. (N. do R.)

acrescentou que, na verdade, Carver não era alcoólatra. Ele tomava um copo de rum por dia, mas realmente era apenas um copo, como confirmou a filha de Carver. Agora, juntamente com seu drinque noturno, Carver toma quelatos de cobre, drogas que removem de seus tecidos o excesso de metal.

O erro prototípico de Croskerry exemplifica o extremo de emoção oposto ao nojo. Croskerry tem muitas das características de Evan McKinley: ambos são homens apaixonados e entusiasmados que adoram seu trabalho e para os quais o exercício ao ar livre é uma parte importante da vida. Normalmente os poderosos sentimentos positivos por um paciente são considerados bons, a base da medicina humanista. Todos queremos sentir que nosso médico realmente gosta de nós, nos considera especiais e é tocado emocionalmente por nosso sofrimento, atraído nem tanto pela fascinante biologia da nossa doença, mas por quem somos como pessoas. Em geral os sentimentos positivos fortalecem nossa relação com o médico e melhoram a qualidade do cuidado que recebemos. Mas nem sempre.

Médicos devem estar atentos quanto a "agir automaticamente", quando o que está na base do automatismo é uma forte emoção em relação a um paciente, mesmo uma emoção positiva. Compreensivelmente, os médicos se preocupam bastante com seus pacientes e querem um bom resultado, mas isso pode fazer com que eles não investiguem suficientemente os problemas. Médicos podem tomar decisões que marcam as cartas de tal forma que eles conseguem o que parece ser uma vantagem para um paciente que eles apreciam, admiram ou com quem se identificam especialmente. Croskerry escolheu se basear no primeiro conjunto de informações — eletrocardiograma, radiografia de tórax e exames de sangue normais —, que indicava um diagnóstico favorável para McKinley. Ele não programou exames de acompanhamento.

Todos tendemos a querer que aconteça aquilo que esperamos, em vez das alternativas menos interessantes; essa tendência natural é chamada de "erro afetivo". Também nos inclinamos a acreditar que aquilo que desejamos acontecerá quando temos o primeiro indício, mesmo que parcial, de que nosso desejo pode se realizar. Em síntese, nós valorizamos demais as informações que atendem a nossos desejos. Esse tipo de erro pode afetar até mesmo um grande clínico como Pat Croskerry.

O caso de Evan McKinley me levou de volta à minha conversa com o dr. Myron Falchuk. Após Falchuk ter me contado sobre Anne Dodge, perguntei se ele tinha errado o diagnóstico de algum paciente recentemente. Seu rosto murchou por alguns instantes. Depois me falou sobre um judeu idoso que tinha atendido naquele mesmo ano. "Ele era um personagem maravilhoso e delicioso da minha terra", disse Falchuk. Joe Stern tinha quase 90 anos de idade, mas continuava ativo, dirigindo por Brookline e fazendo cursos para idosos. Stern se queixara de indigestão, especificamente azia, durante várias semanas. Esses sintomas são comuns; um clínico-geral ou residente normalmente trata deles. Mas Falchuk conhecia a família Stern, então pegou Joe como paciente. Ao longo de quatro meses ele o tratou com antiácidos e outros remédios. O tratamento só deu a ele um ligeiro alívio.

Falchuk se descobriu gostando tanto da companhia de Stern que ultrapassava o tempo das consultas todas as vezes. "Ele tinha um grande senso de humor, e nós jogávamos conversa fora em iídiche", lembrou Falchuk. "Nós nos entendemos de verdade. Eu me perguntei: 'Você realmente precisa fazer exames invasivos nele?' Então me limitei a ajustar sua medicação durante quatro meses." Falchuk fez uma pausa. "Depois ele apareceu dizendo que estava fraco e exausto, e ficou claro que havia algo diferente. Ele tinha se tornado anêmico." Falchuk fez então uma endoscopia digestiva alta, o mesmo procedimento a que Anne Dodge tinha sido submetida, inserindo um instrumento de fibra óptica através da garganta de Stern até seu esôfago e estômago. O que ele viu não era sutil: grandes áreas com a característica aparência pregueada de um linfoma gástrico. Uma biópsia confirmou o diagnóstico. O câncer claramente estivera lá o tempo todo, e era o responsável pela persistente indigestão e o refluxo gástrico de Stern.

"É um câncer tratável", disse Falchuk, "mas me xingo o tempo todo. Eu simplesmente não queria sujeitar alguém daquela idade, de quem gostava muito, ao desconforto e à tensão do procedimento. E por causa disso não fiz o diagnóstico". Felizmente, como no caso de Evan McKinley, o resultado final foi bom. A demora no diagnóstico não prejudicou Joe; o câncer regrediu. Quando Falchuk terminou, falei sobre um caso meu de muitos anos antes: o caso de Brad Miller.

Brad Miller gostava de correr desde que era menino. Sua mãe brincava, dizendo que não importava quando ou onde, mesmo que não estivesse de tênis. Criado no sul da Califórnia, ele corria cinco quilômetros até a escola, e nos finais de semana pegava o ônibus de Culver City para a praia, a oeste, e disparava pela areia quente. Brad foi fazer faculdade no Leste. Ele não desanimou com a neve e as calçadas quebradas de New Haven, correndo todos os dias da universidade até a estação ferroviária, ida e volta. Brad nunca integrou a equipe de atletismo da universidade, e duvidava que tivesse velocidade para competir em nível universitário. Mas isso não tinha importância, pois a corrida simplesmente parecia fazer parte dele. Em meio ao estresse da faculdade, Brad usava a corrida como um remédio. Ele voltou para Los Angeles com um doutorado, tendo feito uma dissertação repleta de notas de rodapé sobre os arquétipos femininos antigos e contemporâneos que influenciaram a obra de James Joyce. No cargo de novo professor de inglês da faculdade local, ele achava que sua vida estava começando muito bem.

— Você me parece familiar — disse-me Brad no primeiro dia em que entrei no seu quarto de hospital no Centro Médico da Universidade da Califórnia. Foi no começo do inverno de 1979, e eu estava fazendo minha especialização em hematologia e oncologia. Olhei para Brad com atenção, mas seu rosto não me dizia nada.

— Costumo ver você correndo com dois ou três amigos pela universidade — disse-me. — Eu também corro, ou pelo menos corria.

Quase todo início de noite um grupo de jovens médicos corria pelas colinas de Westwood. A ladeira da Highland Avenue era particularmente íngreme, do hospital até o ponto mais alto do campus. Ela testava a minha disposição:

— Eu deveria ser aquele que estava ofegando. Por isso você se lembrou de mim — disse.

O sorriso de Brad durou pouco.

— Faremos todo o possível para que você volte a correr — disse. — A quimioterapia é difícil, não vou negar, mas pode fazer toda a diferença.

Cerca de seis semanas antes, Brad tinha sentido dores no joelho esquerdo. Inicialmente pensou que se deviam apenas ao seu treinamento intensivo para uma maratona. Mas a dor não passou com repouso e antiinflamatórios. Procurou um especialista em medicina esportiva, que examinou a perna e recomendou alongamento e o uso de uma joelheira durante o exercício. Brad seguiu as recomendações rigorosamente, mas a dor parecia piorar, a perna estava mais dura. O médico pediu uma radiografia. Ele contou a Brad que o exame mostrava um crescimento anormal na extremidade do fêmur, acima do joelho. Disse que o problema estava fora de sua área e que Brad deveria procurar um especialista. O médico não usou eufemismos para disfarçar a gravidade do que tinha visto.

O crescimento na perna de Brad era um osteossarcoma, um câncer ósseo. O departamento de cirurgia oncológica da UCLA, que estava entre os melhores do país, tinha criado um programa experimental para esse tipo de sarcoma. No passado, pessoas como Brad teriam a perna amputada, mas tinha sido desenvolvida uma nova droga quimioterápica, a adriamicina, que freqüentemente reduzia o tumor. Os oncologistas a tinham apelidado de "morte vermelha" em função de sua cor e de sua terrível toxicidade. Ela não apenas provocava terríveis náuseas, vômitos, feridas na boca e redução do número de células sangüíneas, como doses repetidas podiam afetar o músculo cardíaco, causando insuficiência cardíaca. Os pacientes precisavam ser monitorados atentamente, já que, no momento em que o coração fosse prejudicado, não havia como restaurar sua capacidade de bombeamento. A estratégia experimental da UCLA implicava tratar pacientes com múltiplas doses de adriamicina, na esperança de reduzir suficientemente o câncer para que fosse removido cirurgicamente sem amputação.

Começamos o tratamento naquela tarde. Apesar da utilização de medicamentos para conter a regurgitação, Brad passou muitas horas com ânsias incontroláveis. Em uma semana, seu número de leucócitos no sangue tinha despencado. Por causa dessa redução nas defesas imunológicas, Brad corria graves riscos de infecção. Para tentar impedir isso, nós o isolamos; ele só recebia visitas usando máscaras, avental e luvas. Sua dieta foi modificada para reduzir a exposição a bactérias em alimentos crus.

— Você não gostou — observei, vendo a refeição intocada na bandeja.

— Minha boca dói — sussurrou ele. Ele tinha múltiplas úlceras bucais por causa da quimioterapia. — E mesmo que eu conseguisse mastigar, ela parece totalmente insossa.

Nós estávamos dando a Brad uma solução bucal anestésica especial para tentar aliviar a dor, mas isso claramente não estava ajudando muito. Concordei que a comida parecia sem graça.

— Do que você gostaria? Rins fritos?

Brad me lançou um olhar de reconhecimento:

— Nada como Joyce para levantar o moral...

Quando nos conhecemos, eu tinha dito a ele que estudara *Ulisses* em um curso livre no começo da faculdade. O professor tinha explicado a importante história irlandesa, especialmente Parnell e o Levante da Páscoa; as sutis referências à liturgia católica e uma série de outras referências que de outro modo a turma teria perdido. No livro, Leopold Bloom saboreava rins fritos.

Brad era meu paciente predileto naquela ala. Todas as manhãs, durante a ronda com residentes e estudantes, eu fazia um levantamento dos seus sintomas, examinando-o para conferir as descobertas da equipe médica e revisando os exames laboratoriais. Depois ficava algum tempo ali, tentando animá-lo e distraí-lo do sofrimento causado pela terapia.

O programa exigia uma tomografia computadorizada depois do terceiro ciclo de adriamicina. Se o câncer tivesse diminuído suficientemente, seria hora da cirurgia. Caso contrário, ou caso o câncer tivesse crescido a despeito da quimioterapia, então teríamos pouco a fazer além da amputação. E mesmo depois da amputação os pacientes ainda vivem sob uma nuvem negra, já que o câncer pode apresentar metástase nos pulmões ou em outros órgãos.

Três ciclos de quimioterapia tinham feito um estrago em Brad. Ele se tornou apático, com dificuldade para conversar. Então, certa manhã, teve uma febre baixa, de 37,8°C. Durante a ronda matinal os residentes me contaram que já tinham feito culturas de sangue e urina e que sua febre tinha "origem obscura", o que, no jargão médico, indica que o foco da infecção não havia sido localizado. Pessoas que são submetidas a quimioterapia freqüentemente apresentam febre baixa depois que seu número de leucócitos diminui; se a febre não tiver uma causa identificável, o médico deve avaliar quando começar a utilizar antibióticos.

— Então, você se sente mais arrasado? — perguntei a Brad.

Ele concordou. Mais uma vez, estudei a lista de sintomas que poderiam apontar uma fonte para a infecção: ele tivera dor de cabeça, problemas visuais, pressão nas cavidades nasais, garganta irritada ou dificuldade de respirar? Respondeu que não a todas as perguntas. Havia expectoração? Outro não. Dores abdominais, diarréia, ardência ao urinar? De modo algum.

Brad disse que estava cansado demais para se sentar sozinho, então dois residentes o pegaram pelos ombros e o acomodaram na cama. Brad tinha o corpo de um maratonista, alto e magro. A dosagem de adriamicina é estabelecida em função mais da superfície do corpo que do peso, portanto, dada a grande superfície de seu corpo, Brad estava recebendo altas doses. Seus tufos de cabelo preto remanescentes estavam encharcados de suor, e ele tinha uma cor acinzentada.

Examinei seus olhos, ouvidos, nariz e garganta e não encontrei nada digno de nota, a não ser pequenas úlceras nas bochechas e sob a língua, efeitos colaterais do tratamento. Brad se esforçou para respirar fundo quando examinei os pulmões — estavam limpos —, e os batimentos cardíacos eram fortes, sem o "galope" que indicaria insuficiência cardíaca. O abdome estava macio e não havia sensibilidade sobre a bexiga.

— É o bastante por hoje — falei. Brad tinha um aspecto tão exausto que parecia sensato deixá-lo descansar. Ele anuiu em agradecimento.

Mais tarde, eu estava no laboratório de hematologia, estudando a biópsia de medula óssea de um paciente com leucemia, quando meu bip tocou:

— A pressão arterial de Brad Miller caiu a zero — disse o residente quando telefonei. — A temperatura chegou a 40°C, e vamos transferi-lo para a UTI.

Choque séptico. Quando bactérias se espalham pela corrente sanguínea, podem impedir a circulação. Isso pode ser fatal mesmo em pessoas que não tenham nenhum outro problema de saúde, mas pacientes com baixa imunidade, como Brad, com número de leucócitos reduzido pela quimioterapia, freqüentemente morrem.

— Identificamos a fonte? — perguntei.

— Ele tem o que parece ser um abscesso no glúteo esquerdo — disse o residente.

Pacientes sem leucócitos para combater bactérias tendem a infecções em áreas normalmente sujas, como a região entre as nádegas.

Fiquei em silêncio, repassando na cabeça a cena da ronda daquela manhã com Brad. O abscesso certamente estava ali algumas horas antes. "É o bastante por hoje", eu tinha dito. *Nunca é o bastante.* Eu não tinha pedido que ele rolasse de modo que pudesse examinar as nádegas e o reto.

— Repetimos as culturas e começamos a administrar antibióticos de largo espectro — disse o residente. — A equipe da UTI vai assumir.

— O.k. Bom trabalho. — Desliguei o telefone e me censurei ainda mais. *Trabalho ruim. Trabalho péssimo.*

Meu coração sofria por Brad, e esse profundo sentimento me levara a quebrar a disciplina. Normalmente tenho um sistema que sigo diariamente com todos os pacientes com imunodeficiência, começando no alto da cabeça e descendo até a ponta dos dedos dos pés, examinando cada fenda, dobra, orifício e órgão. Eu não quis aumentar o desconforto de Brad. Deixei-o coberto com os lençóis. Isso podia se mostrar um erro fatal.

Cumpri as outras tarefas do dia e corri para a UTI assim que fiquei livre. Brad estava conectado a um respirador e arregalou os olhos para indicar "Olá". Além de soro, ele estava recebendo hipertensores, medicamentos que aumentam a contração do coração e o tônus dos vasos para tentar sustentar a pressão arterial. Seu coração estava resistindo, apesar de toda a adriamicina. O número de plaquetas tinha caído, como costuma acontecer no choque séptico, e ele estava recebendo uma transfusão de plaquetas. O médico-chefe da UTI já tinha dito aos pais de Brad quão grave era a situação. Eu os vi sentados em uma sala junto à UTI, de cabeça baixa. Inicialmente pensei em seguir em frente, já que eles não tinham me visto, mas me obriguei a entrar e dizer algumas palavras de encorajamento. Eles me agradeceram por cuidar de seu filho.

Após uma noite agitada, cheguei cedo na manhã seguinte, antes dos residentes da ala, para revisar todas as fichas dos meus pacientes. A ronda demorou uma hora a mais que o normal, enquanto eu checava e rechecava todas as informações apresentadas pela equipe. Eu podia ver que eles estavam ficando desconfortáveis, mas eu precisava recuperar meu equilíbrio, e essa era a única forma que conhecia para fazer isso.

Brad Miller sobreviveu. Lentamente, o número de leucócitos aumentou, e a infecção foi eliminada. Depois que ele saiu da UTI eu disse que deveria tê-lo examinado mais atentamente naquela manhã, mas não expliquei por que não o fiz. A tomografia revelou que o sarcoma tinha diminuído o suficiente para permitir uma cirurgia sem amputação. Mas uma boa parte do músculo da coxa teve de ser removida juntamente com o tumor. Depois dessa cirurgia, correr seria um esforço excessivo. Eu às vezes via Brad pedalando sua bicicleta pelo campus, e agradecia silenciosamente sempre que isso acontecia.

Uma das afirmativas mais louvadas da clínica médica saiu de uma palestra feita pelo dr. Francis Weld Peabody, da Faculdade de Medicina de Harvard, em 1925: "O segredo para cuidar do paciente é gostar do paciente." Isso sem dúvida é verdade, mas menos óbvio do que pode parecer. Peabody alertou os médicos para o modo como sua formação os condiciona. Por necessidade, aprendemos a reprimir nossas emoções, bloquear nossas reações naturais a muitas das coisas horríveis que vemos e às coisas brutais que precisamos fazer.

Pense no que acontece em um setor de emergências, quando tentamos salvar a vida de uma pessoa esmagada por um carro ou queimada em um incêndio. Se um médico pensasse demais na pessoa à sua frente, não conseguiria inserir as mãos enluvadas em um abdome com hemorragia ou passar um tubo de respiração através de carne carbonizada. Mesmo em situações menos desesperadoras — administrar quimioterapia a uma jovem com um grande câncer de mama, digamos, ou inserir um cateter de diálise no braço de um diabético cego cujos rins pararam de funcionar —, temos de nos distanciar da angústia que pode impedir nosso trabalho. Mas se tornar imune ao sentimento, como chamou a atenção Peabody, é reduzir o papel do médico como aquele que cura, relegando-o a uma dimensão menor do seu trabalho, o de um tático. Se sentimos profundamente nossas emoções, nos arriscamos a recuar ou ter um colapso. Mas se apagamos nossas emoções, deixamos de nos preocupar *com* o paciente. Enfrentamos um paradoxo: o sentimento impede que fiquemos cegos à alma do nosso paciente, mas traz o risco de nos deixar cegos ao que há de errado com ele.

Eu perguntei à dra. Karen Delgado sobre esse paradoxo. Delgado é uma reconhecida especialista em endocrinologia e metabolismo em um grande hospital universitário que cuida de pacientes com distúrbios hormonais e metabólicos como diabetes, infertilidade e hipotireoidismo. Para mim ela é um modelo de médica, com profundo conhecimento da ciência médica, e compassiva, simpática e generosa com os pacientes. Quando perguntei a Delgado se tinha cometido um erro de atribuição, ela imediatamente se lembrou de um paciente de sua época de estudante, na década de 1970. Um jovem foi levado à emergência do hospital na madrugada. A polícia o encontrara dormindo na escadaria de um museu de arte da cidade. Tinha a barba por fazer, suas roupas estavam sujas e ele não cooperava, nada disposto a acordar e responder com um mínimo de clareza às perguntas da enfermeira da triagem. A dra. Delgado estava ocupada naquela noite, atendendo outros pacientes, então deu uma "espiada" e decidiu que ele poderia ficar em uma maca no corredor, outro hippie sem-teto que ganharia um café-da-manhã e seria mandado de volta para as ruas. Algumas horas mais tarde ela sentiu uma enfermeira puxando a manga do seu jaleco:

— Eu realmente gostaria que você voltasse e examinasse aquele cara — disse ela.

Delgado relutou, mas tinha aprendido a respeitar uma enfermeira de um setor de emergência que achava que realmente havia algo errado com um paciente.

"O nível de glicose no sangue estava nas alturas", disse Delgado. O jovem estava à beira de um coma diabético. Tinha adormecido perto do museu de arte por estar fraco e letárgico, e incapaz de retornar ao seu apartamento. Descobriu-se que ele não era um vagabundo, mas um estudante, e que sua dificuldade em dar informações à polícia e à enfermeira da triagem refletia as mudanças metabólicas próprias do diabetes não controlado.

"A pior coisa de ser médico é que você aprende mais com seus erros, erros cometidos com pessoas de verdade", disse Delgado. Perturbada pela experiência, ela passou a recriar a imagem daquele jovem sempre que era chamada ao setor de emergências para avaliar outras pessoas desalinhadas e não dispostas a cooperar. Mas aquela tinha sido uma experiência única, correspondendo a um único estereótipo, continuou, acrescentando: "É impossível catalogar todos os estereótipos que você tem na cabeça ou reconhecer que está encaixando o indivíduo à sua frente em um modelo estereotipado. Mas você não quer cometer um engano para aprender com cada estereótipo." Em vez disso, acredita Delgado, os pacientes e suas famílias deveriam ter a consciência de que em seu trabalho o médico se baseia na identificação de padrões e, compreensivelmente, apela a estereótipos para tomar decisões. Sabendo disso, eles podem ajudá-lo a evitar erros de atribuição.

Perguntei se isso realmente era possível.

"Isso certamente não é fácil para leigos, porque os pacientes e suas famílias são particularmente reticentes no momento de questionar o raciocínio do médico quando suas perguntas sugerem que o raciocínio dele reflete tendenciosidade ou preconceito pessoal." Mas Delgado acha que os leigos podem diplomaticamente chamar a atenção do médico para sua confiança em estereótipos, porque uma de suas pacientes tinha feito isso com ela.

Ellen Barnett tinha procurado a ajuda da dra. Delgado apresentando uma série de sintomas constrangedores. Muitas pessoas que se consultam com Delgado têm sintomas difíceis de definir — falta de disposição, por exemplo, ou aumento repentino de peso — e supõem que têm algum desequilíbrio hormonal ou metabólico. Normalmente não têm. Ellen Barnett já havia consultado cinco médicos, e sentia que todos os cinco tinham sido hostis a ela:

— Eu tenho o que chamo de explosões, sinto calor no corpo todo, o que faz minha pele formigar. Formigar mesmo, como se tivesse insetos por todo o corpo, e algumas vezes isso é acompanhado de dores de cabeça terríveis — disse ela a Delgado, e continuou: — É realmente como uma bomba explodindo em meu corpo. Eu sei que estou na menopausa, e todos os cinco médicos disseram que essa é a causa dos meus problemas. E dois disseram que sou maluca. E, sinceramente, *sou* um pouco maluca. Certo, eu sei que mulheres na menopausa têm ondas de calor. Mas acho que há mais alguma coisa, que o que sinto é mais que apenas menopausa.

Enquanto Delgado escutava, percebeu como seria fácil cometer um erro de atribuição com as queixas intermináveis de uma mulher melodramática na menopausa que de forma bastante precisa se descrevia como sendo doida. Ela então parou de ver Ellen Barnett como um estereótipo e por um minuto supôs que sua paciente estivesse lhe dizendo algo importante, algo significativo, que aquelas "explosões" fossem de fato diferentes dos surtos de calor e das enxaquecas hormonais da menopausa.

"Eu a examinei demoradamente", contou Delgado, "e revelou-se que de fato ela estava na menopausa, que realmente era uma pessoa estranha com muitas idéias esquisitas, mas o que apareceu em sua urina não se devia à menopausa ou à maluquice. Os níveis de catecolaminas estavam nas alturas. Uma tomografia revelou um feocromocitoma acima do rim esquerdo". Um feocromocitoma é um tumor endócrino relativamente raro que produz catecolaminas, substâncias químicas como a adrenalina, que podem produzir dramáticas alterações na circulação sanguínea e na pressão. As mudanças circulatórias podem gerar ondas de calor como as da menopausa e precipitar violentas dores de cabeça semelhantes a uma enxaqueca. As catecolaminas também podem provocar sintomas psicológicos como ansiedade, desespero e mesmo agressão. Se não for tratado, o paciente pode ter um acidente vascular cerebral, ou insuficiência cardíaca ou renal.

"Ela foi operada, e o tumor, removido. Agora suas ondas de calor são muito menos graves, assim como as dores de cabeça, como seria de esperar na menopausa. Mas Ellen ainda é doida, como ela mesma reconhece", disse Delgado.

Delgado acredita que pacientes ou parentes podem usar a abordagem de Ellen Barnett. Com um senso de humor perturbador, ela informou compreender que se encaixava em um determinado estereótipo social, e que o estereótipo tinha feito com que seus médicos não levassem inteiramente a sério suas queixas. "Eu não achei que Ellen estivesse sendo agressiva ou arrogante, e não reagi, nem me afastei ou me aborreci com ela. O que ela disse aumentou sua credibilidade e me poupou de um erro de atribuição."

Sentimentos negativos que pacientes como Ellen Barnett despertam em um médico normalmente estão na superfície. Mas sentimentos positivos, como os que Croskerry teve por Evan McKinley; Falchuk, por Joe Stern; e eu, por Brad Miller, são mais difíceis de reconhecer como perigosos. Como Delgado é uma médica que tem verdadeiro carinho por muitos de seus pacientes, perguntei se ela já havia caído nessa armadilha, a armadilha do erro afetivo. Ela achava que sim. "Tive um paciente idoso com câncer de tireóide, e pensei em tratá-lo com iodo radioativo. Há dificuldades logísticas nessa terapia, e ela realmente pode perturbar a vida da pessoa. Eu estava prestes a desistir do tratamento quando ele me disse: 'Não me poupe de um exame desagradável apenas porque somos amigos.'" Em circunstâncias graves, parentes ou amigos de pacientes que percebem que o afeto do médico pode por vezes detê-lo poderiam expressar essa preocupação dizendo: "Saiba que apreciamos muito a sua preocupação. Por favor, saiba também que compreendemos que você talvez precise fazer coisas que provocam desconforto ou dor."

Só um leigo consciente de como tais sentimentos podem afetar a avaliação do médico de formas sutis mas significativas é capaz de fazer tal observação. Pensando na história de Delgado, dei-me conta de que teria sido impossível para Brad Miller reunir energia para pensar em nossa relação e me prevenir dessa forma quando eu o vi na ronda naquela manhã. Era meu dever ter feito um exame completo, e minha responsabilidade vigiar meus sentimentos no momento em que pudessem prejudicar minha disciplina.

Pacientes e seus entes queridos nadam junto com os médicos em um mar de sentimentos. Todos precisam ficar de olho em uma costa neutra onde foram colocadas bandeiras para nos alertar sobre perigosas correntes emocionais.

CAPÍTULO 3

Girando pratos

Tuba City, Arizona, fica 5.193 quilômetros a oeste de Halifax, Nova Escócia. Halifax foi a primeira cidade inglesa do Canadá, fundada em 1749; a maioria de seus 360 mil habitantes ainda pode traçar suas origens até as Ilhas Britânicas. Tuba City tem uma população de apenas seis mil pessoas, mas é cidade central para mais de cem mil membros das nações navajo e hopi. Modernos arranha-céus de vidro e aço cercam o porto de Halifax, e a luz seca do norte reflete no mar. Tuba City está no planalto, com os campos vizinhos se destacando por uma vegetação árida e os tons pastel de antigas rochas sedimentares. A Faculdade de Medicina da Universidade Dalhousie, de Halifax, é reconhecida por seus departamentos acadêmicos e seus pesquisadores. O hospital de Tuba City é um aglomerado de prédios marrons baixos que abriga o Serviço Médico Indígena; o aparelho de ressonância magnética mais próximo está a uma hora de carro. Apesar dessas diferenças de geografia, porte, recursos e cultura, um médico de emergência em Tuba City, como o dr. Harrison Alter, precisa reconhecer os mesmos padrões clínicos e evitar os mesmos erros cognitivos que um colega de Halifax como Pat Croskerry.

Alter, que tem 43 anos de idade, inicialmente não se imaginou como médico. Ele estudou literatura comparada em Brown e apenas quatro anos depois ingressou na faculdade de medicina da Universidade da Califórnia, em Berkeley. Após fazer residência no Highland Hospital, em Oakland, ele se transferiu para a Universidade de Washington, em Seattle, como titular da cátedra Wood Johnson para estudar a tomada de decisão médica. Depois de dois anos como membro do corpo docente da universidade, quis trabalhar com médicos dedicados em uma comunidade carente, então mudou-se com a mulher e três filhos pequenos para uma pequena casa de estuque amarela em Tuba City.

Certo dia de abril de 2003, quando Alter trabalhava na emergência, chegou uma ambulância com um menino de 10 anos de idade chamado Nathan Talumpqewa, da escola hopi local. Os alunos da quarta série tinham acabado o recreio e estavam fazendo fila para retornar à sala, quando outro aluno pulou nas costas dele, esperando ser carregado. Nathan era um garoto pesado, com 1,42 metro e 63 quilos, e gostava de brincadeiras duras. Mas daquela vez ele gritou de dor e caiu no chão. "Nathan chegou em uma maca rígida, com imobilização total da coluna", recordou Alter, descrevendo como um paciente é colocado deitado de costas sem poder se mexer para evitar qualquer pressão sobre nervos que possam ter sido atingidos. "Ele estava aterrorizado, soluçando e gemendo." Alter ouviu a história rapidamente e fez algumas perguntas fundamentais a Nathan. "Ele disse que conseguia mover os braços e as pernas, que não havia formigamento ou choques elétricos descendo pela coluna ou nas nádegas, que ele só tinha uma dor terrível no meio das costas." Alter concluiu que era seguro transferir o menino da prancha para um leito.

Quando Alter o examinou e apertou um ponto baixo na coluna torácica, Nathan gritou. "Eu o mandei para a radiografia e, claramente, bem naquele ponto, ele tinha uma fratura de compressão em cunha da décima vértebra torácica. Era um menino de 10 anos com o tipo de fratura que eu estava acostumado a ver em uma mulher de 80. E pensei que aquilo não deveria acontecer."

Alter disse que com todos os pacientes ele recita o ABC que aprendeu na sua formação. (Na verdade, o alfabeto da emergência também inclui D e E.) "*A* indica as vias aéreas, e significa que boca, garganta, traquéia e brônquios estão desimpedidos; *B* é *breathing*, respiração, com os pulmões dos pacientes sendo capazes de receber oxigênio suficiente e transferi-lo para a corrente sanguínea; *C* é circulação: o coração está batendo, a pressão arterial é adequada para levar o sangue a órgãos vitais como fígado, rins e cérebro. *D*, deficiência, chama a atenção para a verificação de funções neurológicas — não apenas força muscular e reflexos, mas também reações mentais; e, finalmente, *E* é de exposição: não negligenciar nenhuma parte do corpo apenas porque você está concentrado em um problema em uma área." No caso de Nathan, concluiu ele, todas as letras estavam satisfatórias.

Alter pediu exames, incluindo um hemograma completo e os níveis de cálcio e de enzimas ósseas. Estavam todos normais. Ele ainda foi além e conseguiu uma tomografia, que foi transmitida digitalmente para um radiologista na Universidade do Arizona. Em pouco tempo chegou um relatório à emergência: "Normal, a não ser por uma fratura de compressão na décima vértebra torácica." Mas Alter ainda estava incomodado. Colocou Nathan em uma ambulância e o levou para fazer uma ressonância magnética em Flagstaff, a uma hora e meia de distância. Mais tarde, naquele dia, Alter soube que a ressonância tinha confirmado o revelado pela tomografia: a única vértebra quebrada, sem outras anormalidades.

Alter procurou o pediatra local. O especialista assegurou a ele que não estava acontecendo nada de sério, nada com que ele devesse se preocupar. "Às vezes nós vemos isso", garantiu o pediatra. "Tive de aceitar as informações", disse Alter, mas continuava preocupado. Fez com que o pediatra visse Nathan alguns dias depois. Naquela consulta Nathan estava se sentindo melhor, com pouco desconforto nas costas. O pediatra tranqüilizou a família de Nathan; tinha sido apenas um grotesco acidente de recreio.

Em Seattle, Alter tinha aprendido análise bayesiana, uma técnica matemática de tomada de decisão no caso de incerteza. Quando ele recebe um paciente, calcula a possibilidade numérica de cada diagnóstico possível. No caso de Nathan, ele não tinha como atribuir tal possibilidade. Simplesmente não havia dados referentes a fratura por compressão da décima vértebra torácica em um garoto hopi de 10 anos de idade acima do peso, mas fora isso saudável. Assim, Alter tentou abordar o problema não a partir da matemática sofisticada, mas do senso comum. "O acontecimento não foi nada, um aluno pulando nas costas de Nathan para ser carregado, e não parecia suficiente para explicar o ferimento", disse Alter. Mas o pediatra parecia achar desnecessário procurar outra resposta. "Eu estava perdido. Era um especialista falando comigo. Eu deveria me curvar à autoridade dele", disse-me Alter.

Havia algo de familiar na história de Nathan, não porque eu tenha trabalhado com medicina de emergência ou cuidado de crianças, mas porque eu tinha ouvido especialistas dizerem "às vezes nós vemos isso". Tem o peso da confiança, uma afirmativa baseada em uma longa experiência, e implica tirar o fardo de mais pesquisas dos ombros de todos. Mas isso só deve ser dito depois de uma pesquisa exaustiva por uma resposta e de acompanhamento constante do paciente. Se dito apressadamente, demonstra preocupante ignorância, em vez de representar um conhecimento tranqüilizador. Implica que todos devem parar de pensar.

Alter não teve escolha a não ser seguir em frente. Ele tinha feito o máximo que podia, mais que a maioria teria feito na avaliação de Nathan. Mas não conseguia deixar de pensar nele. Foi obrigado a esperar, até que, como se diz no jargão médico, o problema "se apresentasse".

Essa apresentação se deu algumas semanas depois, quando Nathan se levantou da cama e imediatamente desabou com dores. Ele foi imediatamente levado de volta à emergência. Alter o examinou e confirmou que *D* estava correto: que as pernas de Nathan não estavam fracas e que seus reflexos estavam preservados. Pediu novas radiografias. Havia então quatro fraturas em cunha na coluna. Alter transferiu Nathan para um hospital em Phoenix. Um cirurgião-ortopedista de lá fez uma biópsia óssea e a mandou para um laboratório de patologia. Examinando-a ao microscópio, o patologista de Phoenix viu camadas de grandes células circulares dentro do osso; todas as células eram parecidas, azul-escuras com um núcleo convoluto. Testes especiais identificaram as enzimas dentro das células e as proteínas na superfície. O diagnóstico logo ficou claro: Nathan tinha leucemia linfoblástica aguda. A leucemia tinha enfraquecido a vértebra de tal forma que ela se rompera quando Nathan carregara um colega nas costas. O caso começava a fazer sentido. Como Alter desconfiara, o que o pediatra tinha dito não fazia sentido. "Ninguém — nenhum médico, nenhum paciente — nunca deveria aceitar como primeira resposta a um acontecimento importante que 'às vezes nós vemos isso'. Quando ouvir essa frase, responda: 'Vamos continuar procurando até descobrirmos o que há de errado ou sabermos que o problema desapareceu'", disse Alter.

Certo dia de inverno no mesmo ano em que Nathan Talumpqewa adoeceu, uma mulher navajo com mais de 60 anos de idade chamada Blanche Begaye foi à emergência porque sentia dificuldade de respirar. A sra. Begaye era uma mulher compacta com cabelo grisalho preso em coque que trabalhava em uma mercearia na reserva. Nas semanas anteriores um vírus estava se espalhando por aquela comunidade fechada, e uma multidão de pacientes como Blanche Begaye tinha ido ao hospital com pneumonia viral. A sra. Begaye disse que inicialmente pensara ser apenas um resfriado forte, então tomara muito suco de laranja e chá e algumas aspirinas, mas os sintomas pioraram, e ela estava se sentindo péssima.

Alter reparou que ela estava com uma febre baixa, de 37,8°C, e que a freqüência respiratória era o dobro da normal. Ele examinou seus pulmões e ouviu o ar se movendo rapidamente para dentro e para fora, mas nada dos sons roucos, chamados roncos, provocados pelo acúmulo de muco. Alter solicitou exames de sangue. O número de leucócitos sanguíneos de Blanche Begaye não estava elevado, mas os eletrólitos mostraram que o equilíbrio ácido-básico no sangue tinha se inclinado para o ácido, o que não era incomum em alguém com uma grande infecção. A radiografia de tórax não mostrou as faixas brancas que caracterizam uma pneumonia viral.

Alter chegou ao diagnóstico de "pneumonia viral subclínica". Disse à sra. Begaye que estava no estágio inicial da infecção, subclínico, de modo que as pegadas do micróbio ainda não apareciam na radiografia. Como muitos dos outros pacientes com pneumonia que ele tinha atendido no período, ela deveria ser internada no hospital e receber líquidos intravenosos e medicamentos para baixar a febre. Ele disse que na idade dela a pneumonia pode afetar o coração e algumas vezes fazer com que ele falhe, portanto era prudente mantê-la em observação.

Alter passou o caso para um residente da equipe e começou a examinar outro paciente, um navajo de meia-idade que também tinha febre e dificuldade de respirar. Alguns minutos depois o residente se aproximou de Alter e o chamou de lado.

— Não é um caso de pneumonia viral. Ela tem intoxicação por aspirina — disse ele.

Mesmo vários anos depois, ao contar a história, Alter resmungou. "Intoxicação por aspirina, o bê-á-bá da toxicologia, algo que foi enfiado na minha cabeça durante o estudo. Ela era um caso clássico — a respiração rápida, a mudança nos eletrólitos do sangue — e eu deixei passar. Fui arrogante."

Assim como há doenças clínicas clássicas, há erros cognitivos clássicos. O diagnóstico equivocado de Alter foi resultado de um desses erros, a utilização de uma heurística chamada "disponibilidade". Amos Tversky e Daniel Kahneman, psicólogos da Universidade Hebraica de Jerusalém, investigaram esse atalho em um estudo fundamental há mais de duas décadas. Kahneman ganhou o Prêmio Nobel de Economia de 2002 por um trabalho que esclarecia como certos padrões de raciocínio determinam reações irracionais no mercado; Tversky certamente teria dividido o prêmio caso não tivesse morrido prematuramente em 1996.

"Disponibilidade" significa a tendência a avaliar a probabilidade de um acontecimento em função da facilidade com que exemplos importantes vêm à mente. O diagnóstico de Alter de pneumonia subclínica era facilmente disponível porque ele tinha visto muitos casos de infecção nas semanas anteriores. Como em qualquer ambiente, há uma ecologia em clínicas médicas. Por exemplo: um grande número de pacientes que abusa do álcool povoa hospitais centrais como o Cook County em Chicago, o Highland em Oakland, ou o Bellevue em Manhattan; em uma semana, um residente em um desses hospitais pode examinar dez alcoólatras trêmulos, todos com DT — *delirium tremens* —, um violento tremor provocado pela abstinência. Ele tenderá a considerar altamente provável que o décimo primeiro alcoólatra irrequieto tenha DT porque isso vem à mente facilmente, embora haja uma longa relação de possibilidades diagnósticas para tremores incontroláveis. O DT é a hipótese mais à mão com base na sua experiência recente. Ele está acostumado ao DT, e essa familiaridade determina que ele pense assim.

Alter experimentou o que poderia ser chamado de "padrão de reconhecimento distorcido" por causa da ecologia de fundo do caso de Begaye. Em vez de reunir todas as informações fundamentais, ele escolheu apenas algumas características da doença: febre, respiração rápida e mudança no equilíbrio ácido-básico do sangue. Ele racionalizou os dados contraditórios — a ausência de faixas na radiografia, o número normal de leucócitos — como refletindo apenas o estágio inicial de uma infecção. Na verdade, essas discrepâncias deveriam ter indicado a ele que a hipótese era equivocada.

Essa seleção cognitiva é chamada de "desvio de confirmação". O raciocínio equivocado de confirmar o que você espera encontrar aceitando seletivamente ou ignorando informações obedece ao que Tversky e Kahneman chamam de "ancoragem". Ancoragem é um atalho no raciocínio pelo qual uma pessoa não avalia múltiplas possibilidades, aferrando-se rapidamente a uma única, com a certeza de que lançou sua âncora exatamente onde ela precisa estar. Você olha o mapa, mas sua mente brinca com você — desvio de confirmação —, porque você só vê as referências que espera ver e negligencia aquelas que dizem que na verdade você ainda está em alto-mar. Sua leitura distorcida do mapa "confirma" sua suposição equivocada de que chegou ao destino. O erro afetivo lembra o desvio de confirmação uma vez que pesquisa as informações de forma seletiva. O primeiro é motivado pelo desejo de um determinado resultado; o segundo, determinado pela expectativa de que seu diagnóstico inicial esteja correto, mesmo que seja ruim para o paciente.

Após o residente ter feito o diagnóstico certo, Alter reviu em sua mente a conversa com Blanche Begaye. Quando perguntou se ela tinha tomado alguma medicação, inclusive remédios vendidos sem receita, ela respondeu "algumas aspirinas". Ele recebeu isso como mais uma prova para sua suposição ancorada de que ela padecia de uma síndrome viral que começara como um resfriado e estava então se transformando em pneumonia. "Eu não esclareci com ela o que significava 'algumas'", disse Alter. Descobriu-se que tinham sido várias dúzias.

A ironia era que Alter tinha evitado um julgamento sobre o diagnóstico de Nathan Talumpqewa, não tinha de modo algum se aferrado a seu raciocínio, porque não podia avaliar a probabilidade de uma doença específica ou identificar um mecanismo biológico que fizesse uma vértebra se romper. Isso o tinha impedido de aceitar a afirmação apressada do pediatra. Mas tinha se lançado a uma conclusão com Blanche Begaye, dando uma probabilidade de 100% ao seu caso. "Com isso eu aprendi a me conter, a me certificar mesmo quando acho que tenho a resposta, a fazer uma pequena lista de alternativas." Essa estratégia simples é uma das mais poderosas salvaguardas contra os erros cognitivos.

Imagine que você é um médico de emergência como Harrison Alter ou Pat Croskerry. Na maioria dos casos você não conhece os pacientes que atende. Então, precisa se basear em instantâneos de suas doenças — diferentemente de um clínico em seu consultório, que conhece seus pacientes e suas famílias, sabe de suas características e seus comportamentos e pode acompanhar a evolução de um problema clínico ao longo do tempo. Imagine que é uma noite tipicamente agitada, e a enfermeira da triagem passou a você três pacientes em meia hora. Cada paciente tem uma série de queixas. Pat Croskerry me disse que em momentos assim ele se sente como se estivesse "girando pratos sobre hastes", como um artista de circo usando varetas para girar os pratos sem que eles percam velocidade nem caiam.

Na verdade é mais difícil do que girar pratos, porque isso exige um único movimento de rotação e todos os pratos são de mesmo tamanho e peso. Cada paciente, claro, é diferente, e com cada um você pode precisar passar rapidamente por diferentes movimentos para chegar a um diagnóstico, tratar problemas urgentes e depois decidir qual o melhor caminho: internação no hospital, transferência para outra instituição ou mandar o paciente para casa. Pense então no que você precisa fazer para atingir as metas de diagnóstico, tratamento e encaminhamento. Primeiramente, precisa descobrir o principal motivo pelo qual cada paciente buscou atendimento de emergência. Embora isso possa parecer algo direto, não é. Os pacientes podem dar à enfermeira da triagem ou ao médico uma razão que tangencia o problema real e mais grave que está por trás, ou podem falar de outros sintomas que os incomodam mais, embora possam ser irrelevantes para a doença que está na origem. Todos os médicos trabalham com limitações de tempo, e isso é particularmente verdadeiro no setor de emergência. Portanto, assim como vimos com Alter, as perguntas que você escolhe fazer e o modo como as faz determinarão as respostas do paciente e orientarão seu raciocínio. Você pode se desviar se tentar desvendar uma história rapidamente, mas não irá cumprir outras tarefas caso demore demais para ouvir o que há de errado.

Eu me lembro de um senhor idoso que chegou à emergência se queixando de dor no tornozelo após tropeçar na rua. Ele só queria ser tranqüilizado de que não estava quebrado e receber um analgésico. Todos se concentraram no seu tornozelo. Ninguém pensou em por que ele teria tropeçado. Apenas muito tempo depois descobrimos que ele tinha caído porque estava enfraquecido por uma anemia não diagnosticada. A causa da anemia se revelou câncer de cólon. Para piorar ainda mais, os pacientes podem não se lembrar de pontos fundamentais de seu histórico médico, e sem um boletim hospitalar ou registros de consultório você não tem fontes independentes para preencher as lacunas. Isso é verdade especialmente em relação a medicamentos. "Eu tomo um comprimido azul e um comprimido rosa para o coração", pode dizer um paciente confuso, mas ele não se lembra dos nomes nem da dosagem dos comprimidos, e você tem problemas para determinar se sua náusea e sua confusão se devem ao tratamento.

Depois que você determina a queixa principal do seu paciente, precisa decidir que exames de sangue e radiografias pedir, caso sejam necessários. Harrison Alter voltou ao Highland Hospital de Oakland após três anos em Tuba City. Ele me contou que insiste com seus residentes na emergência para que não peçam um exame a não ser que saibam como aquele teste funciona em um paciente com o suposto quadro. Dessa forma, eles podem pesar adequadamente o resultado em sua avaliação. Isso não é tão simples quanto parece. Considere-se, por exemplo, o encontro de Pat Croskerry com Evan McKinley, o guarda florestal cuja dor no peito não era típica de angina. Como observou o colega de Croskerry, ele tinha ido além no pedido de exames para McKinley, não apenas de um eletrocardiograma e uma radiografia de tórax, mas também de enzimas cardíacas. Em cada um deles Croskerry teve de avaliar se o resultado era normal, anormal ou falso. Técnicos de laboratório, radiografia e eletrocardiograma cometem erros. Lembro-me de quando coloquei os sensores de eletrocardiograma de forma errada no peito de um paciente e, não me dando conta do meu erro, concluí que ele tinha um problema grave nas vias de condução elétrica do coração. Ele não tinha nada disso; o eletrocardiograma foi uma fraude produzida pelo meu equívoco. Outros erros podem ser mais sutis, como fazer uma radiografia de tórax quando o paciente não está prendendo a respiração. Isso pode produzir faixas brancas na base do pulmão, sinal de pneumonia.

Em cada paciente você está tomando uma série de decisões relativas a seus sintomas, achados físicos, exames de sangue, eletrocardiogramas e radiografias. Agora, multiplique todas as decisões que você tomou no caso de um paciente pelos três encaminhados em meia hora pela enfermeira da triagem; o total pode chegar a centenas. O artista de circo gira apenas um punhado de pratos. Uma analogia mais precisa poderia ser com pilhas de pratos, uns em cima dos outros, todos com formas e pesos diferentes. Acrescente a isso a ecologia de um setor de emergência, o número de pessoas puxando as mangas do seu jaleco, o interrompendo e distraindo com pedidos e cobranças enquanto você gira os pratos. E não se esqueça de que estamos em uma época de tratamento administrado com pouco dinheiro, de modo que você precisa estabelecer prioridades e alocar recursos de forma parcimoniosa; é mais barato se você retirar vários pratos das hastes, o que significa limitar os exames e mandar o paciente para casa rapidamente.

Talvez você dê um suspiro de alívio quando a enfermeira da triagem lhe mandar um paciente que você já atendeu. Pessoas que vão repetidamente à emergência são chamadas de "visitantes assíduos". Em vez de uma única página no arquivo do novo paciente, o visitante assíduo tem um grande dossiê com uma longa história e exames que parecem simplificar as coisas. Exceto, claro, quando servem para complicar.

Maxine Carlson era uma mulher solteira de 30 e poucos anos que trabalhava como secretária em Halifax. Dois anos antes ela havia desenvolvido dores agudas do lado direito do abdome. Ela contou ao seu médico que era diferente da dor que sentira quando tivera apendicite na infância ou da dor do pós-operatório da apendicectomia. O médico a examinou, mas não encontrou nada com o que se preocupar. Ao longo dos meses seguintes, alguns dias Maxine Carlson estava constipada, enquanto em outros os movimentos intestinais surgiam com grande urgência. Seu médico sugeriu a ela uma dieta mais balanceada, incluindo fibras todos os dias, mas isso teve pouco resultado no caso das dores. Maxine foi finalmente encaminhada a um gastroenterologista. Inicialmente o especialista pensou que ela poderia ter uma doença intestinal inflamatória, como colite ulcerativa ou doença de Crohn. Mas o médico não encontrou nada anormal após uma longa investigação que incluiu muitos exames de sangue, radiografias e endoscopias alta e baixa que examinaram o esôfago, o estômago, o duodeno e o cólon. O gastroenterologista confirmou que ela tinha a síndrome do intestino irritável e enfatizou a importância de uma dieta rica em fibras. Um psiquiatra também a examinou e prescreveu medicamentos contra ansiedade para reduzir o estresse, que pode exacerbar a síndrome do intestino irritável.

Um ano depois do início das dores agudas no lado direito do abdome, Maxine Carlson passou a sentir um desconforto na pelve. Inicialmente seu clínico disse que era apenas seu intestino irritável, mas Maxine insistiu em que era diferente, uma dor persistente de compressão e não as conhecidas dores agudas e passageiras. Foi encaminhada a um ginecologista, que fez um exame interno e depois pediu uma ultra-sonografia de útero e ovários. Também ele não achou nada anormal.

As dores pélvicas de Maxine foram diminuindo até desaparecerem inteiramente. Então, duas semanas antes de procurar a emergência, as dores habituais do lado direito do abdome se tornaram mais intensas. Era agosto e seu clínico estava fora, então Maxine procurou o hospital. Os médicos na emergência tinham os dois volumes de seu histórico médico. Eles a examinaram, fizeram exames de sangue e disseram que não havia nada de errado. Era apenas um surto do seu distúrbio de intestino irritável.

O dr. Pat Croskerry estava trabalhando na emergência quando Maxine voltou pela terceira vez em sete dias. "A enfermeira da triagem estava revirando os olhos quando me falou sobre o caso", lembrou Croskerry. "Que aquela era uma jovem sem qualquer problema palpável, que fora examinada exaustivamente por seu clínico, seu gastroenterologista e seu ginecologista, e que tinha um distúrbio neurovegetativo." Em medicina clínica o jargão "neurovegetativo" significa psicossomático. "Ela realmente é confusa, e não pára de voltar", disse a enfermeira a Croskerry.

A emergência estava muito movimentada, e Croskerry estava cuidando de vários pacientes com problemas urgentes. Quando ele finalmente entrou no quarto de Maxine, viu como estava agitada e perturbada. Ela se queixou amargamente de que as dores simplesmente não desapareciam. Ele não identificou novos sintomas quando perguntou a Maxine Carlson o que a levara lá naquela noite. Como ele me contou, enquanto a examinava se sentiu "consolado" ao ver a cicatriz da apendicectomia, já que a dor de Maxine era no lado inferior direito do abdome.

"Não estou encontrando nada", disse Croskerry à enfermeira da triagem. Ainda assim, ele disse que pediria exames de sangue e urina. Isso foi recebido com grande resistência. "Por que fazer isso?", perguntou a enfermeira. "Ela já foi examinada." Croskerry me disse que sentiu uma pressão "palpável", já que a emergência estava tumultuada e a enfermeira precisava do leito de Maxine para outro paciente. Mas ele insistiu. Cerca de uma hora depois chegaram os exames, todos normais. "Eu reafirmei a ela que parecia ser uma manifestação da síndrome do intestino irritável. Falei novamente sobre a dieta adequada e o controle do estresse. Também deixei claro para que ela não relutasse em retornar", disse ele, que tinha aprendido com a experiência a não desestimular os pacientes de buscar acompanhamento.

"Ela caiu em prantos, gritando que ninguém acreditava nela, que ninguém conseguia chegar a um diagnóstico. Insistia em que a dor estava piorando, que estava muito pior do que uma semana antes", lembrou Croskerry.

"Como não se emocionar com as lágrimas de um paciente?", perguntou-me Croskerry retoricamente. Mas ele mandou Maxine para casa. Pouco tempo depois ela foi trazida de volta para a emergência de ambulância. "Ela desmaiou enquanto caminhava para casa", disse ele. Tinha uma hemorragia interna e estava à beira de um choque. Ela foi levada para a sala de cirurgia, onde um cirurgião descobriu que Maxine estava com uma ruptura provocada por uma gravidez ectópica. "Tinham deixado isso passar três vezes. Eu fui o terceiro", contou.

Sim, Maxine Carlson sofria da síndrome do intestino irritável. Havia sido exaustivamente examinada por muitos médicos. Essa avaliação tinha esgotado as opções para seus médicos, até mesmo o mais astuto, como Pat Croskerry. Durante minha formação nós usávamos um eufemismo, "virar pelo avesso", para nos referirmos a um paciente que tinha sido examinado por todos os especialistas possíveis, tinha sido submetido a todos os exames de sangue, radiografias e procedimentos imagináveis, e parecia não haver nada a fazer por ele. No jargão da emergência de Halifax, Maxine Carlson tinha passado pelo "yin-yang" e estava "fora". "O médico diz a si mesmo que não consegue lançar uma luz sobre o lugar escuro onde um diagnóstico pode estar escondido", disse Croskerry. "Você confere todas as avenidas que foram exploradas, e parece que todas são um beco sem saída, e você não tem nenhuma outra direção na qual seguir." Ele se refere ao fracasso de pensar em um novo rumo, porque você supõe que todos foram explorados, como o erro do tipo "yin-yang fora".

A ecologia de uma emergência inclui não apenas pacientes, parentes e, claro, enfermeiras, mas também outros médicos. Há pouco tempo, no Highland

Hospital, Alter era o médico responsável quando um residente em treinamento avaliou um homem na casa dos 30 anos que se queixava de garganta irritada:

— É um caso evidente de estreptococose — disse o residente a Alter —, um paciente "simples".

Alter ficou com a sensação de que o residente queria passar depressa para seu próximo paciente. Então pediu detalhes.

— Ele tem uma faringite exsudativa, pus perto das amígdalas e linfonodos doloridos — disse o residente.

Alter insistiu em ver ele mesmo o paciente. O residente suspirou, frustrado.

Alter examinou a garganta do paciente e não viu sinal de pus. Passou os dedos nas laterais do pescoço do homem e sentiu pequenos nódulos linfáticos macios que não estavam sensíveis. Alter os apertou com mais força. O paciente continuou sem reagir. O residente já tinha dado a ele uma grande dose de antibiótico e uma receita para mais.

Alter levou o residente para o corredor e disse a ele que de modo algum parecia estreptococo, que quase certamente a irritação da garganta era causada por um vírus, e que prescrever antibióticos desnecessariamente poderia ter sérias conseqüências.

— Nosso hospital está abarrotado de MRSA — disse Alter ao residente, usando a sigla em inglês para *Staphylococcus aureus* resistente à meticilina.

Esse tipo de infecção por estafilococo se tornou a maldição da medicina moderna; é resultado direto do excesso de prescrição de penicilina, e extremamente difícil de erradicar. "Eu questionei o automatismo do residente, como ele queria apenas se livrar do caso, e que a forma mais fácil era classificar como estreptococo, dar uma dose de antibióticos e acabar com aquilo", disse.

Pouco tempo depois, chegou outro paciente com a garganta irritada.

— Vá ao quarto 23 e comece a examinar o paciente — instruiu Alter.

Após ter suturado o braço de um homem com um ferimento à faca, Alter foi para o quarto 23.

— Ele está bem. Outro de seus vírus favoritos — disse o residente, laconicamente.

Alter não se limitou a aprovar a avaliação do residente. Enquanto entrevistava o paciente, viu que ele estava desconfortável, mexendo-se na mesa de exames, sem conseguir encontrar uma posição cômoda para apoiar a cabeça. Ao examinar o interior da boca, Alter não viu nada anormal. O homem respirava com facilidade, e não havia nenhum ruído, nada que indicasse que as vias aéreas superiores estivessem obstruídas. Mas Alter estava preocupado com o desconforto do paciente e sua febre de 38,3°C. Ele se demorou um pouco, pensando.

— Como eu disse, é uma faringite viral, e no Highland Hospital nós não damos antibióticos a essas pessoas — disse o residente com sarcasmo.

Alter ignorou o tom agressivo. Mais uma vez passou os dedos pelas laterais do pescoço do homem, avançando meticulosamente, dessa vez apertando centímetro a centímetro. Na metade do caminho, o homem se curvou de dor.

— Eu quero uma tomografia do pescoço dele — disse Alter ao residente.

Durante um bom tempo o jovem médico não disse nada, mas então saiu e pediu o exame. Mais tarde, o telefonema do radiologista não surpreendeu Alter: o homem tinha um abscesso no pescoço. "Esse é o tipo de infecção que pode matar você. Se não for tratada rapidamente com antibióticos intravenosos, pode bloquear as vias aéreas superiores e você sufocará", disse-me Alter.

Havia 16 médicos e quarenta residentes trabalhando na emergência do Highland Hospital naquela época. A maioria deles era dedicada, séria, honesta e emocionalmente equilibrada. Mas não todos. Como Alter explicou, o comportamento do residente era um "troco" pela crítica anterior por prescrever antibióticos quando isso não era necessário. O residente queria que o diagnóstico do segundo paciente fosse faringite viral para poder alfinetar Alter, e esse desejo levou-o a um exame clínico inadequado. Essa falta de cuidado e o comportamento imaturo poderiam ter levado o paciente à morte, caso Alter não fosse o tipo de médico que confere tudo o que os residentes dizem e fazem. Como em todos os lugares, a ecologia é em parte determinada pela atmosfera. Ali, a temperatura emocional tinha se tornado perigosamente alta.

A maioria das pessoas acredita que as decisões num setor de emergência devem ser tomadas instantaneamente; mas Alter disse que "é um erro de avaliação que nós, médicos, em parte estimulamos". De modo a pensar corretamente, em especial em circunstâncias confusas, você precisa desacelerar as coisas para evitar cometer erros cognitivos. "Gostamos de imaginar que podemos lidar com tudo que surge no nosso caminho sem precisar pensar muito nisso — é uma coisa de caubói." Como se agilidade e decisão salvassem vidas. Mas, como diz Alter, ele trabalha com "calma estudada", conscientemente desacelerando seu raciocínio e suas ações com cada paciente, de modo a não ser distraído ou pressionado por uma atmosfera confusa e algumas vezes caótica.

Alter também enfatizou que os leigos deveriam se dar conta das limitações da medicina de emergência e ter expectativas realistas. "Somos diagnosticadores, mas não diagnosticadores completos. Muitas vezes aquilo que incomoda o paciente está voando abaixo de nosso radar clínico. Como no caso de Nathan, a última coisa que eu quero é que um paciente deixe a emergência e diga: 'O médico falou que não há nada de errado comigo.' O que tentamos deixar claro, para nosso conforto e para o conforto do paciente, é que aquilo que o está incomodando não irá matá-lo nos próximos três dias."

A "calma estudada" de um médico de emergência deve ficar clara para um paciente ou sua família. Se o médico é distraído, freqüentemente interrompido por outros médicos, enfermeiras, funcionários do serviço social ou equipe administrativa enquanto o entrevista ou examina, o fluxo constante de seu raciocínio pode ser desviado para a direção errada. Há semelhante motivo de preocupação se o médico parece apressado ou o interrompe quando você está respondendo a uma pergunta, levando-o a pensar que ele não está permitindo que você fale tudo sobre seus sintomas. Rapidez e precipitação são indícios de ancoragem e disponibilidade. Essas são as duas tendências cognitivas mais comuns na emergência, e freqüentemente são tudo de que um médico precisa para acertar no alvo, fazer um diagnóstico correto e recomendar um tratamento eficaz. Mas elas também podem afastá-lo do alvo.

Portanto, uma pergunta justa a fazer a um médico de emergência é: qual é a pior coisa que isso pode ser? A pergunta não é sinal de neurose nem hipocondria; na verdade, os residentes são ensinados a ter isso em mente em relação a todos os pacientes que examinam. Mas isso pode facilmente ser colocado em segundo plano no ambiente agitado da emergência. Fazendo essa pergunta, um paciente, amigo ou parente pode reduzir o ritmo do médico e ajudá-lo a pensar de forma mais aberta. Você pode levá-lo a pensar em içar âncora do porto mais disponível. Você também pode fazer o médico incomum que está se comportando de forma ressentida, como o residente que acabamos de estudar, parar e retornar a um comportamento profissional.

Em sua carreira, duas vezes Pat Croskerry fez diagnósticos perturbadores na emergência. Nos dois casos, a enfermeira da triagem tinha diagnosticado um homem de meia-idade com cálculo renal. Era uma primeira avaliação justa. Os sinais normais estavam presentes: início de dor aguda na lateral do corpo, severa a ponto de fazer o paciente vomitar, seguida de sangue na urina. Um tratamento com analgésicos e líquidos intravenosos até o cálculo ser expelido quase sempre é bem-sucedido. Mas Croskerry lembrou da importância de pensar no pior caso possível. "Eu descobri que, na verdade, não era um caso de cálculo renal, mas a ruptura de um aneurisma de aorta abdominal", disse-me ele. A aorta, a grande artéria que leva sangue do coração através do tórax até o abdome, se rompera de um dos lados, produzindo a dor aguda. O sangue estava saindo da artéria, penetrando no rim e sendo eliminado na urina. Croskerry me disse que não considerou o diagnóstico de modo algum brilhante, mas eu pensei o contrário. Eu me imaginei não em uma conversa descontraída com ele, mas examinando quatro ou cinco pessoas ao mesmo tempo em meio a todo o estresse do ambiente da emergência.

Outra forma de os leigos atraírem a atenção do médico é perguntar: que partes do corpo ficam perto do ponto em que eu tenho sintomas? Isso parece primário, mas a pergunta pode ajudar a evitar os erros do tipo "yin-yang fora". Maxine Carlson poderia ter dito: "Sim, eu sei que tenho síndrome de intestino irritável, e que estive aqui muitas vezes e me disseram que é uma condição crônica. Mas se a dor é nova, além daquele problema antigo, qual parte do corpo poderia estar produzindo o sintoma?" Citar os tecidos e órgãos da região inferior do abdome poderia ter levado a discussão para o sistema reprodutivo, e então para uma relação sexual recente e atrasos na menstruação.

Pode parecer presunção esperar que um paciente sem fôlego como Blanche Begaye ou com dores como Maxine Carlson ajude o médico a pensar. Mas aquilo que dizemos a um médico, e o modo como o fazemos, molda o raciocínio dele. Isso inclui não apenas nossas respostas, mas também nossas perguntas.

CAPÍTULO 4

Porteiros

Imagine um trem em movimento. Você está procurando um rosto na janela. Um vagão passa após o outro. Se você se distrair ou ficar desatento, corre o risco de perder a pessoa. Ou, se o trem ganhar muita velocidade, os rostos começam a ficar borrados e você não consegue ver quem está procurando. "O atendimento médico primário é assim", disse-me Victoria Rogers McEvoy. McEvoy é uma mulher alta e magra na casa dos 50 anos, com cabelos louros curtos e olhos firmes. Ela pratica pediatria geral em uma cidade a oeste de Boston. "É muito pior do que a agulha no palheiro do provérbio, porque o palheiro não muda. Todos os dias passa por você um fluxo constante de crianças. Você está fazendo consultas de rotina em recém-nascidos, exames escolares, garantindo que todos estejam em dia com as vacinas. Pode se tornar mecânico, e você deixa de olhar com atenção. Depois há o número interminável de crianças que estão irritadas e com febre, e quase sempre é um vírus ou uma faringite por estreptococos. Todos podem se tornar indistintos. Mas chega um momento em que é meningite.

"A bênção da pediatria, mas também sua maldição, é que quase todas as crianças que vão ao consultório são saudáveis ou têm um pequeno problema", concluiu McEvoy. Uma bênção, claro, que as crianças estejam bem, mas uma maldição porque você pode acabar embalado pela monotonia do mundano. Com isso em mente, ela faz a si mesma uma pergunta fundamental sempre que recebe uma criança, basicamente a mesma pergunta que Pat Croskerry e Harrison Alter fazem em relação a todos os pacientes na emergência: ele ou ela tem algum problema grave? "Todo pediatra devia pensar isso assim que a criança entra no consultório." E como muitos dos pacientes são bebês ou crianças que não conseguem comunicar o que estão sentindo, "seu poder de observação tem de ser especialmente preciso".

O médico basicamente recebe todas as informações dos pais, o que significa que tem de levar em conta o grau de familiaridade deles com a criança e sua reação subconsciente ou emocional à possibilidade de que haja algo errado. Essa reação pode ser extremada: alguns pais negam a existência de problemas sérios; outros, por causa da ansiedade, exageram aquilo que é normal. Pais contaram que o filho estava apático e não comia, informações que fizeram com que a médica se preocupasse muito; mas ela logo viu a criança brincando alegremente na mesa de exame e sorrindo. "A história era completamente exagerada, e de imediato ficou claro que a criança não tinha nenhuma doença grave." E há o oposto, como a mãe dizendo que o filho parecia um pouco quente, mas que fora isso estava bem. McEvoy ficou chocada ao ver a criança ofegante e caída, inerte, nos braços da mãe. A criança tinha pneumonia. McEvoy, como todos os pediatras, procura características fundamentais: a criança sorri, brinca com coisas, anda ou engatinha ativamente ou é passiva e não opõe resistência quando um instrumento estranho como um estetoscópio é colocado em seu peito?

O reconhecimento de padrões na pediatria começa com o comportamento. A arte da pediatria é, então, estudar mais a fundo a criança e ao mesmo tempo interpretar aquilo que os pais relatam. Essa fusão de informações, diz McEvoy, não é uma habilidade aprendida em livros, porque exige do médico um grau de consciência de seus sentimentos em relação à família. Embora a primeira impressão freqüentemente seja a correta, você precisa ter cuidado e sempre duvidar de sua reação inicial. "É tolo o pediatra que não presta suficiente atenção nos pais nem leva a sério o que eles estão dizendo. Mas você precisa checar o que eles dizem com a condição da criança", disse McEvoy. Eu contei a ela a história do meu primeiro filho, Steven. Minha esposa, Pam, e eu tínhamos voltado da Califórnia para a Costa Leste. Era o feriado de 4 de Julho, e paramos em Connecticut para visitar os pais dela. Steven estava então com 9 meses de idade, estivera irritado e não se alimentara bem durante o vôo através do país. Quando chegamos à casa dos pais de Pam, ele estava agitado no carrinho, então eliminou fezes escuras e malcheirosas diferentes do habitual. Nós o levamos a um velho pediatra na cidade; o médico deu uma olhada em Steven e rapidamente descartou as preocupações de Pam de que ele estivesse gravemente doente. "Você está ansiosa demais, mãe de primeira viagem", disse o pediatra. "Pais médicos são assim." Quando chegamos a Boston, Steven estava grunhindo e levando as pernas até o peito. Nós corremos com ele para a emergência do Children's Hospital de Boston. Ele tinha uma obstrução intestinal que exigia cirurgia imediata. Pam e eu concluímos que, apesar de seus muitos anos de prática, o pediatra de Connecticut tinha feito uma avaliação apressada — de que Pam era neurótica com seu primeiro filho e nada confiável para relatar uma mudança significativa do comportamento e das condições do filho.

O pediatra em Connecticut tinha visto o trem passar, hora após hora, dia após dia, ano após ano. Eu perguntei a McEvoy, que também tinha décadas de prática: "Como você mantém os olhos abertos?"

"Eu me preparo mentalmente antes de cada consulta", respondeu ela, assim como costumava se preparar mentalmente antes de uma partida oficial de tênis. Em 1968, quando estava na faculdade, McEvoy chegou a ser a terceira no ranking nacional de tênis, e jogou em Wimbledon. Quando atleta, ela aprendeu a concentrar a mente, a antecipar o movimento inesperado, e a não relaxar, apesar de seu conhecimento. Mas além de todas as habilidades dadas pelo esporte, "você simplesmente precisa controlar o volume", disse ela. "E a verdade é que a maioria dos pediatras ganha a vida examinando um grande número de crianças diariamente."

Antes de McEvoy se transferir para o atual emprego, tinha trabalhado em uma clínica movimentada em outro subúrbio de Boston. Na época ela tinha quatro filhos em casa. Passava o dia cuidando de dezenas de pacientes e seus pais. "Mas eram as chamadas noturnas que estavam me matando", disse ela. Ela era bipada a cada vinte ou trinta minutos, e as chamadas continuavam até a manhã seguinte. Se o telefonema revelasse alguma preocupação séria, McEvoy voltava ao consultório e atendia a criança, independentemente da hora. "Após fazer isso durante alguns anos, eu estava começando a me exasperar. Eu não agüentava mais." McEvoy descobriu que estava ficando irritada e amarga: "Eu estava tão exausta com essa agenda violenta que às vezes dizia aos pais coisas secas e grosseiras, e depois lamentava ter dito. A pediatria já não era divertida. Ainda mais preocupante, estava prejudicando meu raciocínio. Eu imediatamente supunha que o pai estava ligando sem justificativa. Eu simplesmente estava exausta."

A história de McEvoy de trabalho constante e falta de sono me lembrou os piores momentos de meu próprio período como residente. Havia momentos em que eu estava tão esgotado, e ainda assim tão solicitado por pacientes necessitados e enfermeiras em busca de ação, que tudo o que eu queria era me livrar dos seus pedidos. Inconscientemente, eu me vi minimizando a gravidade de um sintoma ou supondo que o resultado de um exame de laboratório incomum era um erro, e não sinal de um problema sério. "O bipe mal era desligado e eu estava com raiva", confessou McEvoy. "O maior perigo é que você deixa de se importar. O objetivo de cada dia e cada noite era simplesmente me livrar de todos, limpar a área, e não, deliberada e profissionalmente, cuidar daqueles que precisavam de cuidados e tranqüilizar aqueles que não precisavam."

McEvoy deixou a clínica. Em um dia, um pediatra em tempo integral pode atender duas dúzias de crianças ou mais. Hoje ela limita o número de pacientes que irá atender por dia, a despeito das pressões para agendar consultas rápidas e manter um grande volume. Muitos médicos que fazem o primeiro atendimento agem assim porque sentem que simplesmente não conseguem funcionar adequadamente de outra forma. Alguns sofrem com a queda no faturamento. Outros precisam criar clínicas para pacientes associados, cobrando um prêmio sobre o reembolso do seguro e limitando o número de pacientes atendidos. E há os que assumem cargos administrativos, atendendo menos pacientes, mas mantendo a renda. McEvoy escolheu esse último caminho. Seu grupo é associado ao Partners Healthcare e ao

Massachusetts General Hospital. Esse vínculo em grande parte eliminou o problema dos intermináveis chamados noturnos; o grupo Partners contratou enfermeiras com experiência em pediatria que recebem os telefonemas à noite. Essas enfermeiras dão conselhos aos pais, mas se uma família insistir em falar diretamente com o médico, então ele será bipado. "É a única forma de manter a sanidade. E o cuidado é muito melhor, porque os médicos não estão arrasados", disse McEvoy.

McEvoy dedica metade do dia ao trabalho clínico direto, atendendo em média 12 crianças; ela passa o resto do dia principalmente fazendo trabalho de escritório: formulários que precisam ser preenchidos, registros de consultas, revisão de fichas, preparação de cartas de referência para especialistas e — o mais difícil — negociações com seguradoras sobre exames caros como ressonâncias magnéticas. McEvoy publicou recentemente no *Harvard Medical Alumni Bulletin* um artigo que teve grande repercussão. O título era: "Os Incríveis", e dizia que para oferecer um bom atendimento primário de saúde no ambiente de hoje a pessoa precisava ter poderes sobre-humanos encontrados apenas em heróis de quadrinhos:

> (...) Médicos de Aço! Mais rápido que uma bala, mas sem deixar nada de fora. Papelada? Manda vir! (...) Enquanto colocamos nossas capas e nos preparamos para mergulhar no próximo poço de sofrimento humano, paramos apenas para conferir a agenda, garantir que a produtividade continue atingindo a meta. Fazendo malabarismos com celulares, prontuários eletrônicos, anotações de especialistas, resultados de laboratório, telefonemas de pacientes, encaminhamentos, pedidos de radiografias, agarrando formulários, pesquisas de satisfação de pacientes, tabelas em cores de medicamentos preferidos de seguradoras e cartões de relatório de qualidade de planos de saúde, nós avançamos, enquanto nossos pacientes esperam, tremendo de ansiedade. (...) As exigências sobre-humanas de nossa especialidade ou nos transformaram em combatentes de olhos de aço ou nos reduziram

> a bolas de massa de jalecos brancos, incoerentes e esmagadas. Nós hoje praticamos medicina de triagem — transferindo o honrado tempo junto ao leito do paciente para funcionários de hospitais, reduzindo o tempo dedicado aos pacientes, assumindo papéis administrativos, acrescentando MBA ou Mestre em Saúde Pública a nossos nomes para fugirmos da linha de fogo.

Lamentavelmente, servir de porteiro para limitar o acesso não é o que a maioria dos médicos imaginava quando escolheu trabalhar com atendimento primário. "Francamente, hoje o que me mantém é o relacionamento com a família", disse McEvoy. Muitas das famílias das quais McEvoy cuida é de imigrantes. Sua clínica fica em uma cidade habitada por muitas pessoas que falam mandarim e farsi. "Determinar o desenvolvimento verbal de uma criança é um grande desafio para o pediatra, e isso é ainda mais difícil no caso de famílias cuja língua não é o inglês", disse McEvoy. Extrair informações precisas dos pais sobre os fatos importantes da vida dos filhos freqüentemente é muito difícil. "Novamente, pode se dar de duas formas. Alguns pais estão absolutamente histéricos por seus filhos não estarem se desenvolvendo suficientemente rápido, e temem que possa ser um sinal precoce de autismo. Outros pais relevam as dificuldades enfrentadas pelos filhos por morrerem de medo de que eles não sejam suficientemente inteligentes", disse McEvoy. Na cultura atual as crianças pequenas enfrentam uma terrível pressão para desenvolver as capacidades para o sucesso; os pais recebem com grande preocupação qualquer aparente desvio da trilha do sucesso. Isso já não se limita às classes média e alta; é amplamente reconhecido que a educação é o caminho para a evolução em nossa sociedade, e habilidades em ciência e tecnologia são particularmente valorizadas entre os talentos de uma criança.

McEvoy recentemente se "queimou" por inicialmente aceitar como certas as informações dadas pelos Yazdan, uma família iraniana que fala farsi em casa. A filha, Azar, era uma criança pequena de cabelos encaracolados que desviou os grandes olhos castanhos quando McEvoy a cumprimentou, e não falou absolutamente nada durante a consulta. Quando McEvoy fez essas observações com a sra. Yazdan, ela disse: "Ah, sim, Azar fala muito em casa." Em uma consulta posterior, McEvoy mais uma vez observou que Azar não falou. Dessa vez ela pesquisou a questão mais a fundo e entrou em contato com a escola, descobrindo que Azar não falava e que ninguém falava com ela. Os professores supunham que, dada a diferença de idiomas, Azar não compreendia inglês o suficiente para responder verbalmente. "A garotinha era autista", disse McEvoy. Mas se passou um ano antes que esse diagnóstico fosse confirmado. "Tudo é dificultado pelo pouco tempo de que o pediatra dispõe em uma consulta, e você pode se enganar pensando que é apenas uma garotinha envergonhada e você não fala a língua dela", disse ela.

Pensando comigo em voz alta, McEvoy também especulou se a demora nos diagnósticos reflete o desejo de evitar conclusões precipitadas. "A última coisa que você deseja é plantar a semente da dúvida nos pais. É devastador para um pai amoroso pensar que seu filho pode não ser normal. E aquilo que é normal em diferentes idades pode variar muito", disse McEvoy, acrescentando que a mãe ou o pai concluem imediatamente que a criança será colocada em uma escola especial e não terá chances de chegar a uma ótima faculdade.

"Um dos grandes testes para um pediatra é descobrir como achar o equilíbrio entre produzir medos desnecessários e ignorar o que pode ser uma importante questão de desenvolvimento", disse McEvoy. Segundo ela, um pediatra experiente precisa refinar essa questão e destacar a necessidade de maior observação, e talvez alguns exames, sem assustar a família indevidamente. Ela faz isso usando o tempo. McEvoy explica aos pais que, na verdade, algumas crianças inteligentes podem não aprender a ler tão cedo quanto outras; que algumas são envergonhadas e outras, gregárias; que algumas riem imediatamente para estranhos e outras são reticentes. "Eu começo dizendo que o que é normal varia imensamente, e enfatizo que tudo pode estar certo." Apesar dessa introdução cuidadosa, "alguns pais levam seu filho de 18 meses para cinco diferentes especialistas se a criança não estiver falando muito", disse ela. Em geral os pais que já criaram filhos são mais relaxados e dizem: "Certo, então ela é das que demoram a falar."

"Normalmente é um quadro de 'matem o mensageiro'", disse McEvoy. Mesmo quando ela aborda cautelosamente a desordem de desenvolvimento com uma família, normalmente se prepara para uma reação forte e algumas vezes raivosa. "Foi quando eu perdi os pacientes. As famílias simplesmente não querem ouvir que pode haver autismo ou algum outro problema sério."

Ademais, McEvoy desconfia de rotular uma criança, porque depois que o rótulo é aplicado, "é como se a criança mudasse para sempre. Chega quase a ser crueldade apresentar a idéia de um problema grave que pode não existir". Por essa razão, ela não começa apresentando um diagnóstico específico à família; em vez disso, pode dizer algo como "Não estou certa, mas pode ser apenas o modo como seu filho está se desenvolvendo, e logo irá se equiparar. Então vamos antecipar a próxima consulta. Isso me dará a oportunidade de vê-lo novamente". A decisão sobre quando isso será é fundamental. "Você não quer que a consulta aconteça rápido demais, pois é como ver a grama crescer. Assim, seria bom ver a criança em dois ou três meses, em vez de em seis", e então avaliar a criança novamente quanto à linguagem e a interação pessoal. Esse tempo também indica aos pais que o médico não acredita que seja um caso de emergência.

O processo de avaliar marcos de desenvolvimento é complicado por definições limitadoras do que é psicologicamente normal: variação de humor é classificada como depressão, timidez como fobia social, busca de perfeição como transtorno obsessivo-compulsivo. "Hoje há muitos diagnósticos imputados às crianças. Mas todo o comportamento humano é um *continuum*", disse ela. Mais uma vez, por esse motivo ela evita levantar uma questão psiquiátrica com a família antes de ter a oportunidade certa de observar ela mesma a criança e evitar as armadilhas de excesso de preocupação ou negação dos pais. "Rótulos psiquiátricos podem ser trágicos, então tento fazer com que os pais não se concentrem no rótulo, e digo que a chave é uma abordagem ativa, para descobrir qual tipo de estilo de aprendizado e ambiente social é o melhor para a criança", disse McEvoy.

A abordagem de McEvoy me lembrou Jane Holmes-Bernstein, neuropsicóloga do Children's Hospital de Boston que conheci há muitos anos. Holmes-

Bernstein enfatiza que normal ou anormal estão intimamente ligados ao contexto do comportamento. Ela evita dar classificações rígidas para o quadro de uma criança, buscando, em vez disso, descrever como a criança reúne e estuda informações. Para isso, faz uso de testes cognitivos e brincadeiras. Holmes-Bernstein produz um perfil descritivo de como a criança funciona em diferentes ambientes. Ela então pode personalizar suas recomendações de como superar obstáculos específicos, sejam eles dificuldades em decodificar textos escritos, organização da fala e da linguagem ou controle emocional e comportamento anti-social.

Claro que algumas crianças de fato sofrem de síndromes psicológicas bem conhecidas. McEvoy lamenta a atual dificuldade em encaminhar essas crianças para avaliação psiquiátrica. Os psiquiatras pediátricos têm longas listas de espera, e grande parte de seu trabalho foi reduzido a uma avaliação relativamente breve, seguida da prescrição de medicamentos psicotrópicos. Isso porque as seguradoras pagam muito mal pela psicoterapia.

Muitos médicos de atendimento primário descobrem que seus consultórios estão ganhando um ritmo frenético, e por motivos semelhantes. As seguradoras de fato pagam muito mal aos médicos pelo atendimento primário, uma herança da época em que os cirurgiões lideravam as sociedades médicas que negociaram com as seguradoras o que era o pagamento "habitual" pelos serviços. Um especialista que realiza um procedimento — uma broncoscopia, digamos, ou uma cirurgia — recebe um bom pagamento da seguradora. Mas se um pediatra ou outro responsável pelo atendimento primário, um clínico-geral ou residente passar uma hora com um complicado conjunto de problemas médicos tentando fazer um diagnóstico, ou testando o resultado emocional de uma doença ou seu tratamento, o pagamento é ínfimo. Por essa razão, muitos pediatras "se sentem como se estivem subindo correndo uma duna de areia", disse McEvoy.

De fato, uma pesquisa recente revelou que na década passada, descontada a inflação, houve uma queda no faturamento de médicos como pediatras. Muitos médicos reagiram reduzindo as consultas a 10 ou 15 minutos e aumentando o número de pacientes atendidos por dia. Isso acelera o trem e estimula o tipo de erros que Pat Croskerry e Harrison Alter temem quando o médico da emergência está girando os pratos. O trabalho apressado pode não apenas aumentar o número de erros cognitivos, mas prejudicar a transmissão até mesmo das informações mais fundamentais sobre o tratamento. Um estudo feito com 45 médicos que cuidavam de 909 pacientes revelou que dois terços dos médicos não disseram aos pacientes por quanto tempo tomar um novo remédio ou quais efeitos colaterais ele poderia produzir. Quase a metade dos médicos deixou de especificar a dosagem do medicamento e a freqüência com que deveria ser tomado.

Algumas vezes o ritmo frenético esmaga o médico e afasta o paciente e sua família. Amigos meus que moram em um subúrbio de Dallas adoravam sua pediatra até passarem a achar que ela não estava prestando muita atenção nas consultas de rotina. "Ela tinha quatro salas de exame funcionando ao mesmo tempo", disse-me a mãe, com a médica e as enfermeiras circulando entre elas. Freqüentemente a consulta dos meus amigos era interrompida por uma enfermeira que entrava para fazer à médica uma pergunta sobre outra criança. Então, certa noite, após um check-up anual, a pediatra telefonou para a casa dos meus amigos. "Ela se desculpou e disse que tinha injetado soro e esquecido de misturar a vacina." No dia seguinte meus amigos levaram o filho à vacinação e decidiram encontrar um novo médico. "Nós realmente gostávamos dela, mas ela se tornou ocupada e distraída demais, e ficamos com medo de que ela deixasse passar algo importante em relação às crianças."

Minha esposa e eu procuramos e encontramos um pediatra que, apesar do consultório movimentado, se concentrava inteiramente em nossos filhos nas consultas. Nós o conhecemos em um campo de futebol em que nossos filhos estavam jogando. Ele tinha modos calorosos e francos, como é comum em pediatras. Perguntamos a colegas que opinião tinham dele, e todos disseram que era altamente competente. Pam descobriu algumas mães que não eram médicas e mais uma vez ouviu elogios. Sua sala de espera normalmente está lotada, mas sua secretária e as enfermeiras conhecem as crianças pelo nome.

Algumas vezes ficamos certo tempo sentados na sala de espera, mas sabemos que ele está se atrasando porque outra família tem necessidades que demoram mais que o tempo marcado. Ele freqüentemente pensa em voz alta enquanto pondera nossas perguntas e levanta questões que não tínhamos considerado. Ele não conversa conosco ao mesmo tempo digitando anotações no computador. Seus olhos se voltam para os nossos, não para o relógio.

Anos atrás, a mãe de um de meus pacientes disse: "Quero que você cuide de meu filho como se ele fosse o único em seu consultório." Eu inicialmente fiquei chocado com o que parecia uma exigência egoísta. Mas depois percebi o que ela queria dizer: que minha cabeça deveria estar voltada exclusivamente para o caso dele quando estivéssemos juntos. Isso exigia que eu administrasse meu tempo de modo a poder ouvir os problemas do paciente e pensar neles. Isso também me levou a estimulá-lo a organizar suas preocupações em uma lista antes da consulta. Mas certo dia, após esgotar sua lista e quando se preparava para encerrar a consulta, ele de passagem mencionou que tinha uma "pontada" na virilha. Provavelmente não era nada, já que ele havia mudado de lugar a mobília do seu apartamento e talvez tivesse apenas distendido um músculo. Mas nós voltamos à sala de exames e eu descobri um grande nódulo linfático que indicava a volta do seu linfoma.

As listas são úteis e, como os algoritmos, podem tornar os cuidados mais eficazes em certas circunstâncias, mas também apresentam o mesmo risco de que o médico não faça o interrogatório aberto que a pesquisa de Debra Roter e Judith Hall mostrou gerar maior volume de informações. Além disso, como McEvoy indicou no caso de desordens de desenvolvimento, e como eu vi no meu paciente com um linfoma, nós freqüentemente afastamos da mente a preocupação mais assustadora. Na pediatria, os pais podem se perguntar antecipadamente o que os assusta mais no quadro do seu filho. Essa pergunta ecoa aquela que apresentamos antes: qual é o pior diagnóstico possível? Se o medo ainda impede o cérebro de um pai ou paciente de reconhecer isso, o pediatra deve investir tempo para permitir que a preocupação surja, trazida à tona pelo diálogo.

O bom médico aprende a administrar o tempo. Sintomas claros podem ser definidos com precisão e explicados a pacientes e parentes em linguagem clara e acessível em uma consulta de vinte minutos. As famílias saem do consultório se sentindo informadas e satisfeitas. Problemas complicados não podem ser resolvidos tão rapidamente. Um médico consciente irá reconhecer quando é necessário mais tempo para fazer perguntas e apresentar seu raciocínio. Nessas circunstâncias, a consulta poderá demorar mais, ou talvez precise ser marcado um novo horário o mais rapidamente possível. Raciocínio convincente e comunicação clara não podem ser fruto de uma corrida contra o tempo. Apesar de todas as pressões para reduzir o tempo na medicina atual e da busca de suposta eficiência, médicos e pacientes devem se conter. Encontrar a resposta certa freqüentemente demanda tempo. A pressa produz erros cognitivos.

A dra. JudyAnn Bigby também é uma porteira. Nós nos conhecemos há cerca de trinta anos, quando ela era estudante, e eu, residente. Ela é clínica e diretora do Programa de Saúde Comunitária e do Centro de Excelência em Saúde da Mulher do Brigham and Women's Hospital de Boston. Ela divide seu tempo entre cuidar de pacientes como clínica-geral e administrar o programa do hospital, que tenta melhorar a assistência médica em comunidades carentes, principalmente entre mulheres afro-americanas e latinas. Após concluir sua residência, Bigby conseguiu uma bolsa em medicina interna geral e nesse período recebeu treinamento didático sobre certas formas de tomada de decisão clínica. "Aprendemos a ser críticos, especialmente como aplicar a análise bayesiana ao pensar em diferentes exames e procedimentos." O currículo era concebido de modo a ensinar a jovens médicos como utilizar melhor recursos como os sofisticados equipamentos de diagnóstico por imagem, e até que ponto buscar um diagnóstico específico a partir de um conjunto de descobertas iniciais. Bigby não teve aulas sobre diferentes modos de cognição e os vários tipos de erros cognitivos que os médicos podem cometer. Fiquei pensando em quanto dessa base teórica ela aplica em sua prática clínica diária. "Eu normalmente não utilizo a análise bayesiana, mas a utilizo em certos momentos para ajudar a explicar aos pacientes por que penso que um exame específico que eles querem fazer não irá ajudá-los. Eu tenho na cabeça as probabilidades e tento traduzi-las para uma linguagem que o paciente possa compreender", disse-me ela.

No dia em que conversamos, Bigby tinha atendido um de seus pacientes mais antigos, um homem branco saudável de meia-idade. Ele queria fazer um teste de esforço como parte de seu exame físico anual de rotina. "Nós conversamos sobre o valor que isso poderia ter, com base na previsão de doença cardíaca no caso dele. E ele percebeu. Ele entendeu que o teste não tinha valor para ele", disse ela. Ela lembrou de outro paciente, uma mulher afro-americana na casa dos 80 anos que tinha doença coronariana e insuficiência renal e nas décadas anteriores fizera inúmeras mamografias com resultado negativo. Nesse caso ela se valeu das probabilidades para explicar à mulher por que outra mamografia era desnecessária, considerando-se como era improvável que outro exame pudesse revelar alguma anormalidade. Mesmo se um tumor fosse descoberto, disse ela à paciente, ele demoraria tanto a se desenvolver que provavelmente nunca a ameaçaria.

JudyAnn Bigby é uma mulher atarracada de rosto redondo, olhos alertas e uma voz cadenciada, quase musical, que freqüentemente se transforma em riso. Ela foi criada em Hempstead, Long Island. Quando criança, a família dela era uma das poucas afro-americanas da cidade; quando se formou no ensino médio, disse-me ela, a escola tinha mais de 80% de negros. Seu pai era mecânico da United Airlines, e só tardiamente sua mãe, uma dona de casa, voltou a estudar para conseguir um diploma de nível médio.

Embora Bigby dedique apenas um terço do seu tempo ao trabalho clínico direto, não é imune às pressões sentidas hoje por todos os médicos de atendimento primário. "Espera-se que atendamos pacientes a cada 15 minutos. E eu provavelmente não cumpro minha meta. Isso principalmente porque crio empecilhos em minha agenda. Simplesmente não posso atender pacientes a cada 15 minutos." Ela não gosta de deixar os pacientes esperando, e como muitas pessoas das quais cuida exigem uma grande reflexão sobre seus problemas, ela organizou sua agenda para permitir esse tipo de prática. "Eu preciso de um intervalo entre cada consulta", disse. Perguntei se alguém da administração do hospital tinha feito restrições a esses intervalos, que, claro, não são reembolsados pelas seguradoras e seriam considerados improdutivos por um contador. Ela riu, e disse: "Não mais. Acho que se eu fosse clínica em tempo integral alguém poderia. Mas cheguei a um ponto de minha carreira em que simplesmente esse é o modo como quero ser médica."

"Boa parte do atendimento primário diz respeito a levar as pessoas a reconhecer e modificar certos comportamentos", disse ela. Seja fumo, alimentação em excesso, falta de exercício ou faltar a uma mamografia marcada, Bigby tenta pensar em como tornar mais saudável o comportamento dos seus pacientes, dado o contexto social particular deles.

Por exemplo: duas semanas antes de conversarmos, Gloria Manning, uma afro-americana de 74 anos de idade, foi internada no hospital. Manning tinha diabetes e doença coronariana, além de artrite reumatóide em estado avançado. Seu reumatologista a atendia fora do hospital, e Manning dissera a ele que seus tornozelos estavam cada vez mais doloridos e inchados. Ela havia sido tratada com diversos medicamentos para artrite, incluindo metotrexato e Plaquinol. O reumatologista tinha decidido dar-lhe Remicade, um novo anticorpo utilizado em doenças auto-imunes como artrite reumatóide e que age bloqueando uma proteína inflamatória chamada TNF. Quando Bigby examinou Manning, ela tinha ganhado mais de 9 quilos, estava cansada e sem fôlego. "Para mim estava claro que era insuficiência cardíaca, e todo o peso era água acumulada", disse Bigby, que suspeitava de que o tratamento com Remicade houvesse piorado seu estado.

Anos antes Manning tinha sido internada no Brigham and Women's Hospital com hipertensão não controlada e ataques de angina. "Na época ela foi classificada como não-cooperativa", disse Bigby — aquele termo que já vimos, carregado de significados para médicos e pacientes. Médicos não gostam de pacientes que não seguem seus conselhos. Durante uma internação não é fácil determinar a dose perfeita de medicamento para controlar a pressão arterial, facilitar o fluxo de sangue para os vasos esclerosados do coração e manter a glicose do sangue em uma faixa aceitável, e depois liberar esse paciente com um regime que sustente o progresso feito durante a hospitalização. Quando, depois da alta, um paciente parece ignorar a dieta prescrita e não tomar de modo confiável seus remédios — quando está sendo não-cooperativo —, os médicos, como disse Donald Redelmeier, de Toronto, reagem com raiva e desagrado. "Ela tinha sido criticada várias vezes por outros médicos por não estar tomando os medicamentos, e por isso continuava a ser internada no hospital", continuou Bigby.

Foi naquela internação que Bigby conheceu Manning e identificou o que os outros médicos tinham ignorado. "Uma mulher afro-americana da idade dela, do Mississippi — era preciso levar em conta a alta probabilidade de que ela nunca tivesse sido alfabetizada. O motivo pelo qual Gloria Manning não podia tomar os remédios corretamente não era uma questão de não cooperar, era explicado pela incapacidade dela de ler os rótulos nos frascos de remédio." Assim, Bigby fez com que a filha de Manning, que é gerente em uma empresa local, estivesse presente no momento em que ela recebesse alta e recebesse as recomendações para o tratamento em casa. "Eu a atendi na clínica ontem", disse Bigby. "Ela perdeu mais 3 quilos, o que é ótimo, porque freqüentemente as pessoas recuperam peso e retêm fluido após deixarem o hospital. Tudo está em ordem, e dessa vez a filha está fazendo com que os remédios sejam tomados corretamente."

Bigby está tentando repassar esse tipo de reflexão sobre o contexto aos internos e residentes do Brigham and Women's Hospital. Essa instituição é um dos principais centros acadêmicos do país e aplica tecnologias de ponta em áreas como cardiologia e cirurgia. Ela lembra os hospitais nos quais trabalhei como estudante, residente e especializando. Mas não consigo me lembrar de nenhuma oportunidade em que um médico supervisor tenha nos ensinado algo acerca de contexto social. Quando um paciente idoso era não-cooperativo, você no máximo pensava em se aquilo seria um sinal de demência precoce ou de depressão psicológica, não um reflexo das graves desvantagens de ser uma mulher negra no Mississippi rural da década de 1930.

Bigby, como todos os clínicos com décadas de experiência, fez um diagnóstico que outros tinham deixado passar e, em um instante, mudou a sorte de uma paciente. Ela recordou do caso de Constance Gardner, que tinha desenvolvido uma tosse persistente e procurou uma emergência local, onde foi feita uma radiografia de tórax. O médico da emergência disse à sra. Gardner que ela tinha um câncer metastático, já que seus pulmões tinham múltiplas massas. "Eu a atendi no dia seguinte", disse Bigby. Após escutar sua história e examiná-la, Bigby olhou novamente a radiografia. "Não acho que seja um câncer metastático. A mim parece uma rara doença auto-imune chamada granulomatose de Wegener", disse Bigby à sra. Gardner. Essa doença pode produzir massas inflamadas nos pulmões, bem como em outras partes do sistema respiratório. "Não foi muito brilhante, só uma questão de chegar a um diagnóstico completamente diferente e pensar além das possibilidades imediatas", disse Bigby.

E, como todos os médicos com muitos anos de prática, Bigby teve uma paciente que parou de se consultar com ela. Harriet West era uma afro-americana idosa de quem Bigby tinha cuidado ao longo de vários anos e com quem ela acreditava ter um bom relacionamento. West tinha uma antiga hipertensão e problemas cardíacos, e chegou à emergência do Brigham and Women's Hospital se queixando de dificuldade para respirar. "Ela tinha insuficiência cardíaca", disse Bigby. O líquido estava retornando para os pulmões, porque seu coração não conseguia bombear de forma eficiente. Harriet West não tinha sinais de infecção, febre nem aumento do número de leucócitos, continuou Bigby. Ainda assim, lembrou ela, "alguém decidiu fazer uma cultura de sangue". Isso foi feito para descartar alguma infecção sistêmica, especialmente uma chamada endocardite, que pode afetar as válvulas do coração e contribuir para a insuficiência cardíaca.

Não apenas o teste era desnecessário como deflagrou uma seqüência de acontecimentos que levou West a abandonar o tratamento com Bigby. "Uma das três culturas de sangue revelou *Staphylococcus epidermidis*", disse Bigby. Essa bactéria é comumente encontrada na pele, e em geral não é significativo se aparece em uma única cultura de sangue. "Com uma idéia de transparência total, um dos residentes disse à sra. West: 'Ah, uma das suas culturas de sangue produziu essa bactéria, mas não se preocupe. Estava contaminada.'"

Após a insuficiência cardíaca de West ter sido tratada no hospital, ela foi se consultar com Bigby. West estava muito agitada. "Quero saber *exatamente* o que diz meu histórico médico", disse ela a Bigby, que ficou chocada com sua mudança de comportamento. "Após muita conversa e muitas idas e vindas, eu ainda não conseguia entender qual era a questão. Ela não conseguia recordar exatamente das palavras que o residente tinha usado naquele dia na emergência. Mas eu finalmente me dei conta de que ela acreditava que tinham dito a ela que ela tinha 'sangue ruim'", disse Bigby. "Sangue ruim" é um antigo eufemismo para sífilis, especialmente no Sul dos Estados Unidos, onde West tinha sido criada. West estava convencida de que o residente tinha afirmado isso e, compreensivelmente, sentia-se insultada. "Eu fui casada por mais de quarenta anos, agora estou viúva, e sou uma mulher que freqüenta a igreja. O que isso diz sobre mim, uma mulher cristã?", disse West a Bigby. Ela exigiu que aquilo fosse retirado de seu registro médico. "Tentei explicar a ela o que 'contaminado' significava naquele contexto, que quando colheu sangue o residente o tinha contaminado." Mas isso não serviu de consolo a West. Na verdade, ela então concluiu que o residente na emergência tinha colocado uma agulha contaminada em sua veia, e assim a tinha maculado.

"Foi a maior falha de comunicação que já experimentei. Era como se as duas estivéssemos falando línguas totalmente diferentes. E foi a última vez que eu a vi." Bigby hoje usa o episódio para ensinar jovens médicos. "A ironia é que era um conjunto de culturas de sangue do qual ela não precisava. Ela se sentiu insultada, profundamente insultada, pela instituição", disse-me Bigby.

Bigby conhece o trabalho de Roter e Hall sobre comunicação médico-paciente, e enfatizou que a sensibilidade à linguagem, embora particularmente importante no caso de pacientes como Harriet West, deve ser utilizada com todos os pacientes. Esse é um desafio para o médico que faz o atendimento primário, já que muito daquilo com que ele lida é classificado como rotina na medicina. "Uma das minhas pacientes tinha dor no joelho", disse Bigby. Suas radiografias revelaram mudanças degenerativas, algo comum à medida que envelhecemos. "Eu telefonei e disse que ela tinha osteoartrite. Eu estava prestes a partir para meu próximo telefonema, mas então me dei conta de que ela ficara arrasada. Para mim não parecia grande coisa, e apresentei o resultado da radiografia de uma forma seca. Mas para ela artrite significava uma grande dor e ficar aleijada."

Pediatras como McEvoy aprendem a falar com pais sobre a possibilidade de um distúrbio psicológico ou de desenvolvimento, e clínicos como Bigby criam frases para dar más notícias claramente, como um diagnóstico de câncer. Mas tanto McEvoy quando Bigby insistiram comigo em que na agitação dos primeiros cuidados, o médico pode perder a noção de que aquilo que a ele parece banal pode soar trágico ao paciente.

Há vários anos eu estava fazendo uma palestra no Centro Médico de Tufts-Nova Inglaterra quando o chefe do departamento de medicina, dr. Deeb Salem, fez uma pergunta difícil para a qual eu não tinha uma resposta simples. Nós estávamos discutindo a importância da compaixão e da comunicação na arte da medicina, e Salem perguntou o seguinte: em todos os hospitais há médicos de atendimento primário que falam com grande sensibilidade e preocupação, e seus pacientes os adoram, mas são clinicamente incompetentes — como o paciente pode saber disso?

As palavras de Salem encontraram eco em mim. Na década de 1970, quando eu era residente do Hospital Geral de Massachusetts, havia um grupo de médicos assim que trabalhavam em Beacon Hill. Eles só levavam seus pacientes à Phillips House, o setor dos ricaços. Alguns deles eram altamente preparados, mas vários eram, na melhor das hipóteses, passáveis em sua perspicácia clínica. Ainda assim, seus pacientes eram devotados a eles. O trabalho dos residentes era tapar os furos no tratamento desses médicos passáveis. "Assim como um médico precisa levar em conta sua primeira impressão do quadro de um paciente, como paciente você precisa ser cuidadoso com a primeira impressão de um médico", falei, especialmente na escolha de quem será o responsável por cuidar de você ou de seus filhos. Felizmente, hoje menos estudantes são aceitos na faculdade de medicina por causa de posição social e ligações familiares do que na época de minha formação. Os Estados Unidos se tornaram mais meritocráticos nas profissões. Os comitês de admissão das faculdades de medicina já não aceitam um histórico de médias C de um cavalheiro numa faculdade da Ivy League. Eu disse a Salem que o ideal seria o leigo perguntar a amigos e, se possível, a outros médicos e enfermeiras, sobre as qualidades clínicas de um médico, além de sua personalidade. Suas credenciais podem ser encontradas na internet ou por intermédio do conselho de medicina local. No final, percebi que a pergunta de Salem exigia uma resposta muito mais abrangente, que espero que este livro ofereça.

A dra. Bigby experimentou o outro lado da primeira impressão positiva de um paciente. "Sendo negra, já tive pacientes que chegaram, me olharam e saíram da minha sala de espera", disse ela. Bigby é orientadora de muitos residentes e tem uma mensagem especial para os afro-americanos ou latinos. "Eu digo a eles para sempre usarem o jaleco branco, sempre usarem o crachá de identificação e sempre manterem um estetoscópio à vista no bolso. Apesar de tudo isso, algumas vezes ainda lhes perguntarão se vieram apenas para retirar a bandeja de metal. As pessoas se concentram no fato de que você é negro, e não dão atenção ao uniforme que indica que você é médico."

Bigby, que dá plantão no fim de semana com vários médicos de destaque em sua equipe, também passou por situações em que seus pacientes a olharam de soslaio ao vê-la entrar no hospital em uma manhã de sábado. Sem qualquer sutileza, eles a interrogaram sobre suas credenciais. "Wellesley College, Faculdade de Medicina de Harvard, Massachusetts General Hospital", recita ela. Embora tenha aumentado muito o número de mulheres médicas — elas são hoje mais de 50% em certas regiões dos Estados Unidos —, bem como o número de membros de grupos discriminados, o preconceito não desapareceu. Bigby acredita que o preconceito a ajuda na profissão. Ela ainda sente, cerca de trinta anos após ter feito residência, que tem de dar provas por ser mulher e negra, que tem de se esforçar para ser impecável, porque algumas pessoas ainda supõem que ela chegou a seu alto cargo por causa do sistema de cotas e da cultura do politicamente correto. "Eu...", disse ela, com a voz falhando brevemente, "sinto que tenho de fazer tudo melhor apenas para ser considerada correta. É algo de que eu gostaria de me livrar. É algo que eu gostaria que não existisse".

Em 1977, o dr. Eric J. Cassell escreveu um livro inteligente e esclarecedor, *Doctoring: The Nature of Primary Care Medicine*. Cassell é professor clínico de medicina interna na Faculdade de Medicina Weill, da Universidade de Cornell, em Nova York, e tem um movimentado consultório em Manhattan. Na década de 1990, o trem começara a ganhar grande velocidade porque o controle tinha sido assumido por seguradoras, planos de saúde e administradores de hospitais. Cassell acreditava que muitas das orientações implementadas por essas organizações eram projetadas mais para produzir controle de gastos que no interesse do paciente. "Desse ponto de vista (...) os próprios médicos podem ser vistos como mercadorias comercializáveis no mercado."

Essa afirmação me lembrou de uma observação de um destacado médico-cientista acadêmico que na época chefiava um departamento: "Qualquer um pode cuidar de pacientes." Sua arrogância, como boa parte da arrogância, era fruto de uma visão limitada e de ignorância. Hospitais universitários e faculdades de medicina valorizam muito a pesquisa, porque ela chama a atenção de publicações médicas e gera dinheiro na forma de bolsas. Entre os homens de negócios que projetam e implementam as regras de atendimento médico continua a haver arrogância e ignorância semelhantes sobre o atendimento médico. Essas regras determinam as consultas de 15 minutos. "Um erro comum de raciocínio sobre o atendimento primário é considerá-lo como sendo medicina de nível inicial (...) e, por causa disso, medicina rudimentar — voltada basicamente a (digamos) resfriados comuns e doenças imaginárias. É uma idéia equivocada", escreve Cassell. O grande desafio não é identificar doenças graves, mas freqüentemente ser incapaz de decidir se algo é sério ou não. "Todos, porém, sabem que reconhecer quando você não sabe exige um conhecimento sofisticado (...) Do ponto de vista de médicos praticantes e das bases de conhecimento necessárias para um desempenho adequado, quanto mais alto subimos na escala de formação especializada, *menos* complexo se torna o problema médico."

Essa conclusão, reconhece Cassell, é o oposto do que normalmente se pensa. "Não se deve confundir conhecimento médico altamente técnico, até mesmo complicado — conhecimento prático especial sobre uma doença, tratamento (quimioterapia complexa, por exemplo), condição ou tecnologia incomum —, com o complexo conhecimento multifacetado e terreno que esperamos dos melhores médicos." Mais ainda: "O subespecialista mais limitado, diz o raciocínio, também deve ser capaz de oferecer esse leque de serviços médicos. Essa idéia ingênua é fruto, assim como tantas outras crenças equivocadas sobre o atendimento primário, do conceito de que médicos cuidam de doenças. De acordo com essa idéia, as doenças seguem uma hierarquia de simples para difícil. Os especialistas cuidam de doenças difíceis, de modo que, claro, eles farão um bom trabalho com doenças simples. Errado. Médicos cuidam de pessoas, algumas das quais têm doenças e todas têm algum problema. Pessoas acostumadas a fazer coisas complicadas normalmente fazem coisas complicadas em situações simples — como, por exemplo, pedir exames e radiografias quando pode ser suficiente esperar alguns dias —, desse modo exageram no tratamento de pessoas com doenças simples e deixam passar as pistas de outros problemas que poderiam ter levado o paciente ao médico."

Recentemente foram propostos modelos de pacientes como solução para organizar informação clínica de modo que os dados não sejam ignorados. Esses modelos, como os algoritmos clínicos, são baseados em um paciente típico com uma doença típica. Só se espera do médico que ele preencha as lacunas. Ele digita o histórico do paciente, o exame físico, exames de laboratório e o tratamento recomendado.

Há pouco tempo uma de minhas vizinhas me contou que tinha voltado de uma consulta com seu clínico, que é membro de uma grande clínica em um hospital de Boston. Eu conheço o médico, e ele me disse que recentemente tinha sido orientado pelo administrador da clínica a diminuir as consultas de acompanhamento de 30 para 15 minutos, e as de novos pacientes de 60 minutos para 40 minutos. Quando o médico protestou, o administrador disse a ele que havia uma solução eletrônica para tornar isso possível — ele teria um modelo na tela do seu computador. Enquanto ele falava com o paciente, preencheria o formulário. O administrador acrescentou que isso ajudaria não apenas a poupar o tempo dele, mas a aumentar o faturamento, já que seria mais fácil para o departamento de cobrança apresentar faturas às seguradoras com base em sua documentação padronizada do histórico, exame físico e recomendações de tratamento.

"Eu realmente gosto dele como médico", disse-me a vizinha, "mas pela primeira vez em todos esses anos ele se sentou à mesa com um olho no relógio e outro na tela do computador, apenas ocasionalmente virando a cabeça na minha direção".

A tecnologia eletrônica pode ajudar a organizar um enorme volume de informações clínicas e torná-las acessíveis, mas também pode colocar uma barreira entre médico e paciente quando utilizada dessa forma para aumentar a "eficiência". Ela também aumenta o risco de mais erros cognitivos, já que a cabeça do médico está em preencher as lacunas do modelo. Ele está menos propenso a um questionário aberto, e pode ser impedido de se concentrar em dados que não se encaixem no modelo.

Eric Cassell se estende sobre os riscos a que a clínica está sendo submetida pelas necessidades de mercado: "No planejamento do atendimento de saúde, é natural que cada serviço seja considerado uma mercadoria ou produto. O cálculo envolvido na definição do custo de oferecer aquele serviço, os fatores que afetam o reembolso, o número necessário de tais serviços e outros fatores estimulam a visão de mercadoria (...) O atendimento médico — na medicina como um todo, não apenas na consulta inicial — é uma interação humana entre paciente e médico em um contexto e em um sistema social. Como tal, ele não é uma mercadoria."

Todos os aspectos da medicina podem ser desafiadores, mas, como Cassell, passei a acreditar que o tipo mais difícil de exercício é o atendimento primário.

Embora haja decisões complexas que são tomadas por especialistas como eu, nós normalmente conhecemos qual é o problema com o qual estamos lidando. Igualmente na cirurgia: embora haja importantes nuanças na abordagem e na técnica, assim que a operação começa, um cirurgião competente pode buscar as anormalidades que vê. Mais uma vez, os problemas em grande medida são evidentes. Por outro lado, como disse Victoria Rogers McEvoy, dedicar-se ao atendimento primário é como tentar distinguir um rosto específico em um trem em movimento. A dificuldade é ainda maior, segundo as pesquisas, porque quase todas as queixas que os pacientes descrevem ao seu médico, como dores de cabeça, indigestão e dores musculares, não têm graves conseqüências.

E agora as seguradoras estão superlotando os trens com tantos passageiros que parece só haver lugar em pé. Não é fácil oferecer cuidados de alta qualidade dia após dia a centenas de pessoas, quando não milhares. Os administradores atualmente estão criando mecanismos para avaliar a "qualidade" de um médico, mas muitos deles são banais, não passando de cartões para garantir que o nível de glicose no sangue foi medido e uma vacina contra a gripe, aplicada. No atendimento primário, "qualidade" significa muito mais. Significa pensar de forma aberta, porque qualquer um e todos os problemas da biologia humana podem se apresentar; significa tomar decisões ponderadas com informações limitadas sobre crianças e adultos, não reagindo de forma exagerada nem se mantendo distante; significa usar as palavras de forma precisa e com grande respeito ao contexto social dos pacientes. Significa, como um porteiro, saber para onde nos guiar. Um desses portais leva à unidade de terapia intensiva.

CAPÍTULO 5

O desafio de uma mãe

O vôo do Vietnã para Los Angeles pareceu interminável. Rachel Stein manteve no colo Shira, sua filha pequena, adotada dias antes em Phu Tho, mas nenhuma das duas dormiu. A criança tossia e se recusou a tomar até mesmo alguns goles da mamadeira. Rachel percorreu os corredores estreitos de cima para baixo, embalando Shira e cantando para tentar acalmá-la o bastante para mamar e depois dormir. Mas as notas melodiosas das canções de Cole Porter prediletas de Rachel não adiantaram de nada.

Rachel Stein originalmente tinha se preocupado com os negócios: concluiu um MBA e rapidamente subiu na hierarquia empresarial em finanças. Mas com 30 e poucos anos, quando chegou a uma alta posição, ela parou. Uma sensação de vazio a esmagou. Sempre que pensava no passo seguinte, sentia que não tinha energia e equilíbrio para conseguir. Assim, em vez de olhar para cima, Rachel olhou para trás. E não gostou nada do que viu.

Rachel concluiu que negócios significavam conflitos diários. A única medida de sucesso era dinheiro. Rachel queria que sua vida fosse baseada em algo mais. Ela vinha de uma família que não seguia muitas tradições, mas encorajava a oração pessoal. Durante meses Rachel questionou Deus sobre o que fazer com sua vida. Então percebeu que a resposta era a própria conversa. Ela queria estudar conceitos religiosos e mandamentos, e buscar viver uma vida em que a generosidade e o carinho fossem fundamentais. Ela trocou a sala da diretoria pela sala de aula.

Rachel ingressou em um seminário, e com o tempo sua fé tomou forma. Saiu como rabina ordenada, mas percebeu que o púlpito não era para ela. Em vez disso, tornou-se administradora de uma instituição de ensino superior judaico e usou seus conhecimentos financeiros para que ela tivesse sucesso.

Chegando perto dos 50 anos, Rachel sentiu um outro vazio em sua vida. Ela se deu conta de que em sua busca de Deus não tivera muitas oportunidades de buscar casamento e família. Era uma mulher atraente, com cabelos negros e olhos castanho-claros profundos. Mas na congregação em que pregava e na instituição na qual trabalhava havia poucos homens solteiros de sua faixa etária. Após pensar muito, decidiu adotar uma criança e constituir uma família como mãe solteira. Mulheres como Rachel enfrentam enormes dificuldades para adotar recém-nascidos. As agências de adoção normalmente buscam famílias com pai e mãe. Ademais, como a maioria das mães biológicas também é solteira, elas rejeitam a idéia de outra mulher solteira receber seus filhos. Apenas dois países concordam facilmente em entregar bebês a mulheres solteiras de meia-idade: Vietnã e Guatemala.

Em janeiro de 2001 Rachel reuniu os documentos necessários e os enviou ao Vietnã. A agência nos Estados Unidos que coordenava seu pedido disse que a "escolha" poderia chegar em março ou abril. Mas esses meses se passaram, e ela começou a desanimar. Então, no início de junho, foi informada de que uma menina, nascida em 26 de abril na cidade de Phu Tho, cerca de 80 quilômetros ao norte de Hanói, estava disponível.

Rachel estava ansiosa para saber mais sobre a criança. A agência americana a alertou de que conseguir informações normalmente demorava várias semanas, mas em alguns dias chegou uma pequena pasta. Ela continha algumas informações sobre o bebê, Hoang Thi Ha, e uma fotografia. A criança tinha um ninho de cabelos negros e malares pronunciados, e parecia forte e feliz. Rachel foi orientada a programar uma viagem ao Vietnã em setembro, quando a criança teria 6 meses de idade. Mas em julho, de repente, foi avisada de que deveria estar em Hanói em duas semanas. Embora as autoridades vietnamitas ainda não tivessem acabado de preparar a papelada, o orfanato queria que Rachel fosse mesmo assim. Rachel primeiramente voou para Los Angeles, encontrou-se com a cunhada, e ambas viajaram para Taipei e finalmente Hanói.

Rachel desceu do avião em uma manhã de calor impiedoso. Nuvens de vapor denso cobriam a pista. Foi recebida por um representante da agência em um pequeno Peugeot branco que a levou à cidade. Ao longo das ruas, vendedores preparavam peixe e legumes em grandes *woks*,* e trabalhadores com chapéus cônicos levavam cargas em varas de bambu equilibradas nos ombros. Quando o carro chegou ao centro de Hanói, foi cercado por centenas de pessoas de bicicleta a caminho do trabalho. Rachel se imaginou como um seixo arrastado por uma forte correnteza até seu destino.

Embora pais em potencial normalmente descansassem ao chegar, a adrenalina de Rachel não a deixou relaxar. Ela tinha de ver a filha. O orfanato ficava em um prédio de concreto branco baixo em uma estrada poeirenta. Cada aposento tinha de seis a oito camas de metal. As paredes pintadas de verde estavam descascando, e o piso de linóleo estava gasto. Mas Rachel observou que as superfícies eram limpas e que a mulher responsável pelas crianças as tratava com cuidado.

Uma mulher, usando roupas de enfermeira, apontou para um bebê com membros esguios em uma das camas.

— Ha — disse a enfermeira.

Rachel não tinha certeza do que ela queria dizer. O bebê era magro e à primeira vista não se parecia com a criança na foto.

— Ha? — repetiu Rachel.

A enfermeira pegou a criança.

— Ha — disse ela novamente, e lhe entregou o bebê.

Rachel segurou a criança. Durante três anos ela tinha imaginado aquele momento ansiosamente. Mas não houve a satisfação esperada. Em vez disso, ficou perturbada pela impressão de que o bebê que estava segurando não se parecia com aquele da fotografia. E a criança estava congestionada, tossindo enquanto ela a embalava nos braços. Rachel recebeu da equipe a garantia de que era a mesma criança originalmente reservada para ela, e que os narizes escorrendo eram comuns no orfanato.

* Tradicional panela funda de metal usada na China e outros países do Sudeste Asiático. (N. do R.)

No dia seguinte Rachel retornou, pegou o bebê, levou-o para o hotel e começou a se preparar para a viagem rumo ao norte, até Phu Tho. Ali, juntamente com outros pais potenciais, teria um encontro com funcionários do governo local, culminando com a assinatura dos papéis de adoção. O acontecimento era chamado de "cerimônia de transferência da guarda da criança aos pais adotivos". Rachel colocou o bebê no quarto de hotel para vesti-lo para a cerimônia. Quando pegou o braço fino para vestir a manga, o toque macio pareceu se irradiar por ela. Rachel ergueu o bebê lentamente e o apertou contra o peito. Ela conseguia sentir a batida acelerada do coração da criança junto ao seu. Lágrimas escorreram de seus olhos. Rachel adorava música, especialmente canções. O nome que queria para a filha, Shira, significava "canção" em hebraico. Rachel cantou para ela com sua bela voz de contralto um salmo de ação de graças, uma canção para Deus.

Phu Tho ficava duas horas de carro ao norte de Hanói. Ao longo do caminho, camponeses colhiam arroz e levavam arados rústicos puxados por bois por campos pedregosos. A distância havia montanhas cobertas de vegetação.

O prefeito de Phu Tho era um homem de meia-idade vestindo camisa branca e calças cinza. Ele disse que as crianças do Vietnã eram o tesouro nacional, precioso e que tinha de ser protegido. Esses tesouros estavam sendo partilhados com pessoas que tinham se comprometido a preservá-los. Depois da cerimônia, normalmente eram necessárias três semanas para concluir o processo de adoção. Mas os funcionários em Phu Tho disseram a Rachel que estavam expedindo os documentos. Ela e Shira partiram quatro dias depois.

Quando pousaram, Rachel temia que Shira estivesse desidratada. Ela tinha família em Los Angeles, então resolveu levar o bebê a um médico. Ele concordou que Shira estava doente, mas a radiografia estava limpa; foi receitado um antibiótico para uma possível sinusite. Rachel, tranqüilizada, chegou a Boston na noite de 30 de julho. Durante a viagem de seis horas desde Los Angeles, Shira tomou apenas 60 gramas do remédio.

Rachel estava exausta da viagem. Pouco depois de colocar o bebê para dormir, desmaiou na cama. Ao despertar no dia seguinte, a primeira coisa que fez foi tentar fazer Shira beber algo. Mas horas de persuasão foram inúteis. A irmã de Rachel, pediatra, ligou da Califórnia no início da noite para saber do bebê.

— Ela corre o risco de desidratação. Você tem de levá-la para uma emergência.

Assim, pouco antes da meia-noite, sem nada além de uma bolsa de fraldas, Rachel levou Shira para o Children's Hospital de Boston, supondo que ela receberia hidratação na emergência e elas voltariam logo para casa.

A emergência do Children's Hospital tem um sistema de triagem que rapidamente conduz as crianças mais doentes, como vítimas de trauma, para salas de exame ou de procedimentos. As menos doentes, aquelas com infecções no ouvido, diarréia e outros problemas comuns, ficam em uma área de espera enquanto os casos urgentes são atendidos. Rachel ficou cinco horas sentada com Shira antes de ser chamada. Um jovem residente examinou olhos, ouvido e garganta de Shira, auscultou o peito, palpou a barriga. Então pediu exames de sangue e uma radiografia de tórax.

Os resultados chegaram duas horas depois. O residente começou explicando que a fontanela de Shira, o ponto macio no alto do crânio do bebê onde os ossos não estão consolidados, estava afundada, um claro sinal de desidratação. Mas, disse ele com gravidade, a causa era mais que uma simples congestão dos seios da face. A boca de Shira estava coberta de fungos, e embora isso algumas vezes pudesse ser provocado pelo antibiótico tomado em Los Angeles, também poderia ser um sinal de imunodeficiência.

O estômago de Rachel foi se torcendo enquanto o jovem médico dava a ela mais notícias ruins: a radiografia revelara pneumonia dupla.

— Para começar, vamos colocar um tubo intravenoso para dar líquidos. Quando ela estiver hidratada, talvez se reanime.

Rachel ficou sentada em um silêncio embotado. Uma enfermeira segurou Shira na mesa de exame enquanto o residente enfiava uma agulha fina em uma veia. Mas em segundos o rosto do bebê ficou escuro e surgiram manchas na pele. Os olhos do residente se arregalaram, alarmados.

— Ela está descompensando — disse ele à enfermeira.

Imediatamente a criança foi envolvida num frenesi de atividade. Sangue foi tirado, uma máscara colocada sobre o rosto e uma grande bolsa presa à máscara para bombear ar para seus pulmões.

— A pressão está caindo. Dê a ela um *bolus** de soro IV — ordenou o residente.

Rachel não sabia o que era um "*bolus*", ou o que significava "descompensando", ou por que segurar o bebê alguns segundos tinha precipitado uma crise. Outra enfermeira entrou na sala com os resultados do exame de sangue:

— A saturação de O_2 é setenta — disse.

O residente explicou a Rachel que a pneumonia de Shira era tão grave que a impedia de receber oxigênio suficiente para lidar até mesmo com uma pequena perturbação, como se agitar ao ser segurada:

— Ela precisa ir para a UTI.

Rachel se sentiu como se estivesse em um daqueles brinquedos de parque de diversões que o gira, o vira de cabeça para baixo e depois o arremessa até a beirada do trilho, e seus olhos se arregalam, seu estômago revira e sua mente fica vazia.

— Eu... eu... não entendo...

O residente colocou a radiografia de tórax no painel iluminado preso na parede.

— Este é o coração — disse ele, mostrando uma forma branca no centro do peito que parecia uma lágrima gigantesca. — Ao redor do coração ficam os pulmões. Eles devem aparecer em preto no raio X, porque normalmente estão cheios de ar e o feixe de raios passa por ele.

Rachel olhou os pulmões. Estavam quase tão opacos quanto o coração. Sentiu um aperto na garganta.

— Em vez disso, os pulmões têm o que chamamos de opacidades em vidro fosco.

* Uma grande dose de uma substância dada por injeção, com o propósito de rapidamente alcançar a concentração do item desejado na corrente sanguínea, no caso, a hidratação. (N. do R.)

Rachel não sabia se os pulmões pareciam vidro fosco ou uma tempestade de neve. O que ela precisava saber era o que isso significava para seu bebê.

— Vamos dar a ela múltiplos antibióticos, e acrescentar um antifúngico por causa do que encontramos na boca — disse o residente. — E por enquanto vamos dar a ela oxigênio por dutos inseridos pelo nariz.

— O que pode ser isso? — perguntou Rachel.

— Pode ser qualquer coisa. Algo comum, como um vírus, ou algo incomum, do Vietnã — respondeu o residente.

Ao longo das 24 horas seguintes, a pneumonia se espalhou pelos pulmões de Shira como fogo em mato seco. Seu peito fino, não muito maior do que a largura da mão de Rachel aberta, arfava desesperadamente em busca de mais ar. O residente disse a Rachel:

— Não podemos sustentar seu oxigênio com o tubo nasal. Precisamos colocá-la em um respirador. Você provavelmente preferirá deixar a sala quando passarmos o tubo pela traquéia dela.

Rachel olhou melancolicamente para o jovem médico. Ela sabia que não podia sair do lado da filha por um só momento. O que quer que precisasse ser feito, por mais duro que fosse, ela queria estar ali. Rachel explicou isso ao residente. Ele anuiu gentilmente e disse que compreendia.

Rachel se afastou quando a equipe da UTI começou a trabalhar em Shira. Uma enfermeira segurou firmemente os ombros do bebê enquanto outra prendia as pernas. O residente puxou o seu queixo e cuidadosamente inseriu um instrumento de metal para abaixar a língua e iluminar o fundo da garganta.

— Estou vendo as cordas — disse.

O tubo tinha de ser colocado atrás das cordas vocais, dentro da traquéia. Caso saísse alguns milímetros fora dessa trajetória, o tubo entraria no esôfago, bloqueando as vias aéreas do bebê. Foram necessárias várias tentativas até que o tubo estivesse corretamente colocado. Rachel sentia como se um punho estivesse segurando seu coração e o apertasse a cada tentativa. Esforçou-se para manter a compostura.

Normalmente o ar que respiramos tem 20% de oxigênio e o restante é basicamente nitrogênio com um pequeno volume de dióxido de carbono. Nossos pulmões são como uma colmeia, e as bolsas são chamadas de alvéolos. O oxigênio que inalamos passa através da fina parede desses alvéolos para a corrente sanguínea. Quando bactérias e muco enchem os pulmões, como na pneumonia, o oxigênio tem dificuldade em atravessar as bolsas entupidas e chegar ao sangue. Sem oxigênio, claro, não vivemos. Com baixo nível de oxigênio, os tecidos lutam para desempenhar suas funções. Com o tempo, alguns dos tecidos privados de oxigênio enfraquecem e morrem. Isso pode ter complicações, como danos cardíacos e cerebrais. Impedir perda de tecidos e danos a órgãos em casos como o de Shira pareceria simples: coloque o respirador para fornecer oxigênio puro através do tubo e literalmente empurre o gás sob pressão através do muco nos pulmões. Mas isso tem limites. Levar a concentração de oxigênio a níveis altos é tóxico para os alvéolos, piorando a inflamação e arriscando danificar permanentemente o delicado tecido. E a alta pressão necessária para forçar o oxigênio através dos alvéolos entupidos pode rompê-los, provocando o colapso dos pulmões. Mas há pouca escolha em casos como o de Shira. É preciso correr os riscos da alta pressão e da alta concentração de oxigênio.

Ao longo do dia a equipe da UTI ajustou e reajustou o respirador, fornecendo 60%, 70%, 80% e então 90% de oxigênio. Ao mesmo tempo, a equipe aumentou a pressão para forçar a passagem do gás. Finalmente, de forma desesperada, Shira recebeu 100% de oxigênio em pressão máxima.

Mas continuava a não chegar oxigênio suficiente à corrente sanguínea. Uma nova radiografia de tórax revelou que o vidro fosco estava mais opaco, significando que a infecção estava se espalhando. Foi acrescentado Bactrim ao conjunto inicial de antibióticos e antifúngicos. O residente explicou que Bactrim era o melhor tratamento para pneumonia por *Pneumocystis*. O exame do muco e a imagem da radiografia de tórax eram coerentes com isso. A doença era muito comum em pacientes com aids: a aids era disseminada no sudeste da Ásia.

Shira tinha feito o teste de HIV no Vietnã. As autoridades tinham garantido a Rachel que o teste tinha sido negativo. Será que a incomum rapidez da adoção — o rápido processamento do pedido, o pedido para ir ao Vietnã pouco depois, a permissão para partir em dias e não em um mês — significava que o orfanato sabia que havia algo de errado com aquele bebê? Que a mãe dele tinha aids?

Durante seus anos no mundo dos negócios Rachel tinha aprendido a ler as pessoas com um olhar claro e perscrutador. Sem essa habilidade você é derrotado nos acordos. Alguém estava sempre pronto a tirar vantagem. Rachel não queria acreditar que esse tinha sido o caso. A gentileza e o cuidado com que as pessoas do orfanato tratavam de cada bebê, a elaborada cerimônia na qual Shira e outros bebês foram "confiados" como "tesouros" não sugeria fraude. Talvez, pensou Rachel, a incomum eficiência e rapidez da adoção tivessem sido simplesmente obra de um burocrata ansioso para eliminar uma pilha de papéis de sua mesa durante os abafados meses de verão. Ou talvez fosse Deus tentando dar àquele bebê todas as chances de sobreviver, sabendo que Rachel o levaria para um dos melhores hospitais pediátricos da Terra.

Era noite, e um silêncio sombrio caiu sobre a UTI. O nível de oxigênio no sangue de Shira continuava baixo.

— Vamos tentar a VAFO — disse a Rachel o médico da UTI.

VAFO queria dizer ventilação de alta freqüência oscilatória. Basicamente, uma máquina iria empurrar o oxigênio para dentro dos pulmões de Shira em um ritmo ainda mais rápido. Era o melhor que qualquer respirador podia fazer.

Algumas horas depois Rachel saiu do lado de Shira para telefonar para sua irmã, a pediatra. Enquanto conversavam, o médico da UTI apareceu. Seus olhos estavam abatidos:

— Não está funcionando. Nem mesmo a VAFO está conseguindo aumentar o oxigênio dela — disse.

Rachel deu a notícia à irmã.

— Ela está em estado crítico — disse a irmã. O peito de Rachel endureceu.

— Ela está piorando rapidamente. Podemos perdê-la — disse o médico.

Rachel reconhecia a realidade, mas não podia aceitá-la. Ela acreditava de todo o coração que Deus queria que ela tivesse um filho, aquele filho. Nada do que acontecera tinha sido normal. Sim, ela tinha de admitir, *era* possível que o orfanato no Vietnã soubesse que havia algo de errado com aquele bebê, que o ritmo normalmente lento da burocracia tinha de alguma forma funcionado como uma máquina bem azeitada, impelindo aquela nova vida para os seus braços. Mas, mesmo se isso fosse verdade, já não importava. Porque, naquele momento, Rachel, a mãe, tinha de fazer todo o possível para impedir a morte de levar sua filha.

Rachel não dormia havia dias, tinha comido pouco. Tinha sido lançada em um oceano de doença, um redemoinho de calamidade que a puxava cada vez mais para o fundo. Em Los Angeles parecia uma simples sinusite, depois na emergência uma desidratação mais séria, depois pneumonia, depois, na UTI, o respirador, agora a VAFO. Mas o oxigênio da criança continuava a diminuir, e Rachel viu em sua mente um bebê morto — se não morto, funcionalmente morto, com danos cerebrais tão graves que seria incapaz de falar, ver ou ouvir, que ela seria incapaz de amar.

Rachel pediu conselhos à sua família em Los Angeles. Com a voz de sua irmã em um dos ouvidos e a do médico da UTI em outro, e a imagem de uma Shira sem vida, ela finalmente desabou. Rachel começou a tremer. Os dentes trincaram, a garganta fechou, ela começou a ofegar. Então os joelhos vacilaram.

Deus, me ajude.

Rachel lutou para se controlar. O tremor aumentou, e ela achou que iria se desfazer em mil pedaços.

Deus, onde o Senhor está?

Rachel sabia o que estava acontecendo. Tinha acontecido duas vezes antes, quando perdera uma pessoa que amava. Ela tinha ficado arrasada, incapaz de fazer qualquer coisa durante semanas. Com esforço, reuniu fragmentos de Salmos, silenciosamente concentrando a mente em cada frase.

Perturbada... eu O chamo.

Quando... meu pé... vacila... Deus me apóia...

Mas os tremores continuavam. Eles pareciam sair de seus ossos e explodir junto à pele. Rachel se sentiu fora do corpo, como se estivesse vendo um filme em que ela explodia. Ela se concentrou com toda a força em firmar os membros e respirar devagar.

Deus, me dê força.

O jovem médico estava na sua frente.

— Você está bem?

Ele pegou gentilmente na mão de Rachel e a conduziu até uma cadeira. Segurou seu braço enquanto ela lentamente se acomodava na cadeira. Ela olhou para o jovem médico com os próprios olhos, de dentro de seu próprio corpo.

— Eu... eu... estou bem.

— Há um último recurso: OMEC — disse o médico da UTI a Rachel.

O pensamento de Rachel estava lento.

— O que é OMEC? — perguntou, em um sussurro.

OMEC, explicou ele, significava oxigenação por membrana extracorpórea. É um processo pelo qual o sangue de Shira seria renovado com oxigênio fora do corpo — por isso "extracorpórea" — com a utilização de uma máquina especial. Primeiramente é preciso fazer uma incisão no pescoço, pela qual é inserido um largo cateter para drenar o sangue de suas veias para a máquina. Dentro do equipamento o sangue é espalhado sobre uma grande membrana porosa. Então, o oxigênio é bombeado através da membrana para o sangue. Na saída, uma bomba devolve o sangue enriquecido de oxigênio para o corpo. Essencialmente, a OMEC funciona como pulmão e coração artificial.

Rachel se esforçou para assimilar a informação. Pediu ao residente para repetir o que tinha sido dito. Ele o fez. Então disse que o procedimento tinha riscos e complicações. Clara em seu objetivo, elegante em sua engenharia, a OMEC ainda assim tinha limites. Inserir cateteres em grandes vasos e passar sangue por uma máquina era abrir a porta para infecções, apesar das precauções. Infecções no sangue podem ser fatais. Ademais, a membrana artificial da máquina não tem como ser absolutamente lisa. Pequenos coágulos podem se formar nas imperfeições da membrana. Bombeados de volta para o paciente, esses pequenos coágulos podem bloquear as artérias, provocando danos ao cérebro, ao coração ou aos rins. A OMEC era uma medida extrema. Uma pessoa não pode permanecer viva presa a uma OMEC para sempre. Em algum momento os pulmões precisam se recuperar.

Rachel sabia o que não tinha sido dito. Se os pulmões não se recuperassem, a pessoa era desconectada e morria. Rachel olhou para o relógio. Eram quase 11 horas da noite. O residente deu a ela um formulário de autorização com o nome de Shira no alto. Rachel leu o documento. Ele reiterava o que o residente tinha acabado de dizer. Rachel olhou para os olhos dele. Eles diziam que Shira estava chegando ao fim.

Uma enfermeira preparou Shira para ser levada da UTI para o local da OMEC. Ela desligou o tubo na boca de Shira do respirador de alta freqüência e imediatamente o ligou a uma grande bolsa que parecia uma bola de futebol americano. Oxigênio puro entrava por uma extremidade da bolsa, e a enfermeira o bombeava manualmente para dentro dos pulmões de Shira, do outro lado. Dois funcionários chegaram para transferir o leito e o conjunto de instrumentos — os tubos intravenosos com antibióticos e solução salina, o monitor cardíaco registrando o número de batimentos e o ritmo do coração, o oxímetro mostrando em grandes números vermelhos o nível de oxigênio no sangue.

— O que há de errado? — perguntou o residente.

A enfermeira ergueu os olhos enquanto continuava a bombear a bolsa. Rachel olhou nervosamente para o médico. O que havia de errado dessa vez?

— Olhe o oxímetro! — exclamou ele.

A enfermeira e Rachel olharam ao mesmo tempo para o registro em néon do oxigênio no sangue de Shira. Os números estavam subindo. Cada apertão na bolsa fazia o número aumentar, como um alpinista escalando um penhasco por força de vontade.

— Coloque-a novamente no respirador — disse o residente à enfermeira. — Vamos dar mais uma chance a ela.

Rachel baixou a caneta, sem assinar a autorização. Fechou os olhos. Veio à sua cabeça um verso do Salmo 27.

Espera em Deus, sê firme!

Fortalece teu coração e espera em Deus!

Shira foi religada à VAFO. Rachel ficou um longo tempo ao lado do leito, hipnotizada pelo vaivém metronômico da máquina. Sua criança tinha ido até o limite da existência. Então uma ponte, na forma de uma bolsa de respiração, apertada pela mão de uma enfermeira, inesperadamente a trouxe de volta.

Rachel então se deu conta de algo que todos os médicos e enfermeiras deveriam saber, que todo acontecimento clínico tem um núcleo de incerteza. Nenhum resultado é completamente previsível. Rachel rezou por coragem para aceitar essa incerteza. Ela iria saber tudo o que fosse possível sobre o caso de Shira e respeitosamente questionar toda e qualquer suposição sobre diagnóstico e tratamento. Não porque Rachel não reconhecesse a capacidade e a devoção dos médicos ou do hospital; era uma equipe de UTI extraordinária em uma instituição extraordinária. Era porque Deus não tinha feito as pessoas oniscientes.

Rachel Stein vivia perto da sinagoga que eu freqüentava, e ia lá para orar aos sábados quando não dava a longa caminhada até sua congregação habitual. Nós tínhamos nos falado algumas vezes, e eu sabia que ela estava em um processo de adoção. Naquele sabá de meados de agosto na sinagoga, após o fim dos serviços, eu soube que sua filha estava na UTI. Decidi fazer uma visita na primeira oportunidade que tivesse.

O Children's Hospital fica a apenas três quarteirões do meu laboratório, cercado por um punhado de altos prédios de pesquisa. Era uma tarde muito quente, e o calor emanava do concreto em ondas. Eu peguei o grande elevador pesado até a UTI pediátrica, apresentei-me à enfermeira-chefe e perguntei por Rachel Stein.

— Ela está com os médicos. Estão no meio de um procedimento na filha dela. Eu direi à sra. Stein que o senhor está aqui.

Dei uma olhada ao redor da UTI, os rostos concentrados de médicos e enfermeiras. Eu tinha uma admiração especial por eles. Na faculdade de medicina meu curso de pediatria era dividido entre um ambulatório pela manhã e rondas vespertinas na ala de pacientes internados. No ambulatório eu atendia uma multidão de crianças com infecções no ouvido, faringites, eczemas e outros problemas comuns. Era divertido brincar com os garotos e conversar com os pais enquanto resolvia esses pequenos inconvenientes. Mas a ala de internados era bem diferente. No final de toda tarde, após cuidar das crianças com doenças terríveis — corações deformados que mal batiam, fibrose cística incapacitando pulmões e intestinos, tumores que cresciam a despeito de radiação e quimioterapia —, eu voltava para o meu quarto no dormitório completamente desesperado. Eu não tinha controle emocional para testemunhar e absorver o sofrimento daquelas crianças ou consolar seus pais angustiados. Eu tinha descoberto meus limites como médico. Desde essa época passei a ter especial respeito e admiração por aqueles que cuidam de crianças.

— Lamento por deixá-lo esperando — disse Rachel. Seu rosto era uma máscara de preocupação, os olhos inchados, a testa com rugas marcadas.

Isso não era problema, eu lhe disse, e segurei sua mão.

Rachel explicou que tinha insistido em saber todos os detalhes do quadro de Shira, então os médicos e enfermeiras da UTI a convidaram a fazer a ronda com eles, partilhando o que sabiam e o que não sabiam. Pediatras, como Victoria McEvoy enfatizou, tentam partilhar tudo com os pais, e Rachel disse que eles a fizeram sentir que não era um fardo. Após as rondas, Rachel acessava a internet ou telefonava para sua irmã pediatra para ir mais a fundo nas questões específicas que os médicos e enfermeiras discutiam. Mas no final de cada dia uma pergunta não respondida pairava sobre os médicos e Rachel: por que o sistema imunológico de Shira estava tão fraco que não conseguiu impedir pneumocistose, uma pneumonia com risco de vida?

— O teste de HIV deu resultado negativo — ela disse.

Shira definitivamente não tinha aids. Embora o número de linfócitos T fosse um tanto baixo, continuou Rachel, o principal problema era que eles não conseguiam apresentar nenhuma reação quando desafiados por micróbios no tubo de ensaio. Essa paralisia de seu sistema imunológico a tornava suscetível a uma infinidade de infecções devastadoras.

Além da pneumonia, as culturas de Shira tinham revelado citomegalovírus, ou CMV. Esse vírus altamente destrutivo pode infestar não apenas fígado, pulmão e medula óssea, causando hepatite, pneumonia e redução do número de células sanguíneas, como também crescer na retina, com risco de provocar cegueira. Depois, havia *Klebsiella*. Essa bactéria provoca uma inflamação disseminada nos pulmões. O muco que ela produz é conhecido como "geléia de groselha", por ser muito viscoso e sanguinolento. E também havia *Candida albicans*, o fungo encontrado na boca de Shira na emergência. Agora ele estava crescendo em outras cavidades.

Contei de cabeça quatro micróbios fatais: *Pneumocystis*, CMV, *Klebsiella* e *Candida*. Então Rachel falou de um quinto: parainfluenza. Os médicos informaram a ela que pouco podiam fazer — não havia terapia específica contra esse vírus.

— Eles estão trabalhando com a hipótese de que Shira tenha uma forma incomum e atípica de IDCS — disse Rachel.

IDCS significa Imunodeficiência Combinada Severa. É uma rara doença hereditária causada pela ausência de uma parte fundamental do maquinário dos linfócitos T. Isso produz um baixo número de linfócitos T, e mesmo os existentes não funcionam eficientemente. O gene da deficiência é transmitido pelo cromossomo X. Como homens têm apenas um cromossomo X, herdado da mãe, a doença é encontrada principalmente em meninos. As meninas, como são XX, com um cromossomo X herdado de cada um dos pais, teriam de herdar dois genes defeituosos. No caso de Shira, isso exigiria que tanto seu pai quanto sua mãe biológicos tivessem a característica. Os médicos disseram que era raro uma menina ter IDCS. O fato de que a contagem de linfócitos T de Shira fosse apenas um pouco baixa fazia dela um caso "atípico".

— Você ainda não viu Shira. Venha conhecê-la. É um belo bebê — disse Rachel.

Na entrada do quarto, colocamos capotes, luvas e máscaras esterilizadas para reduzir a transferência de micróbios de nossas mãos, roupas e bocas para o bebê indefeso. O leito estava cercado de máquinas e equipamentos — respirador de alta freqüência, monitor cardíaco, oxímetro, bombas de infusão intravenosa. Uma mesinha tinha uma pilha de livros. Nos raros momentos tranqüilos do dia, Rachel lia para Shira.

Dei uma olhada no bebê. Estava deitado de lado por causa do tubo rígido na boca, que ficava preso a um longo tubo corrugado que levava ao respirador de alta freqüência. O ajuste mostrava que a máquina estava fornecendo a concentração máxima de oxigênio, com a maior pressão possível. Olhei para os números vermelhos do oxímetro e vi que aquilo mal era suficiente para sustentar o oxigênio do seu sangue.

— É uma bela criança — disse. E era. Esquecendo os tubos e cateteres que a prendiam, tinha traços finamente esculpidos, pele imaculada e membros delicados.

Rachel anuiu:

— Shira vai sobreviver. Eu sinto isso dentro de mim — disse ela.

Olhando novamente para os números no monitor de oxigênio, eu não disse nada.

Rachel disse que toda manhã e toda noite ficava junto ao leito de Shira e rezava. Ela lia um livro de orações de bolso, gasto pelo uso diário. Anos antes, havia incluído sua própria prece. Ela falava do que ela pessoalmente buscava em Deus:

> Querido Deus,
> Tendo sido criada à Sua imagem,
> Tenho muito potencial não realizado,
> Cuja realização
> Depende de meu conhecimento do potencial,
> Meu reconhecimento de todos os Seus dons de que fui dotada
> E minha exploração das oportunidades que estão abertas à minha frente.

Por favor, Deus, me ajude a estar à altura do desafio.

Faça com que eu use esses dons em benefício de todas as pessoas.

Querido Deus,

Por tudo o que sou,

E tudo o que posso ser,

Eu agradeço.

Nunca antes Rachel tinha rezado com tal fervor por ajuda para "estar à altura do desafio".

— O que pode fazer um bebê ter tantas infecções além de aids ou IDCS? — perguntou Rachel.

— Não estou certo, não sou especialista nessa área.

Rachel fixou seus olhos castanhos nos meus:

— Sei que não é. Nem eu sou. — Mas ela explicou que tinha procurado na internet, e após ter aprendido sobre IDCS e conversado on-line com famílias afetadas por ela, estava cada vez mais convencida de que Shira tinha algo diferente. — Acho que é um problema nutricional que impede o funcionamento de seu sistema imunológico.

Quando Rachel apresentou essa idéia, um dos residentes falou de relatos de bebês desnutridos cujos sistemas imunológicos entraram em colapso e desenvolveram pneumocistose. Vários casos ocorreram em Teerã no início dos anos 1960 e no Vietnã entre 1974 e 1976, quando o país vivia o final da guerra e a comida era escassa. Mas, enfatizou o residente, embora Shira fosse um bebê magro, não se encaixava no quadro de desnutrição grave — basicamente pele e ossos — descrito nesses relatos. Ele descartou a possibilidade.

Eu insisti em que não conhecia o suficiente para opinar sobre crianças. Minha compreensão era a de que nos adultos o sistema imunológico só entra em colapso no caso de fome extrema.

— Como há um consenso sobre IDCS atípica, estão falando em fazer um transplante de medula óssea, disse Rachel.

Em medicina, o transplante de medula óssea é a medida mais extrema adotada para curar uma doença. Em síntese, a pessoa recebe doses letais de radiação e quimioterapia, doses que destroem o sangue e o sistema imunológico. Nesse vazio são plantadas células-tronco de medula óssea de um doador compatível. Essas células-tronco de medula têm um extraordinário potencial biológico. Elas crescem e se transformam em todos os elementos que foram destruídos: hemácias, neutrófilos, monócitos, plaquetas, linfócitos T e linfócitos B. À medida que as células do doador crescem e amadurecem, começam a desempenhar as funções programadas para as células do sistema imunológico. A principal delas é reconhecer invasores externos, como microrganismos, e se livrar deles. Era exatamente do que Shira estava precisando naquele momento. Células que pudessem reconhecer, enfrentar e destruir *Pneumocystis*, *Klebsiella*, CMV, *Candida* e parainfluenza.

Mas essa promessa de ressurreição biológica também embutia o potencial de rebelião biológica. As células imunológicas também são programadas para reconhecer tecidos estranhos. O novo sistema imunológico do paciente pode identificar o corpo que o cerca como estranho. Então os linfócitos T transplantados atacam órgãos vitais como fígado, pele e intestinos. Isso é chamado de Doença do Enxerto versus Hospedeiro, já que as células do doador transplantadas são lançadas contra o tecido do receptor. Se o doador e o paciente são muito próximos geneticamente, como irmãos, a Doença do Enxerto versus Hospedeiro é leve. Porém, se são geneticamente distantes, pode ser grave. Nesse caso, após um transplante bem-sucedido, exatamente quando a vida parece estar sendo restaurada, o próprio procedimento que renovou a vida se transforma em fraqueza e morte.

Depois que parti, Rachel decidiu seguir trilhas paralelas. Ela continuaria a questionar o diagnóstico de IDCS e ao mesmo tempo ajudaria na preparação para esse tratamento. Ela enviou um e-mail para a agência no Vietnã informando sobre a necessidade que Shira tinha de um doador. No dia seguinte os funcionários responderam que a mãe biológica tinha concordado em se submeter a um teste genético. Seria coletado sangue para ver até que ponto suas células eram compatíveis com as de Shira. Os médicos ficaram satisfeitos, mas Rachel não encontrou consolo na resposta.

Shira lutava para viver. Havia momentos em que parecia melhorar, com o nível sanguíneo de oxigênio subindo. Depois, sem motivo aparente, piorava, com os números de néon do oxímetro despencando. E a cada queda Rachel sentia os ossos tremerem e a sua respiração acelerar. Ela fechava os olhos e rezava intensamente, e a sensação desaparecia devagar.

Então, lentamente ao longo da semana seguinte, o nível de oxigenação de Shira começou a aumentar de forma consistente. Uma radiografia de tórax mostrou que o vidro fosco estava diminuindo; uma penumbra negra cercava o coração, como o céu noturno em volta de uma estrela piscando.

— Parece que podemos tentar desmamá-la — disse o residente com cautela.

Rachel não conseguia acreditar no que estava ouvindo. Ali, desmamar não se referia ao peito, claro, mas ao suporte de vida do respirador. Em intervalos de algumas horas, a equipe da UTI reduzia a pressão e o nível do oxigênio. Então eles esperavam, observavam Shira, verificavam o oxigênio no sangue. Enquanto isso, Rachel cantava. Cantou músicas de espetáculos, Cole Porter, cantigas de criança — melodias alegres, ritmadas, despreocupadas. E quando Shira lutava, o peito arquejando, os braços contraídos, Rachel cantava com mais força.

Após 33 dias na UTI, Shira estava respirando o ar do quarto por intermédio do respirador, sem maior pressão ou oxigênio. O médico tirou o tubo da garganta do bebê e a máquina foi desligada. O zumbido alto do ventilador, que estivera presente em todos os momentos do dia e da noite, de repente tinha desaparecido. Rachel saboreou o silêncio. Suas lágrimas correram lentamente enquanto Shira inspirava e expirava confortavelmente. Rachel não tinha desmoronado. Se um transplante fosse necessário, ela também iria suportar o terrível tratamento.

Shira foi transferida para a ala comum do hospital para esperar o transplante de medula óssea. Rachel se sentia como se tivesse atravessado o espelho para um mundo diferente. Ali ela e Shira eram basicamente deixadas a sós durante o dia. As enfermeiras vinham a cada turno conferir os sinais vitais. A nutricionista ajudou com alimentos líquidos, já que Shira ainda não era capaz de se alimentar sozinha; o composto era passado por meio de um tubo que atravessava o esôfago e levava até o estômago do bebê.

Com paz e tempo para pensar, Rachel estudou os muitos aspectos da IDCS, sua genética, diagnóstico e resultado do tratamento. Quanto mais aprendia, mais se convencia de que sua filha não tinha aquilo. Ela se aferrou à idéia de que Shira tinha uma deficiência nutricional, mas não sabia dizer qual nutriente poderia estar faltando. A escolha certa, percebeu Rachel, só seria descoberta depois.

Shira ganhou peso com a alimentação pelo tubo. Seus braços e pernas engordaram. Em uma semana, as febres baixas sumiram, e alguns dos antibióticos foram suspensos. Rachel observava cada movimento de Shira. Ela tinha olhos alertas e, Rachel sentia, sede de encontrar o mundo. Então, para satisfazer essa necessidade imaginada, Rachel cantava e falava com Shira sobre as maravilhas da criação de Deus, o Sol, a Lua e as estrelas, a Terra com suas florestas e seus mares.

Pouco depois do Dia do Trabalhador, a equipe de transplante de medula óssea se reuniu para debater o caso de Shira. Tinham sido localizados três doadores no Programa Nacional de Registro de Doadores de Medula, e todos estavam dispostos a dar células-tronco de medula óssea para o transplante de Shira. O sangue da mãe de Shira no Vietnã, quando examinado, se mostrou menos compatível que o daqueles doadores registrados sem parentesco. A Doença de Enxerto versus Hospedeiro provavelmente ocorreria mesmo usando os doadores registrados, disseram os médicos.

Quando o residente da equipe de transplante apareceu em sua ronda matinal, Rachel decidiu que tinha de enfrentar suas dúvidas.

— Eu quero que os exames de imunidade de Shira sejam repetidos.

O residente olhou para ela inseguro. A equipe médica tinha aprendido a apreciar a inteligência das perguntas de Rachel e os esforços que ela fazia para pesquisar questões. Mas o que mais era possível repetindo os exames?

— Seu número de linfócitos T aumentou — continuou Rachel, esforçando-se para manter uma voz calma e equilibrada.

— Isso algumas vezes acontece com a IDCS, especialmente após a recuperação de uma grande infecção. É apenas uma flutuação esperada — respondeu o residente.

— Mas não acho que ela tenha IDCS — disse Rachel, elevando a voz. — Eu acho... acho que ela tem alguma deficiência nutricional.

O residente olhou cansado para Rachel. Ele tinha ouvido essa idéia inúmeras vezes antes. Rachel sentiu seu pulso acelerar.

— Sabemos que você pensa assim, e claro que respeitamos os sentimentos dos pais. Mas Shira tem uma variação de IDCS. Não é um quadro típico, como você sabe, mas já discutimos isso nas rondas muitas vezes, com todos os médicos supervisores.

Rachel parou e exalou lentamente.

— Eu quero... que o sangue dela... seja reexaminado. — Ela martelou cada frase como se fosse um prego teimoso.

Os pediatras têm plena consciência da angústia que sentem mães e pais quando seus filhos estão gravemente doentes. Os médicos são ensinados a responder com compaixão mesmo ao que eles consideram exigências equivocadas fruto do desespero. Nessa oportunidade o residente se esforçou para explicar a Rachel que Shira já tinha sido examinada e que um novo exame exigiria que um pesquisador de laboratório deixasse outro trabalho de lado desnecessariamente.

— Se Shira é um caso atípico — disse Rachel, suavizando a voz —, então um cientista ambicioso pode ser capaz de publicar um trabalho sobre ela. Ele pode olhar mais atentamente suas células, reunir mais informações sobre por que elas não funcionam.

O residente pensou nisso, e concordou que um imunologista de quem ele era amigo poderia ficar suficientemente intrigado pelo caso de Shira para estudar suas células. Sim, dois conjuntos de dados fortaleceriam um trabalho apresentado para publicação em um periódico respeitado. Rachel conteve o tremor em suas mãos enquanto via o residente coletar o sangue de Shira.

Pouco depois do amanhecer de 11 de setembro de 2001, o médico da equipe de transplante bateu com força na porta do quarto de Shira. Rachel arrumou o cabelo rapidamente e amarrou o cinto do seu robe.

— Não consigo acreditar! Eu simplesmente não consigo acreditar! — exclamou o residente.

Ele deu a Rachel uma cópia impressa do segundo conjunto de exames de sangue feito no sistema imunológico de Shira. Ele acompanhou a coluna item a item juntamente com ela:

Total de linfócitos T: normal
Linfócitos T auxiliares: normal
Linfócitos T supressores: normal
Linfócitos B: normal

— Não apenas há números normais de todas as suas células, como todas elas estão funcionando perfeitamente — continuou ele.

Quando os linfócitos T de Shira foram expostos a microrganismos em um tubo de ensaio, eles imediatamente os reconheceram e deram início à elegante coreografia de suas reações biológicas, coordenando enzimas e liberando um conjunto de proteínas que, no corpo, corresponde a uma sólida muralha de defesas imunológicas.

— Shira não tem nada como IDCS — disse o jovem médico, o rosto radiante. — Ela é normal, saudável, perfeita. Acho que ela poderá ir para casa no final da semana.

Rachel fechou os olhos. O coração batia com tal força que era como se fosse sair do peito.

Deus. O Senhor atendeu minhas preces.

Shira recebeu a alimentação matinal pelo tubo, e depois Rachel foi até um telefone público no final do corredor do hospital. Telefonou para uma de suas melhores amigas da congregação e deu a boa notícia.

— Isso é maravilhoso! — exclamou a amiga. Mas então houve um longo silêncio.

Rachel ficou pensando no que haveria de errado.

— Ligue sua TV.

Rachel ficou paralisada no quarto e sentiu como se seu coração, tão cheio de alegria, estivesse sendo perfurado. No momento em que festejava a vida recuperada de Shira, milhares de pessoas provavelmente estavam mortos no ataque ao World Trade Center. *Como posso sentir júbilo quando criaturas de Deus estão morrendo?*

Quarenta e cinco dias após Rachel e Shira terem ido à emergência do Children's Hospital, mãe e filha voltaram para casa. Era uma sexta-feira, algumas horas antes do início do sabá. Quando Rachel girou a chave e entrou em seu apartamento em Brookline, sentiu o cheiro da comida deixada pelos amigos. Duas velas estavam prontas para serem acesas, dois *challahs** frescos prontos a serem saboreados. Rachel pegou Shira após acender as velas, o brilho suave das chamas brincou no rosto de sua filha. Era o dia de descanso e paz. O dia em que todos os sofrimentos deviam desaparecer, o dia que Rachel não tinha havia mais de seis semanas.

A cada passo Rachel não tivera a certeza de se iria encontrar a força de que necessitava para suportar, e a coragem de questionar. Ela silenciosamente agradeceu a Deus mais uma vez por criar todos os seres humanos com tal reservatório de resistência. Pensou em como o sabá era o momento em que essas reservas eram repostas. Rezou para que naquele primeiro sabá depois de 11 de setembro seu país conseguisse encontrar força e coragem para se defender e cuidar, de pleno coração, das famílias que tinham perdido seus entes queridos.

O devaneio de Rachel foi interrompido por Shira se agitando em seus braços. Era hora de alimentá-la, hora de repor quaisquer que fossem os nutrientes

* Iguaria típica judaica, o *challah* é um pão trançado levíssimo, com textura airada. (N. do R.)

que tinham faltado na comida do orfanato no Vietnã e que tinham provocado sua deficiência imunológica.

— Aproveite, docinho, aproveite — disse Rachel enquanto o preparado descia.

Em maio de 2002, em Boston, o caso de Shira foi apresentado em uma conferência clínica no Children's Hospital. O objetivo era orientar a equipe sobre um diagnóstico que não tinha sido seriamente avaliado, e que se não tivesse sido feito poderia ter levado a um desastroso transplante de medula óssea. O jovem médico que comandava a conferência e as equipes da UTI e de transplante de medula óssea, claro, sabiam do final do caso de Shira. Mas não a maior parte da platéia. Assim, a história foi apresentada desde o início, como se cada médico que ouvia estivesse à beira do leito e tivesse de tomar decisões desde os primeiros instantes angustiantes na emergência.

— Qual é o diagnóstico diferencial? — perguntou o jovem doutor à audiência. — Cite as possíveis causas para este conjunto de sinais e sintomas em seu paciente. O consenso era IDCS.

Então, em um momento dramático, um slide foi projetado em uma grande tela:

PACIENTE NÃO TINHA IDCS.

O médico que apresentava o caso passou para o slide seguinte, que detalhava como a desnutrição é uma das principais causas de imunodeficiência em todo o mundo. A principal forma de desnutrição e imunodeficiência em países pobres se deve à carência de proteínas, como na fome severa. Esse não parecia ter sido o caso de Shira, já que seus músculos eram bem formados. Mas nos meses que tinham se passado desde que ela recebera alta, a equipe de médicos tinha descoberto artigos científicos mostrando como a deficiência mesmo de uma única vitamina pode prejudicar a função imunológica. Outros artigos abordavam deficiências de metais como zinco, ferro e magnésio que levaram à diminuição do número de linfócitos T em crianças e de sua capacidade de resposta. Todos eram casos raros, porém muito bem documentados. Mas ninguém podia dizer com certeza o que tinha sido responsável pela imunodeficiência de Shira.

No discurso estilizado do mundo clínico, o apresentador levou a platéia até o presente:

— A paciente discutida tem sido acompanhada desde a alta, e sua função imunológica permanece normal. A paciente está crescendo bem e se desenvolvendo.

O tipo de conferência em que o caso de Shira foi debatido acontece em todos os hospitais universitários do país. E em hospitais de comunidades que não têm estudantes de medicina ou residentes há fóruns semelhantes nos quais problemas clínicos incomuns ou intrigantes são discutidos pelos membros da equipe. Essas conferências, sejam em centros acadêmicos ou em instituições comunitárias, são muito valiosas para educar até mesmo os médicos mais experientes sobre desordens misteriosas e importantes. Mas o que geralmente falta nessas conferências é um exame aprofundado de por que não se chegou ao diagnóstico — especificamente, quais erros cognitivos ocorreram, e como eles poderiam ter sido evitados. Raramente há uma análise clara de quais heurísticas foram empregadas e em que ponto elas se desviaram.

Compreender o contexto médico em que Shira Stein foi tratada é fundamental para identificar as tendências cognitivas que quase fizeram com que ela fosse submetida a um debilitante e talvez fatal transplante de medula óssea. Como Rachel Stein me disse várias vezes, e como eu bem sei (porque o Children's Hospital, para ser bem claro, salvou a vida do meu filho mais velho), a instituição está entre as melhores do mundo em pediatria. Os médicos de lá têm grande experiência em IDCS e outras anormalidades genéticas que provocam imunodeficiência grave. Os laboratórios do hospital estudam como genes defeituosos paralisam linfócitos T e outros componentes fundamentais do sistema imunológico. Os clínicos aperfeiçoaram rotinas de tratamento de modo a administrar medicamentos comuns e experimentais e para aumentar o sucesso na restauração da imunidade do corpo. Como muitos casos de IDCS são regularmente diagnosticados e tratados na instituição, não apenas os médicos-chefes, mas também os residentes, estão acostumados com o distúrbio.

Por causa dessa experiência e dessa familiaridade, foi criada uma criança com IDCS "prototípica" na cabeça da equipe. E há uma tendência cognitiva natural a pegar certas características de uma paciente como Shira e ajustá-las ao protótipo. A familiaridade produz conclusões e algumas vezes um certo grau de desprezo por alternativas. Uma máxima que ouvi repetidamente durante minha formação era "Se parece um pato, anda como um pato e grasna como um pato, adivinhe o que é? Um pato". Mas nem sempre é um pato.

Os médicos deveriam ter o cuidado de não ajustar rápido demais os sintomas de um paciente e as descobertas clínicas a seus gabaritos mentais ou protótipos clínicos. Isso não é fácil. Na faculdade de medicina, e depois na residência, a ênfase é em aprender o quadro típico de determinada desordem, seja ela úlcera péptica, enxaqueca ou cálculo renal. Quadros aparentemente incomuns ou atípicos freqüentemente têm pouco espaço: "Coisas comuns são comuns" foi outro clichê martelado em mim durante minha formação. Outra máxima das rondas: "Quando você ouvir som de cascos, pense em cavalos, não em zebras."

Rachel Stein, vasculhando a longa lista de causas de pneumonia por *Pneumocystis*, encontrou uma zebra. Uma deficiência nutricional pode bloquear as defesas imunológicas e se tornar terreno fértil para essa infecção. Com seu *élan* característico, Pat Croskerry, da Universidade Dalhousie, em Halifax, cunhou a frase "o recuo da zebra" para descrever um médico evitando um diagnóstico raro. Forças poderosas na medicina moderna desestimulam a caça a elas. Freqüentemente os exames de laboratório e procedimentos necessários para produzir um diagnóstico misterioso são difíceis de fazer, altamente especializados e caros. Em uma época de contenção de despesas, quando seguradoras e planos de saúde investigam quanto os médicos gastam com um paciente, estes são altamente desestimulados a buscar idéias que estejam "muito longe". Na verdade, alguns médicos são atacados por pedir exames demais porque podem revelar apenas um diagnóstico correto em cada 25, 50, 100 ou 500, e porque o dinheiro poderia ser mais bem gasto em outra coisa. A não ser, claro, que um caso de zebra seja o do próprio filho do contador.

Além dessa pressão, médicos que caçam zebras freqüentemente são ridicularizados pelos colegas por serem obcecados pelo esotérico e ignorarem a maré. Os caçadores de zebras são considerados exibicionistas. Eu costumo ouvir residentes-chefes os chamarem de “frescos”.

Há ainda outra razão psicológica para o “recuo da zebra” de um médico. Como um médico normalmente não tem experiência pessoal com aquele caso estranho, só sabendo dele por intermédio de leituras ou de um único encontro em anos de trabalho, normalmente falta a ele a coragem das convicções. Ele está inseguro de até que ponto continuar a caçada.

Os participantes da conferência sobre o caso de Shira no Children's Hospital relacionaram muitas carências nutricionais que resultam em imunodeficiência. Eu diria que muito poucos da equipe saberiam como identificá-las. Admito que não saberia; teria de encontrar um especialista ou procurar as respostas, que não são encontradas facilmente nos livros médicos. Ademais, fora deficiências alimentares relativamente comuns — carência de vitamina B_{12} produzindo anemia perniciosa ou falta de vitamina C levando ao surgimento de escorbuto —, pouco se sabe sobre o efeito da nutrição em muitas funções corporais. A falta de conhecimento clínico geral levou os médicos a descartar a insistente sugestão de Rachel Stein de que a filha podia estar sentindo a falta de algum nutriente. Por que perseguir uma idéia tão deslocada e vaga? Shira não se ajustava ao protótipo da criança desnutrida.

Além de criarem protótipos mentais e de fugirem de zebras, os médicos de Shira cometeram um terceiro erro cognitivo, chamado de “impulso de diagnóstico”. Assim que um determinado diagnóstico se consolida na cabeça de um médico, este o passa aos colegas ou subordinados, mesmo quando as provas são incompletas — ou, no caso de Shira, quando há discrepâncias nas provas, como o número crescente de linfócitos T e a raridade de IDCS em meninas. Isso, claro, perseguiu Anne Dodge durante 15 anos. Aqui, o médico da UTI se convenceu de que Shira tinha IDCS. Essa crença consolidada foi passada a seus residentes e depois à equipe de transplante de medula quando Shira deixou a UTI. Toda manhã, nas rondas, quando o caso de Shira era estudado, a apresentação era: "Shira Stein, bebê vietnamita com imunodeficiência consistente com IDCS..." O impulso de diagnóstico, como uma pedra rolando por uma montanha, ganha força suficiente para esmagar qualquer coisa no caminho.

Rachel Stein não era especialista em psicologia cognitiva e não estudava erros em tomada de decisão médica. Ela era uma mãe desesperada e assustada que encontrou forças para aprender sobre o problema da criança. E quando encontrou incoerências no raciocínio dos muitos médicos, educada mas insistentemente se recusou a ser detida. Ela desviou a pedra.

Eu cometi o mesmo tipo de erro cognitivo que os médicos de Shira, apesar de toda a minha formação e todas as minhas boas intenções. Quando todas as peças do quebra-cabeça não se ajustaram perfeitamente, deixei de lado algumas das defeituosas. Fiz suposições falsas buscando fazer uma condição indefinida se ajustar a um protótipo bem definido, de modo a oferecer um tratamento conhecido.

Um ano depois de Rachel ouvir da agência de adoção que um bebê esperava por ela no Vietnã, levei minha filha Emily, então com 12 anos de idade, para visitar Rachel e Shira. Elas vivem em uma rua arborizada, em um apartamento num dos primeiros andares de um antigo prédio de pedra. Eu as tinha visto na sinagoga algumas vezes e comentei como Shira parecia forte e saudável. Mas Rachel e eu não tínhamos discutido sua história em profundidade. Eu disse a Rachel que estava tentando entender como ela tinha conseguido pensar com clareza e questionar a lógica de tantos médicos.

Ela balançou a cabeça enquanto ouvia. Então explicou como via o mundo:

— Deus é o meu melhor amigo. — Um melhor amigo. Um amigo com quem você sempre pode contar. Um amigo que nunca o deixa na mão. Um amigo que oferece sabedoria e recursos sem questionar. Um amigo a quem você pode apresentar uma idéia confiando plenamente em sua integridade. Um amigo a quem você pode revelar sentimentos sem medo de que ele explore sua vulnerabilidade.

Foi esse amigo que a manteve firme durante a tempestade da doença de Shira. Foi o amigo que impediu que ela desmoronasse, foi o amigo que ajudou Rachel a pensar com clareza, assimilar informações, fazer perguntas ao falar com a irmã em Los Angeles e com os muitos médicos e enfermeiras que cuidaram de Shira. Tirando força e inspiração desse amigo, Rachel usou todos os seus recursos intelectuais, sociais e espirituais para fazer o pedido que no final levou ao diagnóstico correto.

Normalmente meus pacientes se voltam para a fé em busca de consolo durante um período de sofrimento. Alguns pedem a intervenção de Deus, acreditando, como muitos, que há momentos em que Sua graça penetra nas vidas humanas de forma direta e pessoal. Eles rezam por um milagre, para que Deus desvie os acontecimentos da fraqueza e da morte. Outros simplesmente pedem forças para suportar. Após escutar a história de Rachel, eu vi uma terceira forma pela qual a fé pode operar.

Os céticos dizem que aqueles que lêem a Bíblia estão lendo apenas contos de fadas. Mas psicólogos espertos consideram que, independentemente do que o leitor acredite sobre a verdade literal das Escrituras, a Bíblia oferece visões profundas do caráter humano. Nessas histórias, ninguém, a despeito de conhecimento e poder, e a despeito de suas boas intenções, é perfeito, infalível. Todos são falhos em algum momento, em pensamento ou em ação, de Abraão aos apóstolos, passando por Moisés.

Em seu *Handbook of Religion and Health*, Koenig, Larson e McCullough discutem os argumentos, pró e contra, sobre como a fé influencia os doentes. Uma escola de pensamento sustenta que a religião torna as pessoas passivas, aceitando o rumo dos acontecimentos como sendo a vontade de Deus. Pacientes assim, afirmam esses críticos, transferem suas responsabilidades pessoais por escolhas e ações a uma força imaginária externa a eles, dessa forma infantilizando ainda mais seu papel em um relacionamento já extremamente paternalista com seus médicos. Essa visão é o corolário da famosa afirmação de Karl Marx de que a religião "é o ópio do povo", pacificando tanto o indivíduo quanto a sociedade. Para Rachel foi exatamente o contrário: a fé pode tornar uma pessoa um parceiro produtivo no mundo incerto da medicina. A fé, uma conhecida fonte de consolo, de força para suportar, também pode dar às pessoas a coragem de reconhecer incerteza, admitir não apenas sua própria falibilidade, mas também a de seus médicos, assim contribuindo para a busca de soluções.

Claro que indivíduos para os quais a fé não é fundamental podem conseguir a resistência para suportar e manter a presença de espírito para buscar informações e questionar a lógica de seus médicos. Eles freqüentemente utilizam estratégias que refletem as das pessoas religiosas. Em vez de "rezarem" por um problema, eles contemplam silenciosamente a complexidade de uma questão. Enquanto Rachel Stein se voltou para Deus como seu melhor amigo, um aliado confiável, agnósticos e ateus convocam parentes ou colegas para esse papel. Todos nós — pessoas de fé ou não — podemos emular Rachel Stein quando penetramos na mente de nosso médico procurando lacunas em sua análise e cobrando respostas que possam preenchê-las.

CAPÍTULO 6

A incerteza do especialista

A maioria das pessoas acredita que uma criança raramente nasce com um coração malformado; na verdade, anormalidades cardíacas congênitas ocorrem em uma taxa de 8 por 1.000 nascidos vivos. Mais de 30 mil bebês assim nascem por ano nos Estados Unidos. Se o bebê sobreviver mais de 12 meses, tem 80% de chances de chegar à idade adulta. Hoje, cerca de um milhão de adultos nos Estados Unidos vive com uma doença cardíaca congênita. Essa estatística gratificante é resultado do trabalho de cardiologistas pediátricos e cirurgiões cardíacos que diagnosticam e reparam malformações do coração e de grandes vasos, como a aorta. O maior desafio desses médicos é a extraordinária variedade de anormalidades que encontram. Mesmo não tendo certeza, eles muitas vezes são obrigados a criar soluções em cima da hora, na UTI ou no centro cirúrgico. Que tipo de médico é atraído para uma especialidade que exige inovação constante, uma especialidade em que o tratamento de muitos casos é uma primeira experiência?

O dr. James Lock é o chefe de cardiologia do Children's Hospital de Boston. Com pouco mais de 50 anos de idade, Lock é um homem alto e magro, com cabelo preto espesso e óculos Ray-Ban. Ele parece estar sempre em movimento. Enquanto eu preparava meu gravador para uma entrevista, ele se espreguiçou em sua cadeira, colocou os pés cruzados sobre a mesa e começou a mudar de posição, virando a cabeça, cruzando e descruzando as pernas, movendo as mãos para cima e para baixo nas laterais da cadeira. Lock foi criado em uma pequena cidade do interior de Ohio. Ninguém de sua família havia chegado à universidade. Como ele é um conhecido inventor de vários equipamentos cardíacos, supus que quando jovem ele teria sido funileiro. Eu estava errado. "Meu irmão e meu pai eram os que consertavam carros. Eu não ficava com eles na garagem. Eu ficava lendo no meu quarto", disse Lock. Ele explicou que para as pessoas de classe média baixa, virar médico era a forma de sair dali.

Mas sua fuga por intermédio de uma profissão nem sempre foi garantida. Ele foi suspenso da escola na segunda série e expulso na sexta. "Nas duas oportunidades o diretor trouxe um psiquiatra da cidade grande", ou seja, de Akron. O psiquiatra pareceu reconhecer o potencial de Lock, apesar do desempenho abaixo da média. "O psiquiatra me resgatou sugerindo que eu fosse promovido à oitava série." Comentei a movimentação da cabeça e dos membros e sugeri que hoje em dia o psiquiatra poderia ter diagnosticado um Transtorno de Déficit de Atenção e Hiperatividade (TDAH) e receitado Ritalina. "Eu certamente teria de tomar alguma coisa", disse Lock, rindo. Lock conquistou o Mérito Escolar Nacional e aos 15 anos de idade foi para a faculdade em Case Western Reserve, depois para a Faculdade de Medicina de Stanford. "Fui para os lugares onde consegui bolsa. Tudo tinha a ver com gratuidade."

"Quando ficava trancado no meu quarto eu lia Arthur Conan Doyle o tempo todo", continuou Lock. "Sherlock Holmes tinha a ver com observação e dedução. Então, eu passava muito tempo pensando em como as pessoas fazem observações e como fazem deduções." Arthur Ignatius Conan Doyle nasceu em 1859, em Edimburgo, Escócia, em uma família católica irlandesa em dificuldades. Parentes ricos financiaram sua educação em um internato católico na Inglaterra, que ele odiava. Relembrando seus dias de escola, Doyle escreveu: "Talvez tenha sido bom para mim que os tempos tenham sido difíceis, porque eu era selvagem, impetuoso e um frívolo irresponsável. Mas a situação exigia energia e aplicação, e a pessoa era obrigada a estar à altura." Embora muitos membros da família fossem artistas, Conan Doyle escolheu a medicina, e retornou da Inglaterra para Edimburgo para completar seus estudos.

Em março de 1886 Conan Doyle começou o romance que o tornaria famoso. Publicado um ano mais tarde no *Beeton's Christmas Annual* com o título *Um estudo em escarlate*, trazia um detetive chamado Sherlock Holmes e seu colega, o dr. Watson. Conan Doyle transferiu seu fascínio pelo modo como os médicos observam e fazem deduções em sua busca de um diagnóstico clínico para outro tipo de investigação.

Com a aproximação da Primeira Guerra Mundial, Conan Doyle, então na casa dos 50 anos, ficou frustrado por não poder se alistar como soldado. Então inundou o Departamento de Guerra com idéias e sugestões de invenções que ele acreditava que salvariam vidas britânicas. Preocupado com um futuro bloqueio por submarinos inimigos, apresentou como solução um túnel sob o Canal da Mancha ligando a costa sul da Inglaterra à França. Os especialistas navais descartaram isso como sendo uma fantasia de Júlio Verne. Ele também imaginou cintos de borracha infláveis e botes infláveis para resgatar marinheiros se afogando, bem como uma armadura corporal para a infantaria. Mais uma vez suas sugestões foram descartadas.

Como seu herói Holmes, James Lock pondera sobre a natureza e a interpretação das provas disponíveis e tenta imaginar um futuro melhor. "Eu mantenho uma investigação constante sobre como sei o que sei." Lock parou de falar. Sua cabeça se moveu para a frente e para trás, como uma antena vasculhando o horizonte. Após descrever vários arcos, ele pareceu localizar suas idéias e voltou a falar. "Epistemologia, a natureza do conhecimento, é fundamental em meu campo. O que sabemos é baseado em um nível de compreensão modesto. Se você leva essa verdade consigo, está instantaneamente pronto a desafiar o que pensa que sabe no momento em que vê algo sugerindo que isso pode não estar certo."

"A maior parte do que fazemos em cardiologia pediátrica, nós inventamos. Na verdade, uma parcela do que é feito rotineiramente hoje em minha especialidade, eu inventei", disse Lock com um sorriso. É assim porque as crianças freqüentemente têm problemas tão específicos em seus corações que há poucos precedentes. Mas, continuou Lock, "você simplesmente precisa fazer alguma coisa. O grande problema é que a maioria das pessoas supõe que assim que é inventado, é real. Especialmente as próprias pessoas que inventaram. Então elas pensam que veio diretamente de Deus".

Perguntei a Lock se o reconhecimento de que certa prática é inventada não pode paralisar um clínico.

"Nem todos na medicina podem estar constantemente fazendo cálculos acerca do valor da informação. Você enlouqueceria. Mas se você está em uma subespecialidade, à medida que aprende você precisa não apenas saber o que as pessoas sabem, mas como elas sabem aquilo. Você precisa estar sempre questionando tudo e todos."

Ironicamente, James Lock aprendeu a lição fundamental sobre como cuidar de crianças com corações malformados a partir do caso de uma criança dotada de um coração normal. Holly Clark era uma menina de 4 anos de idade de Minnesota, com olhos castanho-escuros e longas tranças castanhas. Certa manhã de primavera ela disse à mãe que não se sentia bem. A sra. Clark sentiu a temperatura da menina e depois procurou um termômetro. A temperatura de Holly era de 38°C. Havia um vírus se espalhando pela creche. A sra. Clark deu a Holly um pouco de Tylenol líquido para a febre e a colocou na cama. No dia seguinte ela estava com dificuldade de respirar, arfante, e sua pele tinha um tom acinzentado. A sra. Clark levou Holly para a emergência de um hospital local ligado à Faculdade de Medicina da Universidade de Minnesota.

O médico da emergência descobriu que quando Holly respirava fundo sua pressão arterial despencava. Uma radiografia de tórax mostrou que os contornos normais do seu coração estavam distorcidos. Em vez da forma de bota normal, o coração tinha uma aparência de globo, como um balão de água suspenso no peito. Holly nunca tinha ficado gravemente doente antes, apenas um nariz escorrendo ou um enjôo de vez em quando, e, pelo que a sra. Clark sabia, o coração e os pulmões de sua filha sempre tinham sido normais. O médico fez um eletrocardiograma que mostrou uma baixa voltagem elétrica.

— É um diagnóstico clássico: tamponamento cardíaco — disse ele à sra. Clark.

Tamponamento cardíaco significa que líquido tinha se acumulado em torno do coração e o estava comprimindo. Isso pode ocorrer como conseqüência do inchaço do tecido em uma infecção viral. O acúmulo de líquido prende o coração como um punho e impede que boa parte do sangue entre no órgão ou saia para o corpo. Holly poderia entrar em choque se o líquido não fosse removido.

Um cardiologista pediátrico foi chamado à emergência. Ele explicou à mãe de Holly como iria drenar o líquido do espaço ao redor do coração. Primeiramente utilizaria uma agulha grossa para perfurar o pericárdio, o saco fibroso que envolve o coração; depois iria utilizar uma seringa para retirar o líquido. Assim que o líquido fosse retirado do pericárdio, o coração bateria sem dificuldades e a circulação de Holly seria normalizada.

"Onde você enfia a agulha?", perguntou Lock. Estávamos sentados em seu consultório, e ele falava sobre esse caso de seu aprendizado, cerca de trinta anos antes.

Eu respondi rapidamente: "Subxifóide", querendo dizer que a agulha era inserida abaixo do processo xifóide, a cartilagem que fica na extremidade inferior do esterno. "E após inserir a agulha abaixo do processo xifóide, você a aponta para cima, na direção da clavícula direita, e avança até penetrar no pericárdio", completei.

Quando o jovem James Lock estava junto ao cardiologista, aprendendo o procedimento, foi exatamente isso que o cardiologista disse que seria feito. O médico primeiramente palpou o esterno da criança, depois desceu a ponta dos dedos até a cartilagem flexível que forma o processo xifóide. Na extremidade inferior do processo xifóide, limpou a pele com um antisséptico e aplicou uma anestesia local. Então pegou a seringa com a agulha de grosso calibre ligada a um eletrodo de eletrocardiograma. Perfurou a pele, e um halo de sangue se formou em torno da agulha. Ele movimentou a agulha sob o processo xifóide, avançando lentamente até sentir a ponta tocar o firme saco fibroso, o pericárdio. O médico esperou um instante e então apertou mais fundo. O saco cedeu.

"Por que você enfia a agulha sob o processo xifóide?", perguntou Lock.

Eu parei. "Porque foi como meus professores me ensinaram quando eu estava aprendendo."

"E por que você acha que seus professores ensinaram dessa forma?", perguntou Lock. "Porque foi como *eles* foram ensinados."

Quando o cardiologista puxou o êmbolo da seringa, encontrou resistência; um líquido amarelado deveria ter fluído, mas o êmbolo não se moveu. Algumas vezes, disse o cardiologista a Lock, o líquido dentro do pericárdio está tão denso de proteínas e material inflamatório que é difícil drenar mesmo usando uma agulha de grosso calibre.

O cardiologista cuidadosamente moveu a agulha alguns milímetros mais fundo, pensando que poderia atingir um ponto com líquido menos denso. Puxou o êmbolo e um brilhante sangue vermelho fluiu. O cardiologista congelou, com a agulha ainda no peito de Holly.

"Ela quase morreu", lembrou Lock. "A agulha penetrou diretamente no músculo cardíaco. Foi uma catástrofe. Ela precisou de uma cirurgia de emergência." Embora o cardiologista tivesse avançado a agulha apenas uma pequena distância, quase não havia líquido naquela área do pericárdio. Quase todo o líquido tinha se acumulado do lado.

Lock ficou abalado com o acontecimento. Perguntou a todos que pôde por que o procedimento era feito dessa forma, e recebeu a mesma resposta que eu tinha dado a ele: que tinha sido passado pelos mestres. "Vasculhei a literatura médica e recuei até a década de 1920", contou-me Lock. "Descobri que uma das mais antigas descrições de como drenar líquidos foi feita por uma médica. Sua primeira tentativa foi feita enfiando a agulha pelas costas, e foi um sucesso." Na época, continuou Lock, a única forma de saber se havia líquido era percutindo o coração, batendo com o dedo no peito e ouvindo o som abafado do líquido que contrastava com as notas altas do ar que enchia os pulmões.

Depois do relato de uma bem-sucedida drenagem pelas costas na década de 1920, o método foi amplamente adotado. Mas logo surgiram complicações. As artérias coronárias passam sobre a superfície do músculo cardíaco, e a inserção de uma agulha pelas costas algumas vezes perfurava esses vasos. "Assim, os cardiologistas procuraram a parte do coração onde havia a menor possibilidade de encontrar uma artéria coronária, e acabou sendo sob o processo xifóide", explicou Lock.

Lock retornou à aula de Holly Clark. "Hoje eu ensino meus alunos a não ir automaticamente sob o processo xifóide. Sempre devemos pesquisar onde o líquido está. Nós obedecemos à lei de Sutton." A lei de Sutton recebe o nome do ladrão de bancos do Brooklyn dos anos 1930, Willie Sutton, que roubou banco após banco e acumulou uma fortuna antes de ser preso. Quando foi levado a julgamento o juiz perguntou por que ele roubava bancos. "Porque é onde o dinheiro está", respondeu ele. (A história provavelmente não é verdadeira: a resposta atribuída a Sutton deve ter sido inventada por um repórter que cobria o julgamento para melhorar sua matéria. Mas a expressão "lei de Sutton" pegou.) Lock ajudou a mudar o modo como o procedimento é feito. Hoje sempre é feita antes uma ultra-sonografia, para visualizar o líquido ao redor do coração, e uma pequena agulha é inserida com a ajuda da ultra-sonografia.

O coração é uma bomba com quatro câmaras, duas à direita e duas à esquerda. Cada câmara superior é chamada de átrio, do termo latino para "entrada", e cada câmara inferior é chamada de ventrículo, também do latim para "ventre", já que tem uma forma ligeiramente oval. O sangue sem oxigênio retorna do corpo para o átrio direito e passa dessa câmara para o ventrículo direito. O ventrículo direito bombeia o sangue através da valva pulmonar para a artéria pulmonar, que leva até os pulmões. Nos pulmões o sangue é recarregado com oxigênio fresco, e resíduos como dióxido de carbono são liberados. O sangue renovado retorna do pulmão pelas veias pulmonares para o átrio esquerdo; a valva que separa o átrio esquerdo do ventrículo esquerdo lembrava aos primeiros anatomistas a mitra de um bispo, então foi chamada de valva mitral. Assim que o sangue cruza a valva mitral, entra no ventrículo esquerdo. Seu músculo grosso se contrai e produz uma alta pressão para bombear o sangue através da valva aórtica até a aorta, a grande artéria que o leva para todas as partes do corpo.

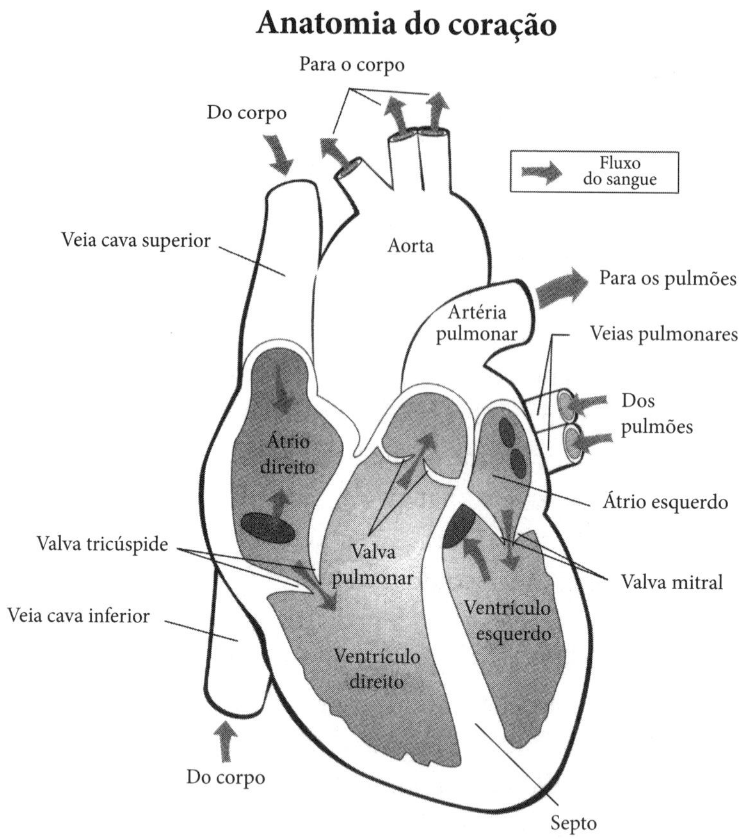

Uma das mais comuns anormalidades congênitas do coração é um orifício entre as duas câmaras superiores, os átrios esquerdo e direito. Como a pressão no lado esquerdo do coração é maior que do lado direito, o sangue flui do átrio esquerdo para o direito através do orifício. Esse fluxo de sangue aberrante é chamado de *shunt*, ou derivação, e pode sobrecarregar o lado direito do coração, levando à insuficiência cardíaca e a outras complicações. Lock me contou que os médicos realizam cirurgias em crianças para fechar esse orifício caso haja um *shunt* de dois para um, ou seja, quando circula duas vezes mais sangue pelo lado direito do coração que pelo lado esquerdo.

"Você sabe de onde vem esse número de dois para um?", perguntou Lock. Eu imaginei que de cuidadosos estudos clínicos de crianças com o orifício.

"Você pensaria isso. Mas estaria errado. Em um encontro médico nos anos 1960, um pediatra fez a pergunta 'Quando o orifício deve ser fechado?' a um grupo de cardiologistas. Houve um debate acalorado acerca de quanto *shunt* exigia uma correção cirúrgica. Então os organizadores do encontro, desesperados, fizeram uma votação. Alguns votaram em um número mais alto, outro em um número mais baixo. A média terminou sendo dois para um. Isso foi publicado no *American Journal of Cardiology*. Assim, hoje todos os livros consideram *verdade* que você deve fechar o orifício quando o desvio for de dois para um", disse Lock, acrescentando: "Mas crianças podem ter um desvio de dois para um e ainda ter uma boa chance de serem saudáveis e nunca precisarem de qualquer tratamento específico. Muitas crianças com desvio de dois para um são submetidas a cirurgia e provavelmente não precisam da operação.

"Por que ainda estamos fazendo isso? Porque você não pode fazer o estudo clínico que realmente esclareça a questão. Você teria de escolher aleatoriamente quinhentas crianças para fechamento contra não-fechamento. Seriam necessários quarenta anos para fazer isso." E há restrições éticas e morais a um estudo assim: "Você não pode fazer em seres humanos o tipo de estudo que você faz em carros. Você não faz *crash test* em um ser humano", disse Lock. Assim, você precisa encontrar respostas a partir dos dados disponíveis, por mais limitados que sejam.

Na especialidade de Lock, uma precisa noção espacial é fundamental para chegar a essas respostas. "Você deve ser capaz de olhar uma imagem bidimensional e imaginá-la em três dimensões quase instantaneamente." Por exemplo: em um cateterismo cardíaco o cardiologista manipula um cateter através dos vasos sanguíneos da criança até penetrar o coração. O cateter aparece como uma fina linha branca em um monitor de tela plana junto à mesa. Em uma projeção bidimensional como essa pode ser difícil saber a posição do cateter. "A combinação do modo como você move a mão e o que a imagem mostra dirá a você se o cateter está apontado para você ou para fora. Eu posso dizer onde ele está mesmo que minha mão não esteja no cateter. Saber em que direção você está indo não deveria ser algo sobre o que você tivesse de pensar."

Lock falou sobre "genialidade física", o tipo de brilhantismo que têm os grandes atletas que conseguem antecipar exatamente para onde a bola irá. Quando estava crescendo Lock idolatrava jogadores de beisebol que conseguiam atingir uma bola em curva e arremessá-la fora do campo; ele idolatrava *wide recievers** que corriam sem precisar olhar para trás e se colocavam exatamente no alcance de uma bola de futebol americano descrevendo uma parábola. "Você precisa processar o que está vendo muito rapidamente e reagir em função da informação em frações de segundo, porque o coração está batendo", disse Lock. "Você não pode parar o coração da criança e refletir. Assim que você está dentro do coração de uma criança com um cateter, você tem muita coisa a fazer, e há um grande risco se o que você faz não for feito rapidamente e bem."

Estudos recentes contradizem a noção popular de que médicos que fazem procedimentos desafiadores, como Lock, "nasceram com boas mãos", que têm um talento inato em habilidade manual. Claro, se você troca os pés pelas mãos, manipular instrumentos no coração de uma criança não seria uma carreira ideal. Mas a pesquisa sobre desempenho médico em procedimentos cirúrgicos mostra que é mais fundamental a capacidade "viso-espacial", ou seja, a capacidade de ver em sua mente os contornos do vaso sanguíneo ou do órgão, do que a destreza de seus dedos. Embora no início da formação possa haver diferenças de capacidade viso-espacial entre os médicos, como destacou Geoffrey Norman, pesquisador da Universidade McMaster, em Ontário, essa capacidade pode ser aprimorada até a excelência com a prática e com informações sobre acertos e erros no uso da técnica.

Tom e Helen O'Connell tinham esperado ansiosamente o nascimento do primeiro filho. Tom era professor de Educação Física de uma escola católica de nível médio, e Helen era contadora. Todas as noites eles praticavam técnicas respiratórias aprendidas no curso pré-natal. Tom brincava dizendo que ser técnico era algo natural para ele. Ele sabia pela ultra-sonografia que era um

* Jogador especializado no recebimento de lançamentos. (N. do R.)

menino, e tinha decorado o quarto do bebê com bandeiras do Red Sox e uma bola do New England Patriots.

O trabalho de parto de Helen demorou oito horas, e correu tranqüilo até o bebê nascer, azul e sufocante. O obstetra e a enfermeira rapidamente retiraram um líquido marrom espesso de sua boca. Se há problemas durante o parto, o bebê defeca esse líquido fetal, chamado mecônio, e o respira durante o esforço.

"Mesmo depois que eles aspiraram o mecônio, o menino continuava muito azul", contou Lock. O bebê O'Connell foi levado para a UTI cardíaca, mas apesar de todos os esforços os médicos não conseguiram injetar oxigênio suficiente em seu organismo. "Ele teve uma parada cardíaca nos primeiros trinta minutos de vida, então eles partiram para a OMEC", recordou Lock. Mais uma vez, OMEC significa oxigenação por membrana extracorpórea, a máquina coração-pulmão especial usada apenas nas piores circunstâncias. Shira Stein estava indo para a OMEC quando se recuperou. Mas diferentemente do que aconteceu no caso de Shira, dessa vez não houve reviravolta surpreendente. Um grosso cateter foi colocado no pescoço do bebê O'Connell. O sangue venoso do seu corpo, sem oxigênio, normalmente iria para o lado direito do coração e seria bombeado para os pulmões, onde receberia oxigênio, mas em vez disso o sangue penetrou na máquina de OMEC. O sangue do bebê O'Connell passou sobre uma membrana porosa que permite a liberação de resíduos tóxicos e dióxido de carbono e a entrada do oxigênio tão necessário. Uma bomba movimenta esse sangue recém-oxigenado para um segundo cateter em seu pescoço; esse penetra em sua aorta, e a partir dela o sangue chega aos tecidos do corpo.

A OMEC tem perigosos efeitos colaterais. Os largos cateteres inseridos no pescoço do bebê podem ser um campo fértil para infecções, resultando em sepse fatal. A fricção da bomba e na superfície da membrana pode destruir as frágeis plaquetas, deixando o bebê predisposto a uma hemorragia ameaçadora. Era urgente descobrir o seu problema e tirá-lo da OMEC. Mas todas as vezes que tentaram desligar o bebê O'Connell da OMEC e dar oxigênio a ele por um respirador, os médicos fracassaram. Havia algo de muito errado. Mas ninguém conseguia identificar o problema exato.

Na circulação normal, como vimos, o sangue gasto retorna dos tecidos e penetra no átrio direito, que o bombeia para o ventrículo direito. O ventrículo direito então bombeia o sangue pelas artérias pulmonares até os pulmões, onde o oxigênio fresco penetra e o dióxido de carbono tóxico é liberado. O sangue recém-oxigenado retorna dos pulmões pelas veias pulmonares até o átrio esquerdo e depois o ventrículo esquerdo. O ventrículo esquerdo bombeia o sangue oxigenado para a aorta, e dali, através das artérias, para todas as partes do corpo.

"Em um recém-nascido, uma das causas de estar muito azul, indicando pouco oxigênio nos tecidos, é que as veias pulmonares estão conectadas de forma errada — elas vão para algum outro lugar que não o átrio esquerdo, ou estão bloqueadas por algum motivo", explicou Lock. Nesses casos, o sangue rico em oxigênio que sai dos pulmões não consegue entrar no lado esquerdo do coração para ser bombeado para o corpo. Há um bloqueio no sistema. "A criança fica azul. Líquido penetra nos pulmões — edema pulmonar."

O bebê O'Connell foi levado para o laboratório cardíaco para maiores estudos. O laboratório tem luzes brilhantes no alto, uma mesa móvel, um fluoroscópio para obter radiografias em tempo real. Cateteres foram enfiados em seu coração e seus vasos, e monitores de computador mostraram as pressões. Foi injetado um contraste na artéria pulmonar. O contraste deveria ter passado pela artéria para os pulmões, depois saído pelas veias pulmonares e chegado ao átrio esquerdo. "Nada estava passando para o coração", observou Lock. Havia uma obstrução em algum lugar.

Um cateter com um pequeno balão na ponta foi colocado na artéria pulmonar e inflado. O balão abriu a artéria, e mais uma vez foi injetado contraste. Dessa vez ele passou pela artéria pulmonar até os pulmões e penetrou nas veias pulmonares. Apareceu na tela do fluoroscópio uma imagem que parecia o tronco de uma árvore com muitos galhos. Mas a árvore e os galhos pareciam suspensos no tórax. "As veias pulmonares não vão para lugar nenhum. Elas não se ligam ao lado esquerdo do coração. Elas simplesmente param", disse Lock.

Durante um longo momento houve silêncio. Nenhum dos médicos ou enfermeiras conseguia descobrir o caminho dos vasos do bebê O'Connell. Lock moveu a cabeça para a frente e para trás em sua busca de radar. Então parou. Ele apontou para um pequeno traço de contraste que de alguma forma tinha conseguido chegar à veia cava inferior, o grande vaso que leva sangue da parte inferior do corpo para o lado direito do coração. Não fazia sentido: por que um contraste injetado nas artérias dos pulmões terminaria na barriga? "É o que ele está tentando fazer antes de morrer", disse Lock, referindo-se ao traço. Mais uma vez, o silêncio encheu a sala. Parecia que o bebê estava perdido.

"O que não deve estar aqui?", perguntou Lock a si mesmo. Quando ele enfrenta o desconhecido, pensa em voz alta. Ele operou o teclado do computador e recuperou imagens gravadas das injeções anteriores de contraste. Exibiu-as sucessivamente. Sem novas pistas. Então, com um movimento rápido do braço, apontou para uma fina linha branca no lado direito do peito do bebê. "O que é isso?", cobrou ele. Ninguém na equipe tinha idéia do que poderia ser.

Lock traçou a linha misteriosa na tela, retornando do peito do bebê até um emaranhado de imagens que representavam os tubos e cateteres que os médicos tinham inserido. "É o cateter umbilical na veia umbilical!", gritou Lock. Um cateter tinha sido colocado no vaso umbilical que originalmente ligava a mãe ao feto. "Mas onde essa linha está terminando agora?", perguntou Lock. Após alguns segundos de grande concentração ele anunciou: "Está na veia pulmonar!" Um vaso do abdome estava ligado, de forma aberrante, a um vaso no peito.

Lock e seus colegas nunca tinham visto um caso como aquele. Usando o cateter do vaso umbilical como linha, começou a revelar as conexões bizarras da anatomia do bebê O'Connell: a veia umbilical ligada à grande veia porta na barriga da criança, e a veia porta estava de alguma forma ligada à veia pulmonar no peito. "Quando você vê uma coisa nunca vista antes, isso se torna a oportunidade de fazer algo que ninguém nunca fez", disse Lock à equipe.

"Vamos tentar abrir a veia pulmonar usando o cateter umbilical." Lock pegou um longo fio guia que parecia um cabide esticado. Ele passou o fio pelo cateter umbilical, subiu pelo abdome, penetrou no tórax e na veia pulmonar. Seguindo esse fio, Lock inseriu um cateter com um balão na ponta. Inflou o balão e expandiu a veia pulmonar; depois injetou contraste. O contraste fluiu da veia pulmonar no tórax para a veia porta no abdome e então começou lentamente a retornar para o tórax do bebê e para seu coração.

"Por que continua lento?", perguntou Lock. Tem de haver uma segunda obstrução. Lock localizou outro vaso ramificando da veia porta. Expandiu esse segundo vaso com um cateter de balão, inseriu dois *stents* de metal e os instalou na abertura. Fez uma pausa e moveu o cateter para a artéria pulmonar e injetou contraste. "Veja o sangue passando!", exclamou. O sangue tinha começado a fluir da veia pulmonar no tórax para a veia porta no abdome, subindo então pelo vaso com *stent* para o lado esquerdo do coração. Lock tinha criado um caminho para levar sangue rico em oxigênio dos pulmões para o lado esquerdo do coração e de lá para os tecidos do bebê.

O bebê O'Connell passou mais três dias na OMEC enquanto seu corpo se adaptava a uma circulação instalada provisoriamente. Então os médicos o colocaram em um respirador; o nível de oxigênio se manteve estável.

Alguns dias mais tarde, fui visitar o bebê na UTI cardíaca com Jim Lock. Os O'Connell o receberam calorosamente. Lock revisou com eles os procedimentos que tinha feito e enfatizou que eram medidas provisórias, mas no momento eficazes. Logo o bebê seria submetido a uma cirurgia para corrigir completamente sua circulação.

Enquanto deixávamos a UTI, perguntei a Lock como ele decifra esses quebra-cabeças.

"Quando chega um novo caso eu não quero ouvir o diagnóstico de ninguém. Eu olho as informações básicas", Lock respondeu. Ele evita todas as tendências e preconceitos; tenta identificar as principais características clínicas — padrões de reconhecimento — e monta ele mesmo um quadro da situação. "Neste caso, a sombra simplesmente não pertencia àquilo", disse ele, referindo-se à linha branca do cateter umbilical. Enquanto todos estavam concentrados no que chamou de "acontecimento principal" — os vasos pulmonares bloqueados —, Lock disse conseguir ver o quadro geral de uma vez só, integrando todos os componentes em um todo coerente. E quando uma peça não se encaixa, ele a usa para resolver o mistério "É como aquele livro *Onde está Wally?*", disse.

A cirurgia foi um sucesso. A veia pulmonar do bebê O'Connell foi ligada à parede de trás de seu átrio esquerdo, então passou a haver um grande fluxo de sangue rico em oxigênio dos pulmões para o lado esquerdo do coração, que o bombeava para a aorta. Ele será acompanhado cuidadosamente e poderá precisar de novas cirurgias à medida que crescer, mas não havia motivo, disse Lock, para ele não levar uma vida normal.

Uma semana depois de termos visto o bebê O'Connell, perguntei a Lock sobre as oportunidades em que ele errou na sua avaliação. "Os equívocos dos quais me lembro..." começou, para parar no meio da frase. Fiquei chocado com sua pausa. Os estudos mostram que a maioria dos médicos ignora seus erros cognitivos. A formulação de Lock reconhecia isso: provavelmente houve momentos em que sua avaliação foi errada, mas ele ainda tinha de aprender com eles. Ele então pegou o fio da meada de suas idéias. "Todos os meus equívocos têm a mesma coisa em comum."

Lock pegou uma folha de papel em branco e começou a traçar rapidamente os contornos do coração, suas câmaras e valvas. Disse que havia uma desordem chamada "canal AV comum", na qual a parede entre os lados esquerdo e direito do coração não se forma completamente. Isso ocorre com maior freqüência em crianças com síndrome de Down. "Falta a parte central do coração, e isso pode incluir a parede baixa entre os átrios, parte da valva mitral e parte da valva tricúspide, e a parede superior entre os ventrículos — nada disso é formado." Algumas dessas crianças também têm estenose aórtica, explicou Lock, referindo-se ao fechamento parcial da valva aórtica, ou coarctação da aorta, significando que o grande vaso tem um estreitamento. "Quando isso acontece, o ventrículo esquerdo pode ser muito pequeno."

A questão que os cardiologistas pediátricos enfrentavam era se o ventrículo esquerdo do bebê era grande o bastante para que a criança fosse submetida a uma cirurgia de reparação da parede malformada e sobrevivesse ao procedimento. Quando Lock estava na casa dos 30 anos de idade, raciocinou que a decisão de operar ou não deveria ser baseada em quanto oxigênio havia no sangue que deixava o coração. "Eu era jovem e apresentei a idéia em um encontro nacional. Todos acreditaram em mim. Era um exercício de pura lógica, um exercício que de certa forma era inatacável", disse. Lock raciocinara que se o nível de oxigênio no sangue bombeado para a aorta estivesse na faixa da normalidade, então o ventrículo esquerdo era suficientemente bem formado para receber sangue oxigenado dos pulmões e bombeá-lo para o corpo; isso mostrava que havia músculo cardíaco o bastante para permitir uma recuperação após a reconstrução da parede. O alto nível de oxigênio, também deduziu, significava que não havia um desvio significativo de sangue do ventrículo direito, portanto o ventrículo esquerdo era suficientemente forte para manter a pressão alta no lado esquerdo do coração. "Em relação a isso, eu estava intelectualmente certo. Acontece apenas que estava errado."

Descobriu-se que o nível de oxigênio no sangue que deixa o coração do bebê pode ser quase normal mesmo quando um volume significativo de sangue, cerca de 20%, era desviado do ventrículo direito. "Lógica impecável nem sempre é o bastante", disse Lock. "Meu equívoco foi raciocinar a partir de princípios básicos quando não havia experiência anterior. Eu errei porque há variáveis que você não pode calcular até realmente fazer isso. E você dá a recomendação errada e o paciente não sobrevive.

"Eu nunca deixo muito espaço para o que parecem ser efeitos menores, as pequenas flutuações nos níveis de oxigênio, que podem chegar a 1%, 2% ou 3%, mas que na verdade podem indicar grandes problemas no coração", analisou ele.

Lock recordou de um segundo exemplo desse tipo de equívoco, de confiar estritamente na lógica para responder a uma questão clínica na falta de dados empíricos. "Eu disse que havia pacientes com grave estreitamento da valva mitral que sempre estariam melhor se o orifício entre os átrios esquerdo e direito fosse fechado. Eu raciocinava que o corpo receberia mais sangue se o orifício fosse fechado. Você teria uma pressão alta o bastante para encher o ventrículo esquerdo através da valva mitral estreitada." Traduzindo o que Lock disse: você quer aumentar a pressão no átrio esquerdo para forçar o maior volume possível de sangue através de uma valva mitral estreitada para o ventrículo esquerdo, de modo que ele possa bombear um volume adequado de sangue para o corpo. "Isso tem de estar certo, correto?", perguntou Lock. Eu anuí. "É extremamente lógico. Mas está errado."

Após terem sido submetidas a cirurgias para fechar o orifício, algumas crianças pioraram. Acabou-se descobrindo que isso se devia a um inesperado efeito de choque: mesmo um pequeno aumento da pressão no átrio esquerdo era refletido de volta e causava um aumento de pressão nos vasos dos pulmões, chamado hipertensão pulmonar. O lado direito do coração, obrigado a bombear sob maior pressão, enfraquecia. "Essas crianças desenvolveram insuficiência cardíaca direita, e pioraram clinicamente", disse Lock. Mais uma vez, o que parecia ser uma abordagem racional resultou em danos. "Há aspectos da biologia e da fisiologia humanas que você simplesmente não consegue prever. O raciocínio dedutivo não funciona em todos os casos." Sherlock Holmes era um modelo de detetive, mas a biologia humana não é um roubo ou um assassinato em que todas as pistas se ajustam perfeitamente. Na medicina há uma incerteza que pode tornar equivocada uma ação contra um suposto culpado.

Lock não aprendeu imediatamente que era um equívoco utilizar exclusivamente a lógica. "Há 25 anos, quando afirmei que os níveis de oxigênio deveriam ser suficientes para tomar a decisão de reparar ou não uma parede malformada entre os dois lados do coração, e isso não funcionou, eu apenas achei que deveria ter sido mais esperto." Porém, seu segundo erro, sobre fechar o orifício entre o átrio esquerdo e o direito, criou mais problemas para ele. Lock desviou o olhar e seu rosto murchou; estar errado em relação a uma criança é uma forma de sofrimento única em sua profissão. "Eu aprendi que preciso ser mais sóbrio ao fazer essas previsões. Preciso ser mais claro comigo, mesmo quando o raciocínio parece perfeitamente correto, eu ainda estou inventando. E você tem de reconhecer que aquilo que você acha que sabe pode ter limites."

Os médicos, como todo mundo, apresentam certas características psicológicas quando agem em meio à incerteza. Há um excesso de confiança: as pessoas se convencem de que estão certas porque normalmente estão. Elas também tendem a se concentrar em informações positivas mais que nas negativas. As informações positivas são mais atraentes porque sugerem um resultado positivo: níveis de oxigênio aparentemente normais ou pressão alta no átrio esquerdo significam que a cirurgia será bem-sucedida. Os erros de Lock se basearam no poder dos números positivos: as quantidades quase normais de oxigênio no sangue, a alta pressão no átrio esquerdo. Cada um desses dados positivos parecia prever um resultado positivo. Dados como esses têm um efeito poderoso em nossa psique, particularmente em situações de incerteza; eles parecem portos seguros em uma tempestade, lugares onde atracar nossa mente e para nos levar à etapa seguinte da viagem. Mas a biologia, em especial a biologia humana, é inerentemente variável. Aquelas variações, às vezes muito pequenas e facilmente ignoradas, podem se revelar importantes. Elas refletem diferenças significativas que nossos mecanismos de avaliação mais sofisticados não conseguem captar. Lock também se preocupa com o fato de que muitos médicos supõem que todos os números têm igual certeza ou validade. "As pessoas não consideram a densidade básica", disse Lock, no sentido de que nem todos os resultados têm o mesmo peso na tomada de decisão. Você aprende quais números respeitar, e quais descartar.

Particularmente os especialistas são conhecidos por demonstrar uma certeza clínica injustificada. São tão experientes que começam a confiar demais em seu vasto conhecimento e negligenciam a variabilidade da biologia humana. Por isso a preocupação epistemológica de Lock é tão importante. Ele está constantemente vasculhando sua mente, lembrando a si mesmo que a situação é incerta e reconhecendo que ações necessárias e decisões tomadas com as melhores intenções podem não se aplicar a todos os pacientes.

É muito difícil fazer o que Lock faz: refletir sempre em vez de agir tacitamente com base em poucos precedentes. No livro *Professional Judgment: A Reader in Clinical Decision Making*, Jack Dowie e Arthur Elstein juntam artigos de especialistas a opiniões opostas sobre cognição médica e como melhorá-la. Muitos dos colaboradores são da escola bayesiana de tomada de decisão, invocando uma "teoria da utilidade esperada". Essa teoria sustenta que a utilidade de determinado resultado é multiplicada por sua probabilidade e determina a utilidade esperada em face da incerteza. O cálculo, baseado em axiomas, leva o médico a escolher o caminho com o maior número produzido pela fórmula. Claro que muitas das coisas com as quais médicos como Lock lidam são únicas; não há um conjunto de estudos a partir dos quais pesquisadores de análise de decisão possam extrair uma probabilidade.

Alguns especialistas afirmam que não são apenas os casos únicos que tornam a abordagem bayesiana inaplicável em certas situações clínicas. Donald A. Schön, do MIT, escreveu muito sobre como os profissionais pensam, e discorda inteiramente do campo de análise de decisão, que se baseia em matemática aplicada para definir diagnósticos e tratamentos — uma matemática originalmente utilizada para otimizar a busca de submarinos e o acompanhamento de bombas, e que foi estimulada pelo advento dos computadores. O médico nas trincheiras, enfatiza Schön, enfrenta "situações divergentes nas quais (...) confiar em uma grande base de dados para atribuir probabilidades a determinados diagnósticos ou o resultado de determinado tratamento é impossível". Lock se considera um pensador racional, um médico que busca a lógica e faz deduções. Mas ele também compreende os limites dessa lógica, uma compreensão que é fruto de uma dura experiência.

Schön poderia estar descrevendo Lock quando escreve: "Por causa de alguns fenômenos difíceis, perturbadores, interessantes, um médico exprime incerteza, pára para refletir e se permite ser vulnerável. Ele então reestrutura o problema. Esse é o segredo da arte de lidar com situações de incerteza, instabilidade, ineditismo e conflito de valores."

Mas não é apenas no mundo de Lock que o espectro da incerteza paira sobre as decisões. David M. Eddy, professor de políticas de saúde na Universidade Duke, diz: "A incerteza penetra na prática médica por todos os poros. Esteja o médico definindo uma doença, fazendo um diagnóstico, escolhendo um procedimento, observando resultados, avaliando probabilidades, atribuindo preferências ou juntando tudo isso, ele está caminhando em terreno muito escorregadio. É difícil para não-médicos, e para muitos médicos, avaliar quão complexas são essas tarefas, como as compreendemos mal e como é fácil pessoas honestas chegarem a conclusões diferentes."

Jay Katz, médico que leciona na Faculdade de Direito de Yale, estudou as defesas que os médicos utilizam contra a consciência da incerteza. Ele analisa o trabalho anterior de Renée Fox, que identificou três principais tipos de incerteza. O primeiro é fruto de um domínio incompleto ou imperfeito do conhecimento disponível. Ninguém tem todas as habilidades e todo o conhecimento do conjunto da medicina. O segundo depende de limitações no conhecimento médico atual. Há inúmeras questões para as quais nenhum médico, por mais experiente, pode dar respostas. Uma terceira fonte de incerteza deriva das duas primeiras: é a dificuldade de diferenciar ignorância ou incapacidade pessoais dos limites do atual conhecimento médico. Fox estudou médicos de um departamento lutando contra a incerteza, e seus muitos mecanismos psicológicos para lidar com isso, incluindo humor negro, apostas sobre quem está certo e a adoção de um determinado grau de pensamento mágico para manter a pose e a aura de competência em frente aos pacientes enquanto realiza procedimentos duvidosos.

Katz funde as três categorias de Fox sob a rubrica "desconsideração da incerteza". Ele acredita que, quando médicos passam da discussão teórica da medicina para sua aplicação prática, não reconhecem a incerteza inerente ao que fazem. Katz argumenta que, embora a incerteza em si seja um grande fardo para os médicos, fardo maior é "a obrigação de manter essas incertezas em mente e reconhecê-las para os pacientes". Ele observa que "a negação da incerteza, a tendência a substituir incerteza por certeza, é um dos principais traços psicológicos humanos. É ao mesmo tempo adaptativo e desadaptativo, portanto ao mesmo tempo orienta e desorienta". Como professor da faculdade de direito, Katz sabe que testemunhas de acidentes "involuntariamente preenchem suas percepções e lembranças incompletas com 'dados'". Há uma "disseminada e decisiva necessidade humana de permanecer no controle dos mundos interno e externo da pessoa, aparentemente compreendendo-os, mesmo à custa de falsificar os dados

(...) A negação da consciência da incerteza pelos médicos serve a um objetivo semelhante: faz as questões parecerem mais claras, mais compreensíveis e mais certas do que são; torna a ação possível. Há limites para viver com a incerteza. Ela pode impedir a ação". Essa é uma verdade central da prática da medicina, em que — na falta de certezas — decisões precisam ser tomadas.

Outra defesa contra a incerteza é a cultura de conformidade e ortodoxia que começa na faculdade de medicina. Isso é inerente ao processo de aprendizado. Por exemplo: no primeiro ano de Katz na faculdade, o professor de um distinto hospital universitário ensinou à sua turma que afinar o sangue com anticoagulantes como heparina ou varfarina era o tratamento de escolha para uma embolia pulmonar perigosa e que usar qualquer outra terapia era comportamento antiprofissional. Em outro hospital igualmente distinto, os alunos foram ensinados que o único tratamento correto era atar cirurgicamente as veias inflamadas. "Seria possível utilizar tal exposição à controvérsia como um treinamento em incerteza." Em nenhum dos ambientes, lembra Katz, foi feito um exercício didático, "nem fomos encorajados a manter a mente aberta. Nas duas situações fomos educados para a certeza dogmática, para adotar uma escola de pensamento ou a outra, e a jogar o jogo segundo as regras veneráveis, mas contraditórias, que cada instituição tentava impor à equipe, estudantes e pacientes". A observação de Katz, feita duas décadas atrás, ainda é verdade.

Poder-se-ia pensar que os médicos do atendimento primário, como clínicos-gerais e pediatras, lidam mais com a incerteza. Mas Lock abre nossos olhos para a verdade de que a especialização na medicina confere uma falsa noção de certeza. Recorde como Shira Stein foi atendida por equipes de especialistas em um dos melhores hospitais pediátricos do mundo. Mas uma série de erros cognitivos passou despercebida. O desvio de confirmação, a atenção prestada aos dados que confirmam o suposto diagnóstico e a minimização dos dados que o contradizem foram notáveis. Especialistas, como os médicos de Shira no capítulo anterior, também são suscetíveis ao impulso de diagnóstico: assim que um médico com autoridade atribuiu um rótulo ao problema, ele normalmente se mantém firme, porque o especialista normalmente está certo.

A especialização pode convencer o especialista de que o tratamento prescrito por seus colegas especialistas é superior. No caso de câncer de próstata, por exemplo, cirurgiões, radioterapeutas e quimioterapeutas muitas vezes discordam acerca dos méritos dos respectivos métodos de tratamento, freqüentemente sem duvidar o bastante da eficácia de sua própria abordagem. Assim, o primeiro encontro fortuito de um paciente com um especialista pode levar o paciente a escolher a terapia daquela disciplina — mas essa, na verdade, não é uma escolha. Se em vez disso o paciente encontrar vários especialistas e for informado de cada abordagem sem tendenciosidade, ele poderá escolher outra opinião.

Em condições ideais, como Lock diz, poderíamos fazer grandes experiências clínicas para solucionar as diferenças de opinião entre especialistas. Isso parece simples, mas na verdade ignora a complexidade da biologia humana e as necessidades dos pacientes. Diz David Eddy:

> Teoricamente a incerteza poderia ser administrada se fosse possível realizar experiências suficientes sob condições suficientes e observar os resultados. Infelizmente, avaliar os resultados de procedimentos médicos é um dos maiores problemas que enfrentamos. A meta é prever a utilização de um procedimento em um determinado caso e seus efeitos na saúde e no bem-estar daquele paciente. Há no caminho pelo menos meia dúzia de grandes obstáculos. O problema central é que há uma variação natural na forma como as pessoas reagem a um procedimento médico. Pegue duas pessoas que, com o melhor de nossa capacidade para descobrir tais coisas, sejam idênticas em todos os pontos importantes, submeta-as ao mesmo procedimento cirúrgico e uma morrerá na mesa de cirurgia, enquanto a outra não. Por causa dessa variação natural, só podemos falar em probabilidade de vários resultados — a probabilidade de que um exame diagnóstico dê positivo se a doença estiver presente (sensibilidade), a probabilidade de que um exame dê negativo se estiver ausente

(especificidade), a probabilidade de que um tratamento produza determinado resultado.

Um problema adicional é que muitos procedimentos têm múltiplos resultados e não basta estudar apenas um deles. Por exemplo: uma ponte de safena pode mudar a expectativa de vida de um homem de 60 anos de idade com doença arterial tripla, mas também irá mudar sua alegria de viver durante várias semanas depois da operação, o nível e a intensidade da dor no peito, sua capacidade de andar e fazer amor, seu relacionamento com o filho, a aparência física do seu tórax e sua carteira. Dor, incapacidade, ansiedade, relações familiares e muitos outros resultados são conseqüências importantes de um procedimento e merecem consideração, mas a relação é longa demais para experiências práticas, e muitos dos itens nela são invisíveis ou absolutamente não-mensuráveis.

Será que reconhecer a incerteza abala a sensação de esperança de um paciente e sua confiança no médico e no tratamento proposto? Paradoxalmente, levar em conta a incerteza pode aumentar a eficácia terapêutica do médico, pois demonstra sua honestidade, sua disposição de ter um melhor relacionamento com seus pacientes, seu compromisso com a realidade da situação, em vez de recorrer a evasivas, meias-verdades e mesmo mentiras. E torna mais fácil para o médico mudar de rumo caso a primeira estratégia fracasse, continuar tentando. Algumas vezes a incerteza é essencial para o sucesso.

CAPÍTULO 7

Cirurgia e satisfação

A mão humana tem 27 ossos e dezenas de ligamentos, músculos e tendões. Trabalhando de forma coordenada, todas essas partes nos dão a habilidade de passar uma linha pelo buraco de uma agulha, tocar violoncelo, desferir um gancho de esquerda, operar um martelo pneumático e acariciar uma amante. O dr. Terry Light, da Universidade Loyola, é cirurgião de mão. Quando conversei com ele no outono de 2005, havia pouco tempo que ele encerrara seu mandato de presidente da Associação Americana de Cirurgia da Mão e estava prestes a assumir a presidência da Associação Ortopédica Americana. Mas na época essas honrarias eram ofuscadas pelo fato de que o dr. Light tinha sido cirurgião de mão do Chicago White Sox. Eu não tinha nenhuma dúvida sobre de que lado Light estava no debate sobre quem é mais importante em um time de beisebol, o arremessador ou o rebatedor: o arremessador, claro.

O beisebol tomou apenas uma parte de nossa conversa, porque tive a oportunidade de apresentar um complexo dilema diagnóstico ao dr. Light, o caso de um paciente com uma dor debilitante e inchaço na mão direita, a mão que usava para escrever, girar a chave de casa e desempenhar as inúmeras tarefas necessárias todos os dias. Ao longo de três anos, o paciente tinha consultado seis cirurgiões de mão e recebido quatro opiniões diferentes sobre o que havia de errado e o que fazer quanto a isso. Eu era o paciente.

O problema com minha mão remonta ao fato de nunca ter aprendido a datilografar. Meu professor da quinta série disse a meus pais que eu não tinha qualidades para a faculdade e recomendou que fosse encaminhado a uma escola profissionalizante para aprender uma profissão. Para dizer a verdade, eu não era uma criança-modelo, pois era ansioso demais para fazer travessuras, prestava pouca atenção em sala de aula, olhando para o relógio e contando os minutos para o intervalo. Hoje um psicólogo me daria o rótulo de Transtorno de Déficit de Atenção e Hiperatividade, mas naquela época minha família concluiu que eu era um caso clássico de *shpilkes*, palavra iídiche que grosso modo significa "formigas nas calças". Meus pais mais tarde rejeitariam o conselho do professor, mas na quinta série eu passava as tardes em uma loja de ferragens em vez de no curso de datilografia; não havia a expectativa de que eu um dia precisasse usar uma máquina de escrever.

Há dez anos comprei meu primeiro laptop e passei a martelar o teclado desajeitadamente durante horas. Logo desenvolvi um terrível caso de tendinite nos punhos. Descansei, retornei ao computador e sofri vários surtos de dor. Depois de um ano desisti e voltei a escrever à mão. Mas permaneci com uma dor persistente no punho direito — incômoda, mas não grave o bastante para exigir cuidados médicos. Então, certo dia na piscina, um nadador na raia ao lado fez um movimento em arco para baixo no mesmo instante em que meu braço direito se movia para cima. Ele desferiu um golpe no meu punho direito.

Fiz compressas de gelo no punho machucado, e depois de uma semana a dor voltou a ser a dor incômoda habitual. Alguns meses mais tarde, no hospital, uma senhora idosa estava indo na direção do elevador. Eu já estava dentro, e vi as portas começarem a se fechar; automaticamente estendi a mão direita, mas era tarde demais para o sensor elétrico reagir. O elevador se fechou em meu punho rapidamente. Mais uma vez, o trauma foi tratado com gelo.

O dr. Light ouviu com atenção, sem interromper. Contei a ele que estava chegando ao incidente que fizera com que me consultasse com o primeiro cirurgião. Algumas semanas depois do incidente no elevador eu me esforcei para abrir a tampa de um suco de fruta. Consegui girar a tampa depois de um grande esforço, mas de repente surgiu uma dor excruciante em meu punho direito. A mão ficou quente, vermelha e inchada. Eu não conseguia movê-la. Tomei um pouco de naproxeno, um remédio antiinflamatório, e apliquei gelo. Após alguns dias o inchaço cedeu. Mas sempre que tentava escrever algumas linhas sentia uma dor aguda no punho, abaixo do polegar. Fiz radiografias que revelaram cistos, basicamente orifícios cheios de líquido, dentro do escafóide e do semilunar, dois pequenos ossos do punho, do lado do polegar.

Chamarei o primeiro cirurgião de mão que consultei de dr. A. Com pouco mais de 40 anos de idade, A era conhecido na comunidade médica de Boston como médico de muitos atletas profissionais que sofriam contusões em jogo. Sua sala de espera era superlotada. Quase duas horas depois da hora marcada para minha consulta, sua enfermeira finalmente me levou a uma sala de exame. Cinco salas já estavam ocupadas com outros pacientes, alguns engessados, alguns com pinos e outros de tipóia. O dr. A entrou cerca de trinta minutos depois e perguntou onde eu trabalhava e que tipo de medicina praticava — um comportamento "nome, posto e número de série". Enquanto ouvia minha história, fazia anotações. O dr. A examinou minha mão e eu estremeci quando ele apertou os ossos abaixo do polegar.

— Vamos fazer umas radiografias — disse.

Afirmei que já as tinha feito em meu próprio hospital, mas ele insistiu em que as refizesse em sua clínica. Retornou uma hora depois. As radiografias estavam como antes. O dr. A me disse que muitas pessoas têm cistos nos ossos e não apresentam sintomas, outras têm cistos ósseos com sintomas. Algumas pessoas têm predisposição hereditária a cistos, enquanto outras desenvolvem cistos degenerativos, como resultado de traumas ou do esforço no trabalho, nos esportes ou nos afazeres cotidianos. O dr. A sugeriu que eu ficasse um mês imobilizado para vermos o que aconteceria.

Depois de quatro semanas eu estava de volta à clínica, esperando mais duas horas para ser examinado. Eu tinha usado a imobilização diligentemente, mas quando a tirava para tomar banho, sentia dores no punho. O dr. A examinou minha mão rapidamente e me disse para ver como o punho se sairia sem imobilização nas semanas seguintes. A consulta terminou em poucos minutos.

Voltei paulatinamente a fazer as coisas com a mão direita. Era doloroso segurar até mesmo coisas leves, como uma caneca de café, mas eu insisti. Até que, certo dia, quando estava escrevendo algumas linhas com uma caneta fina, senti minha mão esquentar. Em poucos minutos ela estava inchada e vermelha. Eu não conseguia flexionar o punho, e o menor movimento a partir de determinada posição neutra produzia uma dor terrível. Era como o episódio da garrafa de suco.

Telefonei para o consultório do dr. A. Sua secretária me orientou a ir lá no dia seguinte. O dr. A olhou para a mão quente e inchada e balançou a cabeça.

— Vamos fazer uma ressonância magnética — disse.

Perguntei o que ele achava que podia estar errado.

— Eu realmente não sei.

Estranhamente, sua resposta franca me tranqüilizou. Alguns médicos não admitem a ignorância facilmente.

Na semana seguinte o dr. A discutiu o resultado da ressonância comigo. A imagem estava digitalizada em seu computador, de modo que podíamos ampliá-la e ver detalhes em vários pontos. Ele me conduziu em um roteiro por minha mão. Era fascinante ver os ossos, ligamentos, músculos e tendões, todos conectados. A ressonância mostrava os cistos nos ossos escafóide e semilunar. Colocados sobre o fundo branco do osso, os cistos pareciam crateras na Lua. Havia um grande inchaço, e os tendões eram como cordas suspensas em um mar de líquido. O dr. A ainda não tinha um diagnóstico, e sugeriu mais uma imobilização.

Depois, quando revisei minha história com o dr. Terry Light, ele concordou com a abordagem do dr. A. "É melhor dizer que não tem certeza e esperar algum tempo para descobrir. Freqüentemente não sabemos o que produz sintomas de dor na mão, já que quase todos têm um furo no osso, se você olhar bem."

A imobilização provocou um alívio passageiro. Mas ao longo dos meses seguintes minha mão ficava inchada, quente e dolorida com o menor dos esforços. Consultei-me com o dr. A pelo menos quatro vezes ao longo do ano. Em cada consulta eu o pressionava a descobrir o que havia de errado. Ele especulava se o punho inchado, vermelho e dolorido não poderia ser sintoma de alguma doença sistêmica anterior, como lúpus ou artrite reumatóide, e se o histórico de tendinite por causa do computador e os traumas na piscina e no elevador não eram pistas falsas. Mas todos os exames de sangue para doenças sistêmicas que causam artrite deram resultado negativo. Uma injeção de corticóides no punho não adiantou.

A cada consulta de acompanhamento eu pressionava o dr. A em busca de respostas. Ele apenas dava de ombros. Então, um ano depois da primeira consulta, ele disse:

— Acho que você desenvolveu membrana sinovial hiper-reativa.

A membrana sinovial, que reveste as articulações de punho e mão, explicou o dr. A, tinha se tornado sensível demais para suportar até mesmo pequenos esforços. Inflamava-se facilmente. Ele sugeriu uma cirurgia para eliminá-la inteiramente. Perguntei se a membrana não era fundamental para que a articulação funcionasse adequadamente, se não haveria cicatrizes depois da operação. O dr. A admitiu que a membrana era necessária, mas que no final um novo revestimento seria formado — e, sim, poderia haver tecido cicatrizado residual.

Eu não sou especialista em doenças de ossos e articulações, e nunca tinha ouvido falar em "membrana sinovial hiper-reativa". Nem o dr. Light: ele disse que o diagnóstico "não tinha registro. Na verdade, ele não significa nada para mim".

O dr. A tinha chegado ao fim de seu raciocínio. Mas em vez de retornar à honestidade do "realmente não sei", ele inventou algo para reagir às minhas insistentes perguntas e sugeriu uma operação que poderia ser prejudicial. Era hora de procurar outra opinião.

Fui a um estado vizinho para uma consulta com o dr. B. Ele foi rápido, tinha abordagem concentrada e direta, examinou-me cuidadosamente e concordou em que "membrana sinovial hiper-reativa" não era um quadro clínico real. Disse que estava determinado a descobrir o que havia de errado, e resolver. O dr. B estudou detalhadamente todas as sombras e formas incomuns em minhas radiografias e minha ressonância. Além dos cistos no escafóide e semilunar, notou um pequeno cisto em outro osso, do lado do dedo mínimo do punho. O tendão que corre ao longo do dedo mínimo parecia ter saído ligeiramente de posição. O dr. B pensava que poderia haver uma minúscula fratura no osso escafóide, não apenas um cisto. Ele disse que eu precisaria de três cirurgias: a primeira iria eliminar a fratura, a segunda seria para drenar os três cistos e colocar enxertos de osso tirado do meu quadril, e a terceira para reposicionar o tendão deslocado.

— O punho funciona como um conjunto de engrenagens. Quando um ou mais componentes estão funcionando mal ou fora do alinhamento, você pode ficar com a mão toda travada — afirmou. Meu esforço para mover as engrenagens travadas tinha provocado o inchaço e a dor.

Perguntei ao dr. B de quanto tempo seria o período de recuperação dessas operações em seqüência. — De 18 a 24 meses — foi a resposta.

O dr. Terry Light disse que, claro, para comentar adequadamente a opinião do dr. B ele teria de me examinar e ver a ressonância. Mas a idéia de três cirurgias para cuidar de todas as descobertas do exame — isso fez Light parar:

— Esse é o problema da ressonância magnética. Ela pode nos mostrar demais.

Eu estava cada vez mais frustrado e desesperado por uma solução, mas desconfiado da idéia de me submeter a três operações. Minha esposa, Pam, também médica, disse que temia que minha capacidade de avaliação pudesse estar prejudicada pelo longo período de dor e incapacitação, então foi comigo à consulta seguinte.

Precisei mexer os pauzinhos para uma consulta com o dr. C, um dos mais renomados cirurgiões de mão dos Estados Unidos. Ele era o tipo de médico cujo nome costuma ser citado pelos outros médicos e que é relacionado todo ano na revista da cidade como "Os melhores médicos de...". A sala de espera estava lotada, como a do dr. A, mas em vez das obras de arte que normalmente decoram os consultórios médicos — fotografias de veleiros ou pinturas de bosques — as paredes da clínica do dr. C eram cobertas de diplomas e certificados. Praticamente não havia nenhum espaço livre. Eu li alguns deles: todos confirmavam a fama do dr. C. Um era de uma Conferência sobre Anormalidades do Polegar, realizada no Rio de Janeiro. Outro era sobre Reparação do Dedo Reumatóide, em San Moritz, Suíça (durante a alta estação de esqui). Os programas das conferências, emoldurados, estavam pendurados ao lado dos certificados, e o dr. C era palestrante de destaque em todos.

Fui recebido primeiramente por um residente em cirurgia ortopédica. Na casa dos 20 anos de idade, com um sorriso pueril e roupas Brooks Brothers, o residente ouviu minha história e examinou minhas radiografias e ressonância, preparando-se para apresentar o caso ao dr. C.

O dr. C entrou na sala. Ele anuiu em reconhecimento a Pam e a mim. De pé na minha frente, pegou minha mão direita e começou a examiná-la, ao mesmo tempo ouvindo o residente recitar meu histórico clínico.

— Onde estão as radiografias? — perguntou.

O residente as deu a ele, e sem uma palavra o dr. C deixou a sala com o residente atrás. Movia-se com tanta rapidez que parecia estar de patins. Retornou apenas cinco minutos depois.

— Precisamos fazer uma artroscopia — disse. Isso significava inserir um instrumento como um tubo flexível no meu punho, de modo a realmente ver os ossos e ligamentos. — Vou mandar o residente marcar. — O dr. C se virou para sair.

— Vejo que está com pressa... — arrisquei.

— Pressa? Por que acha que estou com pressa? — devolveu o dr. C.

— Bem, fico pensando se poderia me dizer o que espera encontrar com a artroscopia.

— Vou descobrir quando estiver lá dentro — disse ele, e deixou a sala.

O residente se sentou e tirou a folha de papel que eu deveria assinar para autorizar a artroscopia.

Pam tinha ficado em silêncio, comunicando-se comigo pelo olhar. Enquanto eu lia o papel, ela começou a questionar o residente, educada mas diretamente. Ela quis saber quanto tempo durava o procedimento, qual a probabilidade de cada complicação — não apenas uma lista de possíveis complicações — e quanto tempo iria demorar a recuperação. Pam costumava dizer a seus pacientes que nenhuma intervenção na medicina é completamente inócua ou livre de riscos. O residente respondeu com uma voz tensa, desacostumado a ser o principal interlocutor no lugar do dr. C. O procedimento demoraria cerca de vinte minutos, sem contar a preparação com anestésicos para bloquear os nervos do braço; dor e inchaço seriam as principais complicações, e as infecções eram raras; a recuperação completa demoraria cerca de duas ou três semanas.

Não assinei o papel. Estava chocado. Eu tinha pedido muitos favores para ver o dr. C e ele tinha flanado sem parar para partilhar todo o seu suposto brilhantismo. Pam continuou a interrogar o residente. Se o dr. C decidisse que os cistos nos ossos eram responsáveis pela dor e pelo inchaço, que tipo de enxerto iria colocar?

— Não, aqui nós não fazemos enxertos de osso. Aqui nós amalgamamos os ossos — disse o residente.

Pam e eu nos olhamos em reconhecimento. Ambos tínhamos passado pelo Massachusetts General Hospital, onde às vezes, em uma situação complexa, a justificativa dada aos jovens médicos para escolher um tratamento e não outro era a de que um destacado médico do hospital "fazia assim". Era sabedoria recebida, transferida como se vinda dos céus. Quando deixamos Boston e fomos para a Universidade da Califórnia em Los Angeles, descobrimos outro tipo de sabedoria recebida. Mais uma vez, um eminente médico da equipe da UCLA tinha sua própria abordagem do mesmo problema clínico complexo, mas, para nossa surpresa, ela podia ser muito diferente daquela do Massachusetts General Hospital. Ainda assim, a estratégia da UCLA era citada com a mesma reverência, como se também tivesse descido dos céus.

— Eu realmente gostaria de ouvir o que o dr. C acha que pode estar acontecendo — falei ao residente. — Não sei se ele sabe que somos médicos.

O residente disse que iria tentar trazer o dr. C de volta à sala. Vinte minutos depois, o dr. C voltou.

— Prazer em conhecê-lo — disse ele, não exatamente com calma, mas não no ritmo acelerado da visita anterior.

O dr. C começou a citar nomes de médicos que ele conhecia cujos caminhos poderiam ter se cruzado com o meu durante minha carreira em Boston e Los Angeles. Não inesperadamente, tínhamos vários em comum.

Pam perguntou o que ele achava que poderia ser o principal diagnóstico.

— Condrocalcinose — respondeu o dr. C.

A condrocalcinose também é chamada de pseudogota. Cristais de cálcio formam depósitos na cartilagem, tornando duro e inflamado um tecido normalmente flexível. Os cristais também flutuam no líquido presente no espaço entre as articulações.

— Os depósitos de cálcio não apareceriam nas radiografias? — perguntou Pam.

— Há casos em que as radiografias dão negativo — respondeu o dr. C.

— E os cistos ósseos?

Mais uma vez, o dr. C disse que "descobriria isso" durante a artroscopia.

O dr. C começou a se agitar em sua cadeira, então pegou minha mão esquerda e a segurou como um sinal de que o contato estava encerrado.

— Meu residente vai marcar o procedimento. Não se preocupe.

Mas eu estava preocupado. Pam estava preocupada. E ambos estávamos desanimados. Tínhamos ido até lá com uma grande expectativa, e tudo no dr. C acabou com ela. Muitos anos antes, quando tive uma grave dor nas costas por causa de uma contusão praticando esportes, os cirurgiões disseram que iriam explorar minha coluna e "descobrir". Frustrado, eu tinha impulsivamente optado pelo procedimento. Eles acabaram fundindo a vértebra. Isso me deixou prejudicado. Retrospectivamente, eu me culpava mais do que aos cirurgiões: eu os tinha pressionado por uma solução, quando, na verdade, não havia nenhuma clara, porque a causa da dor era obscura. Aquela catástrofe tinha me disciplinado. Eu senti um *déjà-vu* com o dr. C.

Mas o dr. C era mundialmente famoso, principal palestrante de conferências internacionais. Então procurei um guia médico básico e revisei o capítulo sobre condrocalcinose. Nada em nenhum dos exames anteriores tinha indicado condrocalcinose. Se as radiografias não mostram os depósitos de cálcio, a forma mais fácil de descobrir os cristais é retirar um pouco de líquido da articulação com uma pequena agulha — não fazendo uma artroscopia. E o tratamento para condrocalcinose envolvia medicamentos antiinflamatórios como naproxeno ou injeções de corticóides na articulação — o que eu já tinha tentado, sem efeito. O dr. Light concordou com isso. A condrocalcinose não fazia sentido. "Se você acha que alguém tem condrocalcinose, ele não precisa de uma artroscopia. Ele precisa de um poderoso antiinflamatório como indometacina." O dr. C tinha oferecido um diagnóstico que, embora não inventado, como a membrana sinovial hiper-reativa do dr. A, ainda assim era inventivo. Eu decidi não fazer nada.

Quase um ano se passou. Eu não usava muito a mão direita. Em vez de escrever, passei a usar um gravador. Evitei inteiramente o computador. Eventualmente, algo banal como dar mais algumas voltas na piscina, seguidas por três cheques preenchidos para pagar contas, provocava uma reação. Minha mão ficava vermelha, inchava e as dores eram excruciantes. Eu aplicava gelo, usava uma tipóia e em alguns dias a inflamação desaparecia.

Um novo e jovem cirurgião de mão que chamarei de dr. D chegou a Boston, e o comentário entre a equipe era de que ele era ótimo. Fiquei curioso e marquei uma consulta com ele. O dr. D tinha modos calorosos e afáveis, e prestou muita atenção enquanto eu relatava a seqüência de acontecimentos traumáticos na mão e os ataques eventuais. Ele me surpreendeu examinando não apenas a mão direita, mas também a esquerda, e disse que queria radiografias das duas mãos, não apenas estacionárias, mas também flexionadas, como se agarrando alguma coisa firmemente. Era a primeira vez que alguém dava atenção ao punho esquerdo ou tentava ver os ossos de minhas mãos durante uma manobra.

— Como suspeitei — disse o dr. D, sem qualquer tom de arrogância na voz.

Ele colocou as radiografias no negatoscópio e me mostrou como o espaço entre o escafóide e o semilunar se alargava quando a mão estava em posição de agarrar: a mão esquerda não apresentava alargamento da articulação.

— Acho que o ligamento entre o escafóide e o semilunar está parcialmente rompido, ou pelo menos não funcionando corretamente — comentou.

A razão pela qual eu sentia dores mesmo com pequeno esforço da mão direita era que o ligamento rompido ou frouxo provocava uma fricção entre os ossos. Ele continuou, explicando que também poderia haver canais partindo dos cistos na articulação, de modo que eles funcionavam como lagos com finos canais: quando o líquido nos cistos ficava sob pressão, era expulso pelos canais, para o interior da articulação. Isso provocava a inflamação.

O cenário criado pelo dr. D fazia sentido para mim, mas a ressonância magnética não tinha mostrado problemas com o ligamento nem canais partindo dos cistos. O dr. D respondeu que, a despeito da ressonância, podia apostar que o ligamento estava anormal, e que havia canais entre os cistos e as articulações. Os médicos confiavam demais nesses exames sofisticados, continuou ele, de modo que algumas vezes era preciso ignorar suas descobertas se elas não se ajustassem ao quadro clínico. Preencher os cistos com enxertos ósseos provavelmente não ajudaria muito a longo prazo sem reparar o ligamento, porque a articulação frouxa continuaria a produzir fricção, gerando dor. O dr. D propôs tirar pedaços de osso do meu quadril, preencher os cistos e reconstituir o ligamento. Quanto às outras anormalidades da ressonância que o dr. B queria reparar — o tendão do dedo mínimo e o pequeno cisto no outro osso —, o dr. D relutava em operá-los. Ele disse que o desgaste nas mãos de um homem na casa dos 50 anos de idade que martelava um computador, praticava esportes e era desajeitado em elevadores podia produzir tais achados em uma ressonância, mas tentar resolver isso parecia causar mais mal do que bem.

O dr. D pareceu sério e independente em seu raciocínio, sem se curvar à tecnologia quando ela se opunha ao histórico e ao exame clínico do paciente. Mas ele estaria certo? Decidi supor por um momento que sim, e perguntei quantas vezes ele tinha feito o tipo de operação que estava propondo. Ele parou e disse:

— Uma. — E continuou, dizendo que tinha feito várias vezes sob supervisão, mas apenas uma vez sozinho. Ele estava apenas no início de sua carreira.

"Esse é o problema quando os pacientes sentem dor", disse o dr. Light após ouvir as idéias do dr. D e compará-las com as do dr. B. "Você pode ver muitas coisas em uma ressonância magnética, mas nada que claramente seja responsável pelos sintomas. Então você começa a andar em círculos. O detestável das ressonâncias — quero dizer, pode ser uma tecnologia maravilhosa — é que elas encontram anormalidades em todos. Na maioria das vezes eu me vejo tentando descobrir se a anormalidade revelada pela ressonância é responsável pela dor. Essa é a parte realmente difícil."

O segredo, continuou o dr. Light, é "somar tudo — os sintomas do paciente, as descobertas do exame clínico, o que parece significativo na ressonância ou nas radiografias. Tudo tem de se juntar e formar um quadro coerente". Ele na verdade estava descrevendo padrão de reconhecimento, e dizendo que se não há um padrão claro, o cirurgião enfrenta um dilema. "Pegar um bisturi e cortar pode ser exatamente a coisa errada." Isso, porém, era o que os doutores A, B e C estavam prontos a fazer, sem identificar um padrão coerente e consistente.

"Eu cheguei ao mesmo diagnóstico do dr. D, de instabilidade dinâmica escafóide-semilunar", disse Light, dando o termo técnico para o problema de um ligamento frouxo que faz com que os ossos saiam de alinhamento. "O paciente normalmente chega com uma pilha de radiografias, como você. Então eu digo a ele que quero uma imagem em flexão, uma radiografia em que ele esteja apertando a mão, e ele diz: 'Mas vocês já fizeram todas as radiografias possíveis'. Então você olha para o espaço entre os ossos escafóide e semilunar, e pode fazer um caminhão passar por ele. A questão é que você tem de pensar nisso."

Por que foram necessários três anos para "pensar nisso"?

Light disse que na verdade ninguém nunca o ensinou a "pensar nisso". Ele aprendeu a observar atentamente os cirurgiões mais velhos, muitas vezes diretamente no centro cirúrgico, e começou a imitar aqueles que trabalhavam com "clareza e eficiência". Ele também observou cirurgiões que não pareciam especialmente claros em suas avaliações e eficientes no centro cirúrgico. Tentou descobrir o que fazia a diferença. "Ainda é em grande parte uma arte, uma guilda, em que você é um aprendiz e trabalha com um mestre artesão", disse ele.

Light acrescentou que embora a sabedoria convencional afirme que os cirurgiões precisam ter "grandes mãos", que a cirurgia bem-sucedida exige habilidade manual, na verdade diz respeito mais à tomada de decisão habilidosa. "Claro que se você for totalmente desastrado, terá um problema no centro cirúrgico", admitiu Light. E ter uma boa coordenação olho-mão é útil. Mas Light se referiu a um artigo intitulado "Less Than Ten", do dr. Paul Brown, um ex-cirurgião militar que trabalha em Hartford, Connecticut. Brown falava sobre cirurgiões que tinham eles mesmos sofrido ferimentos nas mãos, perdendo um dedo ou parte dele. "Claro que há certos procedimentos tecnicamente muito exigentes, como suturar um vaso muito pequeno, que exigem destreza especial", disse Light, mas fora isso, como mostrou o artigo de Brown, há uma surpreendente variabilidade. A maioria dos cirurgiões aprende a ter destreza com a prática. A principal diferença entre eles, disse Light, não está na técnica, no tipo de sutura que eles preferem ou no instrumento específico que eles gostam de utilizar em uma situação específica, e sim em como eles concebem o problema de um paciente e compreendem qual cirurgia pode resolver e qual não. O cérebro do cirurgião é mais importante que suas mãos.

Terry Light estudou no Yale-New Haven Hospital, e quando era residente trabalhou diretamente com o dr. Richard Selzer, famoso não apenas como cirurgião, mas também como escritor. Selzer mostrou ao jovem Terry Light que um cirurgião precisa ter um alto grau de confiança para operar, ou, como Selzer escreveu, "a audácia de enfiar uma faca em outro ser humano". Light admitiu que há uma certa bravata em ser cirurgião.

Eu disse a Light que tinha começado a aprender sobre os tipos de atalhos cognitivos que nós, médicos, usamos, e como às vezes aquela "certa bravata" afeta a cognição. Juntos, Light e eu avaliamos as falhas no raciocínio dos cirurgiões de mão com os quais eu tinha me consultado. O dr. A demonstrou o que é chamado de "desvio de missão". É a tendência à ação em vez da inação. Esse erro é mais comum em um médico confiante demais, de ego inchado, mas também pode acontecer quando o médico está desesperado e se rende à necessidade de "fazer algo". O erro muitas vezes é deflagrado por pressão do paciente, e o médico precisa fazer um grande esforço para resistir. "Em vez de fazer alguma coisa, fique aí parado", disse-me certa vez a dra. Linda Lewis, uma de minhas mestres, quando eu estava inseguro quanto a um diagnóstico. Foi uma das poucas oportunidades em que um médico experiente tinha me alertado para o que pode ser classificado como um erro cognitivo. Foi uma firme injunção sensata da dra. Lewis, fruto de suas décadas de experiência clínica, passada de uma mestre artesã para um aprendiz. Lewis explicou que a inação não é o que se espera de um médico, não é o que o médico espera de si mesmo, mas algumas vezes é o melhor.

O dr. B cometera um erro cognitivo diferente, chamado de "satisfação da busca" por alguns e de "busca gratificante" por outros. É a tendência a parar de procurar um diagnóstico quando você descobre algo. Tem uma analogia na vida cotidiana. Digamos que você esteja prestes a sair de casa para ir ao trabalho e tem pouco tempo para pegar o trem. Talvez você tenha ido dormir tarde na noite anterior, tomado um pouco mais de vinho ou discutido com o filho adolescente, e está com tudo isso na cabeça. Você procura sua carteira, e ela não está na mesa onde costuma deixá-la. Você continua procurando e a encontra na mesa de jantar. Você fica aliviado por ter encontrado a carteira, e a coloca no bolso. Agora você vai pegar o trem.

Voltando ao médico que tenta resolver o problema de um paciente. O paciente tem um sintoma que o médico precisa explicar. Enquanto procura uma explicação, o médico descobre algo errado no exame clínico, exame laboratorial ou radiografia. Foi o que aconteceu quando o dr. B se lançou sobre os cistos ósseos na ressonância magnética — o equivalente a achar a carteira na mesa de jantar. O problema é que talvez haja mais coisas a serem encontradas. O dr. Pat Croskerry definiu assim: "Achar algo pode ser satisfatório, mas não achar tudo é menos que ótimo." Depois de colocar a carteira no bolso, sair de casa, fechar a porta e se aproximar do carro para ir até a estação, você percebe que deixou as chaves em casa. Agora você não apenas está sem a chave do carro, como fechou a porta da frente e não pode entrar sem a chave de casa. Você estava tão satisfeito de encontrar a carteira que sua mente se fechou e você não pensou no que mais estava faltando. De fato, menos que ótimo.

O dr. D conseguiu evitar esse tipo de erro perguntando a si mesmo se havia mais a ser descoberto além do que podia ser visto nas radiografias e ressonância. Ele continuou a procurar porque não estava convencido de que o que tinha à sua frente era o bastante para explicar todos os meus sintomas. Para me levar aonde eu precisava ir, ele precisava achar não apenas a carteira, mas também as chaves.

O dr. D evitou outro erro de raciocínio, chamado de "falha na linha vertical", mais conhecido como pensar dentro de uma caixa. Embora "pensar fora da caixa" tenha se tornado uma frase gasta, ainda embute a verdade de que algumas vezes é fundamental o "pensamento lateral" que foge do comum. A caixa é a ressonância magnética, uma tecnologia reverenciada que limita fortemente o raciocínio do médico. Mais do que fixação no óbvio, criatividade e imaginação são necessárias em situações em que as informações e as descobertas clínicas não se ajustam perfeitamente.

A dra. Karen Delgado, especialista em endocrinologia e metabolismo, é bem conhecida em sua cidade por seu pensamento lateral, fazendo diagnósticos que exigem criatividade e imaginação. Quando perguntei como tinha aprendido a pensar assim, ela disse que não sabia bem, mas que quando era residente gostava de fazer um jogo mental. Quando internava um paciente com o que parecia ser um diagnóstico claro e óbvio, parava e perguntava a si mesma: o que mais poderia ser? Às vezes ela era incapaz de chegar a outro diagnóstico. O óbvio era quase certamente a resposta. Mas em certas oportunidades ela conseguia reorganizar as informações na cabeça de modo a produzir um outro quadro possível, um padrão diferente que também podia ser responsável pelos sintomas do paciente. Quando era assim, continuava a procurar. Ela tomava o cuidado de nunca ficar satisfeita de início. Freqüentemente a busca era infrutífera, e o diagnóstico inicial e óbvio era o certo. Mas de vez em quando seus desvios do pensamento vertical, sua fuga da caixa na qual tudo parecia se ajustar perfeitamente, eram fundamentais para negar o diagnóstico inicial — ou para descobrir que o raio tinha caído duas vezes no mesmo lugar, que o paciente tinha múltiplos problemas exigindo múltiplos diagnósticos. Isso vai contra o antigo preceito da navalha de Ockham: aceite a causa simples se ela parecer explicar todas as informações.

O dr. Light disse que durante uma artroscopia exploratória no centro cirúrgico, antes da verdadeira cirurgia, um dos outros cirurgiões poderia ter descoberto o que o dr. D descobriu no seu consultório, que o ligamento não estava funcionando, que a articulação entre o osso escafóide e o semilunar estava desalinhada.

Mas, destaquei, você não se sente confiante quando um médico lhe diz: "Vou descobrir no centro cirúrgico."

Ele concordou, e disse que, paradoxalmente, esse excesso de confiança é reforçado quando o médico abre sua mente ao paciente e explica o que sabe e o que não sabe, o que é sólido em suas descobertas e o que ainda não está claro, quais sintomas ele justifica e quais ainda exigem explicação. Suponha que o dr. C tivesse feito isso e explicado que no centro cirúrgico ele seria capaz de avaliar e verificar a dinâmica do meu punho, de avaliar que articulações poderiam estar afetadas, em vez de dizer "deixe comigo". Ele teria pelo menos me mostrado que estava disposto a resolver o quebra-cabeça, mais do que apresentar um diagnóstico, condrocalcinose, que não se encaixava. Da mesma forma, se o dr. B tivesse explicado, como o dr. Light fez, que uma ressonância magnética pode exagerar os problemas, mostrando mudanças na mão que fogem ao normal, mas que ainda assim não devem ser levadas muito a sério, teria inspirado maior confiança e talvez não tivesse decidido que as três operações eram necessárias.

Após várias semanas refletindo sobre as recomendações do dr. D e ao receber um diagnóstico diferente de um cirurgião de mão amigo e membro da minha sinagoga, eu soube que um grande centro ortopédico em outra cidade estava testando um novo aparelho de ressonância magnética que oferecia imagens de maior resolução dos ossos, tendões e ligamentos das mãos. Fiquei curioso sobre o alcance da nova tecnologia, e sobre se ela poderia lançar uma luz sobre a análise do dr. D. Fiz um exame experimental. Como o dr. D tinha previsto, o ligamento entre o escafóide e o semilunar estava desgastado e frouxo. Mais ainda, pequenos canais saíam dos cistos. Perguntei a amigos no centro ortopédico e soube que o dr. E, cerca de trinta anos mais velho que o dr. D, tinha feito intervenções desse tipo diversas vezes.

Consultei-me com o dr. E. Ele foi formal e concentrado em seu discurso, dizendo que a artroscopia e a cirurgia seriam feitas de uma só vez. Além disso, ele utilizava um novo tipo de material ósseo sintético para enxertos, tornando desnecessário fazer uma incisão no meu quadril para retirar pedaços de osso.

No fim, a cirurgia foi um sucesso. Após cinco meses de fisioterapia, meu punho estava 80% normal — não 100%. O esforço com um abridor de latas produzia inchaço e uma dor profunda. "Você tem artrite na articulação", disse o dr. E de seu modo direto. "Apenas tenha cuidado. Há limites."

Essa era outra mensagem que o dr. Light acredita que os cirurgiões devem transmitir aos seus pacientes, especialmente antes de uma operação. "O perfeito é inimigo do bom", disse Light. "Nada do que você faz em cirurgia é perfeito. Tudo é um acordo. Oitenta por cento de normalidade após uma cirurgia — bem, isso é bastante bom", disse ele. Francamente, eu esperava 100%, e como a maioria dos pacientes eu esperava voltar à condição anterior. Na maioria das vezes isso não é realista. Embora você não possa prever o resultado específico para determinado paciente, enfatizou Light, precisa ser sincero e não apresentar um cenário róseo demais.

Isso exige um grau de honestidade incomum — incomum porque demanda do médico um ego menos inflado. Eis o contraste entre o que Selzer escreveu, o ego saudável necessário para enfiar uma faca na carne de outro ser humano — a crença na própria capacidade de fazer as avaliações certas no centro cirúrgico e trabalhar com presteza —, e o ego que imagina o bisturi como uma varinha mágica que pode tornar perfeito um corpo doente. Essa honestidade não é recompensada na sociedade de hoje. Os pacientes compram os médicos; alguns médicos estão interessados em se anunciar, sabendo que é mais fácil fazer a venda se eles apresentarem seu trabalho como topo de linha, como um carro de luxo que faz as curvas mais difíceis com perfeição e troca de marchas suavemente. Mas minha mão danificada era um Studebaker 1952, e não havia muito que pudesse ser feito na loja. Eu nunca sairia como um Lexus zero-quilômetro.

"Uma das coisas curiosas sobre cirurgia da mão", disse o dr. Light, é que "todos os pacientes chegam com sua história, você decodifica essa história e então descobre não apenas o que pode fazer por ele, mas o que não pode.

"No início da carreira de um cirurgião, o componente técnico é muito importante. Quando você é um residente em treinamento, diz a si mesmo: 'Eu acabei de fazer minha primeira substituição total do quadril, pele a pele, e me sinto ótimo'. Meu Deus, que sensação de realização! Eu me lembro da primeira vez em que reimplantei um dedo, o vi cor-de-rosa, e foi maravilhoso. À medida que envelhece, a sensação de realização passa a ser o paciente que volta e diz como está funcionando melhor. Não é a cirurgia em si, mas a pessoa que está alegre e contente. Então, você não quer desapontar a pessoa. Para isso, você precisa esclarecer as expectativas de início. E você tem aquelas pessoas que chegam querendo um determinado procedimento, e você no fundo sabe que elas não ficarão satisfeitas. Embora possa ser bom para alguma outra pessoa."

O dr. Light estava demonstrando o tipo de raciocínio que a maioria dos médicos experientes e profissionais apresenta: eles pensam em sintonia com o paciente. O paciente também deve ser ajudado a pensar em sintonia com o médico.

No caso da minha mão com problemas, tudo deu certo porque eu sou médico? Claro, eu tenho uma grande vantagem de ser médico e casado com uma médica. Mas grande parte dessa odisséia de três anos foi determinada por eu ter sofrido antes com uma operação fracassada na coluna. Sim, meu conhecimento técnico ajudou, mas o segredo foi o senso comum. "Não há na biologia ou na medicina nada tão complicado que, explicado em linguagem clara e simples, não possa ser entendido por qualquer leigo. Não é física quântica", disse certa vez a dra. Linda Lewis, minha mestra em Colúmbia, em uma ronda.

Há um conjunto de informações facilmente compreensível para o que havia de errado com minha mão. Os cistos surgiram por causa do trauma; o desgaste dos ossos escafóide e semilunar, do martelar no computador, do golpe de caratê na piscina e da batida da porta do elevador. Tudo isso levou à ruptura da matriz intercelular desses ossos, e eles se encheram de um líquido viscoso. O ligamento provavelmente foi mais danificado no meio do processo pela força extrema que fiz com a garrafa de suco. Explicações inventadas como "membrana sinovial hiper-reativa" soam científicas e podem inicialmente impressionar o leigo. Expressões latinas e gregas formam boa parte do jargão médico e podem ganhar uma autoridade injustificada. Mas um leigo falando com outro especialista, ou conferindo em um manual médico ou em um dos melhores sites na internet, logo descobre que membrana sinovial hiper-reativa é um unicórnio, um animal mítico.

O dr. B foi bem-intencionado, mas não suficientemente conservador. Algumas vezes menos é mais, e mais pode ser demais. A compulsão de fazer tudo, atacar todas as anormalidades mesmo quando essas anormalidades não são particularmente incômodas, revela uma abordagem irracionalmente idealizada da prática da medicina. Como disse Terry Light, o perfeito pode ser o inimigo do bom.

Os pacientes podem ajudar o médico a pensar fazendo perguntas. Se ele menciona uma possível complicação provocada pela cirurgia, podem perguntar com que freqüência ocorre. Se ele fala sobre a dor e o desconforto de um procedimento, podem perguntar como a dor é quando comparada com arrancar um dente usando procaína ou algum outro acontecimento desagradável. Se ele recomenda um procedimento, os pacientes podem perguntar por que, o que pode ser descoberto, com que probabilidade e, o mais importante, que diferença fará descobrir isso. Alguns médicos ficarão desconfortáveis, alguns até com raiva, quando interrogados assim, porque podem não ter todas as respostas. Outros aproveitarão o tempo e responderão claramente a essas perguntas simples, diretas e razoáveis. O tipo de resposta revela o quanto o médico realmente sabe sobre seu caso, e o quanto ainda precisa ser descoberto.

O dr. D é o herói. Ele não apenas pensou, e pensou de forma independente, descobrindo a gênese do meu problema incomum, como desafiou o atual deus da alta tecnologia, o aparelho de ressonância magnética. Ele foi absolutamente honesto quanto ao seu histórico. Ele poderia ter descartado minha pergunta e dito algo como "eu fiz a operação com sucesso", o que teria sido verdade — em um único caso. Terry Light não tem dúvidas de que, com o passar dos anos, o dr. D se tornará cada vez melhor, porque uma mente investigativa guia suas mãos.

CAPÍTULO 8

O olho do espectador

Médicos de atendimento primário costumam procurar médicos como Dennis Orwig para confirmar a saúde de certos pacientes e identificar doenças em outros. Mas apesar de sua importância no diagnóstico e no tratamento de pacientes, muito poucos se encontraram com ele. Na verdade, o dr. Orwig passa a maior parte do dia sozinho, sentado no escuro. Se houvesse uma janela em seu consultório, ele veria uma das mais impressionantes paisagens dos Estados Unidos. O Marin General Hospital, ao norte de São Francisco, onde Orwig trabalha, tem uma impressionante vista do monte Tamalpais, a elevação ondulada batizada pelos índios Miwok por sua semelhança com uma matrona adormecida. Eucaliptos cercam o hospital, e uma brisa suave passa por seus galhos. Mas Orwig fica intencionalmente isolado desse ambiente por ser radiologista. Nada deve distraí-lo dos três monitores em sua estação de trabalho. Em um dia normal ele estuda as imagens digitais projetadas nos monitores: radiografias de tórax que mostram coração, pulmões, costelas e clavículas; mamografias que revelam tumores, alguns benignos, outros malignos; tomografias e exames de ressonância magnética que exibem a arquitetura de órgãos, vasos sanguíneos e ossos.

"Radiologia é uma disciplina dividida em dois processos: o processo de percepção e o processo de cognição", disse ele. Isso significa que primeiramente um radiologista precisa fazer uma observação; depois precisa analisar o que percebeu, o que isso significa, a possível explicação para a descoberta. Esse duplo processo é repetido segundo a segundo, minuto a minuto, hora após hora, ao longo do seu dia de trabalho. Como os médicos de atendimento primário, ele corre o risco de deixar passar algo significativo no borrão: uma mudança no contorno de um tecido ou uma variação de densidade em um órgão que ele precisa perceber. E como nos casos da dra. Victoria McEvoy e outros, o simples volume se tornou assustador. Há uma década, um radiologista como Orwig em consultório particular poderia avaliar entre 12 mil e 15 mil casos por ano. Segundo uma estimativa, atualmente o volume de trabalho chega de 16 mil a 25 mil casos. Alguns casos produzem apenas algumas imagens, mas outros envolvem centenas ou milhares. Por exemplo: um paciente na emergência com tosse e febre pode fazer uma radiografia de tórax. Esse estudo é feito com o indivíduo em duas posições: uma com o peito apertado contra a chapa e a segunda com o peito colocado lateralmente. Assim, há duas imagens que o radiologista examina nesse caso. Mas uma tomografia do abdome, que freqüentemente é pedida na emergência quando há suspeita de apendicite, gera centenas de imagens, e o radiologista tem de escolher entre essa multidão as fundamentais para serem analisadas.

Por essa razão, espera-se que os radiologistas olhem e analisem as imagens com grande rapidez. De fato, conclusões feitas a partir de primeiras impressões, ou *Gestalt*, são consideradas marca de uma boa formação, assim como "acertar na mosca" é valorizado entre médicos de emergência. Mas Orwig discorda dessa elogiada forma de pensar. "Eu me formei na Universidade da Califórnia, em São Francisco", contou-me Orwig. "É considerado um dos melhores cursos do país. Mas acho que há uma falha na formação, e sei por colegas que a falha não é apenas dela, mas de muitos outros centros." No início eles foram ensinados a inspecionar sistematicamente cada componente anatômico na radiografia. Mas o objetivo era desenvolver experiência suficiente de modo que eles pudessem abandonar a desconstrução deliberada da imagem e ver de relance o que é anormal. "De algum modo, com o tempo, esperava-se que você 'pegasse' ao ver uma imagem." A razão apresentada para estimular essa forma de percepção e cognição era que isso se adequava ao grande número de imagens que um radiologista veria ao longo do dia. E, de fato, muitos médicos dessa especialidade se baseiam muito na primeira impressão — *Gestalt* —, rapidamente distinguindo normal de anormal, tirando conclusões em segundos ao ver uma imagem. Mas Orwig logo se deu conta de que embora isso possa funcionar, muitos radiologistas, incluindo os experientes, deixavam passar importantes descobertas. Sua preocupação com a *Gestalt* é fruto não apenas de sua própria experiência prática, mas de estudos de literatura médica.

O dr. E. James Potchen, da Universidade Estadual de Michigan, em East Lansing, estudou o desempenho na leitura de radiografias de tórax. Foram avaliados mais de cem radiologistas registrados. Os estudos em Michigan empregaram uma série de sessenta radiografias de tórax, incluindo duplicatas de alguns dos filmes. Quando os radiologistas foram perguntados se o filme estava normal, discordaram entre em si em média 20% das vezes. Isso é chamado de "variação interobservador". Quando um radiologista relia em um dia posterior as mesmas sessenta radiografias, ele contradizia suas análises anteriores entre 5% e 10% das vezes. Isso é chamado de "variação intra-observador".

Uma dessas imagens era de um paciente que não tinha a clavícula esquerda. O objetivo de apresentar essa radiografia de tórax era avaliar o desempenho na percepção do que *não* estava no filme, mais do que simplesmente buscar uma descoberta positiva — um exercício que destaca nossa preferência natural por nos concentrarmos em dados positivos, ignorando os negativos, como James Lock enfatizou. De forma impressionante, 60% dos radiologistas não identificaram a falta da clavícula. Quando foram acrescentados dados clínicos ao exercício, informando aos radiologistas que as sessenta radiografias de tórax foram feitas como parte de um "exame físico anual", que os médicos de atendimento primário fazem de modo a buscar doenças graves como câncer de pulmão, 58% dos radiologistas continuaram sem perceber, e classificaram o filme como normal. Porém, quando foi dito a eles que as radiografias foram feitas como parte de uma série de estudos para localizar um câncer, 83% dos radiologistas identificaram o osso que faltava. Isso revelou que um indício clínico específico podia melhorar substancialmente o desempenho, porque o radiologista está sistematicamente procurando com atenção uma condição específica, em vez de estar se baseando em impressões imediatas.

Um dos resultados mais interessantes do estudo de Potchen com as sessenta imagens foi comparar os vinte melhores radiologistas, que tinham uma precisão de diagnóstico de 95%, com os vinte piores, que tinham uma precisão de diagnóstico de 75%. Mais preocupante foi o grau de confiança que os dois grupos tinham em suas análises. Os radiologistas de pior desempenho eram não apenas imprecisos, mas também muito confiantes em que estavam certos, quando na verdade estavam errados. "A falta de habilidade dos observadores para diferenciar filmes normais de anormais não necessariamente diminui sua confiança", escreveu Potchen. Seu estudo também mediu o tempo necessário para ler um conjunto de imagens como um indicador da determinação do observador. "Todos os observadores têm formas próprias para administrar o limiar de incerteza na tomada de decisão. Algumas pessoas assumem riscos, e tendem a cometer mais erros do tipo falso positivo." Isso significa que elas "lêem demais" as imagens, classificando de anormal algo normal — um falso positivo. "Outras são avessas ao risco, e tendem a ter maiores índices de falsos negativos." Isso significa que seu excesso de cautela os leva a classificar como normal o que na verdade é patológico — um falso negativo. "E há os que não conseguem chegar a uma conclusão, e terão maior número de ambigüidades, e mais freqüentemente pedem mais imagens antes de chegar a uma conclusão."

Ironicamente, destacou Potchen com base em seus estudos com radiologistas, "se você examinar uma imagem por muito tempo, corre o risco de fazer mal ao paciente". Após uns 38 segundos, descobriu ele, muitos radiologistas começam a "ver coisas que não estão ali". Em síntese, eles geram falsos positivos e começam a classificar de anormais estruturas normais. Potchen acredita que isso reflete seu grau de insegurança em relação ao que estão observando. Como vimos nos estudos de Roter e Hall e nos textos de Croskerry, o temperamento pode ter um impacto significativo na precisão do diagnóstico, mesmo em médicos como radiologistas, que não estão em contato direto com o paciente.

Há muitos precedentes tanto para a significativa variação intra-observador quanto interobservador além do diagnóstico de câncer de pulmão. Por exemplo: a interpretação de radiografias de tórax usadas para buscar tuberculose revelou uma variação interobservador de cerca de 33%, e intra-observador de cerca de 20%. No caso das mamografias, de um total de 110 radiologistas que interpretaram os exames de 148 mulheres, a parcela de pacientes com câncer que foi corretamente diagnosticada variou de 59% a 100%, e a parcela de pacientes sem a doença corretamente diagnosticada como normal foi de 35% a 98%. No conjunto, a taxa de precisão foi de 73% a 97%.

Ehsan Samei, do Laboratório de Imagem Avançada do Centro Médico da Universidade de Duke, recentemente resumiu os resultados de uma série de procedimentos radiológicos: "Atualmente, a média de erros diagnósticos na interpretação de imagens médicas está na faixa entre 20% e 30%. Esses erros, sejam eles falsos positivos ou falsos negativos, têm um impacto significativo no tratamento do paciente." A questão então é como os radiologistas podem melhorar seu desempenho.

Não é apenas na radiologia que observação e análise podem variar muito entre os médicos. David Eddy, professor de políticas de saúde da Duke, escreve sobre o exame clínico, especificamente para cianose, quando o rosto e os dedos ficam azuis, o que indica baixo nível de oxigênio no sangue: "Foi feito um estudo com 22 médicos para avaliar sua capacidade de diagnosticar cianose em vinte pacientes, com o diagnóstico correto confirmado pela medida direta dos níveis de oxigênio. Apenas 53% dos médicos foram seguros no diagnóstico de cianose em sujeitos com níveis de oxigênio no sangue extremamente baixo, e 26% dos médicos identificaram cianose em sujeitos com volume normal de oxigênio no sangue."

Da mesma forma, eletrocardiogramas podem ser interpretados de formas muito diferentes pelos médicos. Um grupo de especialistas reuniu cem leituras de eletrocardiogramas, cinqüenta das quais mostravam infarto do miocárdio (ataque cardíaco), 25 das quais eram normais e 25 que mostravam alguma outra anormalidade. Esses eletrocardiogramas foram dados a dez outros cardiologistas para testar suas capacidades de diagnóstico. A proporção de exames que os dez colegas cardiologistas consideraram revelar infarto do miocárdio variou por fator 2. Se você tivesse um infarto e fosse ao Médico A, haveria 20%

de chances de que ele não percebesse. Se não tivesse um infarto e fosse ao Médico B, haveria 26% de chances de que ele dissesse que você tinha um. Mesmo entre especialistas, um teste de rotina como o eletrocardiograma pode levar a conclusões muito divergentes.

Instrumentos médicos não necessariamente dão respostas definitivas. Usando um microscópio, 13 patologistas examinaram 1.001 amostras de biópsias de colo do útero, e repetiram os exames depois. Em média, cada patologista concordou consigo mesmo apenas 89% das vezes, e, com um conjunto de patologistas experientes, apenas 87% das vezes. Com as pacientes que realmente tinham colo anormal, os médicos que reconsideraram suas próprias conclusões anteriores concordaram com a primeira avaliação apenas 68% das vezes; os patologistas experientes concordaram com os menos experientes apenas 51% das vezes. Embora os patologistas normalmente se saiam bem em diferenciar um tecido claramente canceroso de um tecido claramente normal, são menos bem-sucedidos na identificação de lesões pré-cancerígenas.

Orwig buscou formas de evitar cometer erros desacelerando sua percepção e análise. Ele usa seu laudo ditado como forma de ser sistemático. O formato do seu ditado obedece a uma seqüência altamente estruturada. Por exemplo: ao estudar uma radiografia de tórax, ele irá comentar claramente não apenas os pulmões e o coração, mas também os ossos, os tecidos moles do tórax e o mediastino (a estrutura central do tórax), bem como a pleura, o revestimento dos pulmões; apenas no resumo ele irá ver a pergunta clínica específica apresentada pelo residente ou pelo cirurgião que solicitou a radiografia. "Certa vez recebi um telefonema de um clínico que disse: 'Eu pedi essa radiografia para descobrir se este homem tinha pneumonia. Por que você colocou todas essas coisas sobre as costelas?'" De fato, havia uma grande mancha branca no interior da imagem preta que correspondia ao pulmão direito do homem, indicando pneumonia. Mas Orwig tinha feito uma observação especial em seu laudo sobre várias fraturas de costela consolidadas. "Alguns radiologistas não se dariam ao trabalho de relatar essas antigas fraturas porque elas não pareciam uma questão ativa ou relevante para o diagnóstico inicial, que era uma infecção", contou-me Orwig. Parte do raciocínio era apenas ser completo, mas parte se devia ao fato de que qualquer observação pode se mostrar clinicamente importante. Por exemplo: antigas fraturas podem indicar que o paciente tenha caído no passado, por ser alcoólatra, ou desmaiado por causa de uma epilepsia não diagnosticada. Pessoas bêbadas ou que têm uma crise epiléptica algumas vezes aspiram seu muco, criando um campo fértil para que bactérias penetrem nos pulmões e provoquem pneumonia. No caso, o clínico retornou e entrevistou o homem, que confessou tomar porres.

Na manhã em que conversei com Orwig, ele tinha acabado de voltar de casa depois de um chamado noturno para que analisasse uma tomografia de um homem de meia-idade na UTI. O paciente era um alcoólatra com doença hepática que havia sido internado no Marin General Hospital confuso e delirante. Descobriu-se que ele tinha uma hemorragia interna, e, como muitos pacientes com cirrose, começou a delirar porque seu fígado não conseguia desintoxicar os produtos do sangue digerido de seu intestino. A tomografia foi pedida porque após ter inicialmente melhorado, o paciente voltara a delirar. O médico da UTI supôs que o homem estava com outra hemorragia interna.

Orwig olhou para a tomografia e iniciou sua verificação sistemática. Ele percorreu cada curva dos intestinos em uma tomografia abdominal; seus colegas costumam brincar quando ele se debruça sobre o estudo: "Lá está Dennis novamente, fazendo todas as curvas, do estômago ao ânus." Acompanhando as curvas dos intestinos, ele percebeu o que pareciam ser pequenas bolhas de ar no abdome. Aquelas bolhas não se pareciam com o tipo de gás que temos em nossos intestinos. "Eu finalmente cheguei à conclusão de que as bolhas de ar não poderiam estar nos intestinos, de modo que elas tinham de estar na veia mesentérica superior", disse Orwig. De alguma forma, tinha ocorrido um acúmulo de gás nos vasos que drenam sangue dos intestinos. "Então percebi que as curvas do intestino perto das bolhas de gás estavam grossas." Orwig raciocinou que o fornecimento de sangue para os intestinos estava prejudicado de alguma forma, de modo que tinha havido uma ruptura no tecido, com gás no interior do intestino passando para os vasos sanguíneos próximos. Esse quadro é chamado de isquemia intestinal, significando que o intestino é privado de seu fornecimento de sangue que o nutre e começa a se decompor.

Quando Orwig falou com o clínico na UTI, a reação inicial foi de ceticismo. "Vocês não são bons em diagnosticar isquemia intestinal", disse o médico. Orwig concordou que era um diagnóstico difícil com base em uma tomografia, mas explicou que ele tinha acompanhado cada curva do intestino no abdome do homem, e que o gás não tinha origem no local onde foi encontrado. Era fundamental que um cirurgião fosse chamado para avaliar o paciente; se a suposição de Orwig estivesse correta, era urgente operar e restaurar o fluxo de sangue para o intestino. Orwig estava certo, e a vida do paciente foi salva.

"Às vezes obedecer às tripas simplesmente não dá certo no meu trabalho", brincou Orwig. "Há tanto gás no abdome que ver algumas bolhinhas não significa nada no quadro geral. Só faz sentido quando você isola cada estrutura, então pode ver que aquele gás não é dali."

Orwig explicou que, como estuda sistematicamente todos os aspectos na imagem, "meu cérebro é obrigado a trabalhar de uma forma igualmente paulatina. É mais fácil — certamente mais rápido — simplesmente olhar para a pneumonia na base do pulmão direito e não perder tempo detalhando todas as outras informações. Mas isso me protege", disse Orwig. Orwig é "protegido" do erro mais comum que os radiologistas cometem, o erro de satisfação da busca. Como já vimos, é uma tendência cognitiva natural parar de procurar e, portanto, parar de pensar quando a pessoa faz uma grande descoberta. Isso é verdade principalmente em radiologia, em que um residente ocupado informa ao radiologista que o paciente tem febre, tosse e muco amarelo, dessa forma desviando a atenção do radiologista para os pulmões em sua busca da esperada pneumonia. Mas se ele se concentra exclusivamente nos pulmões, disse Orwig, e chega ao diagnóstico correto de pneumonia, corre o risco de deixar de lado uma área densa em uma costela mais alta que sugere que pode haver um câncer, ou um alargamento do mediastino que pode ser um aneurisma de aorta.

Orwig faz parte de uma grande clínica radiológica composta de 11 médicos. Eles são conscientes do risco de cometer erros quando sobrecarregados, de modo que recentemente incorporaram dois novos médicos à clínica para limitar o número de radiografias que cada um é obrigado a analisar por turno. Como os médicos do atendimento primário, eles estão buscando novas formas de garantir tempo suficiente para pensar em cada caso. Também criaram um programa de garantia de qualidade. Todos os dias, cada radiologista do grupo de Orwig analisa quatro ou cinco radiografias, que são analisadas independentemente por um colega. Então as duas análises são comparadas em busca de discrepâncias. Algumas vezes a discrepância é insignificante; em outras oportunidades pode ser de grande importância. Os resultados desse exercício diário são inseridos em uma base de dados para todo o grupo, de modo que há um monitoramento constante de cada radiologista, bem como de toda a equipe. "Assim nós aprendemos com os erros dos outros e também com os nossos", disse Orwig.

Há algum tempo Orwig foi corrigido quando um de seus colegas radiologistas entrou na sala escura de análise com uma ressonância magnética de um joelho.

— O que você acha deste caso? — perguntou o colega.

Orwig olhou a imagem e disse:

— LCA rompido — ligamento cruzado anterior, uma contusão comum em esportes.

O colega colocou o relatório de Orwig na frente dele. Ele dizia: "ligamento cruzado anterior normal."

"Fiquei aturdido", disse-me Orwig. "É inacreditável que em um momento eu pudesse olhar uma imagem e só depois ver o que tinha deixado passar." A única explicação que Orwig encontrou era que ele tinha confiado demais na *Gestalt* e não tinha acompanhado metodicamente todos os componentes anatômicos do joelho.

"Esse também é um problema do grande volume de trabalho", disse Orwig. "Um hematologista como você, Jerry, cuida de pacientes ao longo de meses ou anos. Você os atende em consultas de acompanhamento, de modo que, quando alguma coisa sai errado você pode refazer os passos do diagnóstico e do tratamento e descobrir onde cometeu erros. Eu estou literalmente analisando centenas de radiografias dia após dia, de diferentes pacientes. A maioria das radiografias não é de acompanhamento. Então, para mim é difícil retornar e descobrir por que errei em minha observação. Não tenho como retornar ao momento em que aquele caso de joelho estava na minha frente." Por causa disso, "preciso me lembrar de ser sistemático. Quanto mais experiência você tem, quanto mais calejado, maior a tentação de confiar na *Gestalt*", disse Orwig.

E. James Potchen, de Michigan, comentou a estratégia de Orwig de se aferrar a uma verificação metódica. Ele concorda em que Orwig teria algum "ganho marginal" se obrigando a observar cada uma das estruturas anatômicas na imagem. Mas o "real valor agregado", disse Potchen, era o que Orwig fazia chamando a atenção dos clínicos para fraturas de costela ou bolhas de gás. Potchen estudou a tomada de decisão em quadros de incerteza, não apenas na medicina, mas também em direito e administração. Ele recordou de como o dr. Merrill Sosman, que era chefe de radiologia do Brigham Hospital em Boston, recebeu uma radiografia de tórax e declarou aos residentes em treinamento: "Este paciente tem insuficiência renal." Era uma dedução digna de Arthur Conan Doyle, e os residentes ficaram pensando: como você pode diagnosticar um problema nos rins olhando para o tórax? Sosman explicou que tinha identificado um espessamento das costelas, o que o levou a pensar que os ossos estavam mudando porque os rins tinham parado de funcionar, alterando o metabolismo de cálcio e fosfato. "É assim que você agrega valor como radiologista", disse Potchen. "Você descobre o que não se sabe sobre o paciente no momento em que a radiografia é feita. E é assim que você cria sua marca. Você acrescenta algo além do que as outras pessoas fazem." É por isso, claro, que os médicos de atendimento primário estão encaminhando tantos pacientes para estudos radiológicos.

A mamografia é pedida rotineiramente por médicos de atendimento primário como um teste de imagem para a detecção precoce de câncer em mulheres chegando à meia-idade. "As mamografias são o tipo de trabalho mais monótono que fazemos aqui", disse Orwig, acrescentando: "E são as radiografias que mais produzem ansiedade." Deixar passar um câncer é algo devastador, porque os tumores descobertos precocemente são imediatamente removidos, e deixar passar um câncer pode levar a metástases que são difíceis de controlar e raramente curadas, quando são. Por outro lado, exagerar na análise de uma mamografia irá submeter uma mulher saudável à montanha-russa emocional de outro exame, biópsia, e depois à dúvida persistente sobre se realmente era um câncer que não foi percebido, a despeito do resultado da biópsia.

Não surpreende que a mamografia seja um terreno fértil para conflitos médico-jurídicos, e os radiologistas têm plena consciência de que erros podem levar a um processo por erro médico, mesmo considerando que os melhores radiologistas irão interpretar equivocadamente uma mamografia em 2% ou 3% dos casos, enquanto alguns estudos mostram que outros médicos interpretam as imagens equivocadamente em 20% dos casos ou mais. O objetivo é recomendar uma biópsia em mulheres que mostrem ter um tumor, e não recomendar a biópsia em mulheres com mudanças benignas reveladas na mamografia. Diz-se que as mulheres que passam pela biópsia são "chamadas de volta". "Teoricamente o bom seria ter 4% ou 5% de taxa de retorno", disse Orwig. Essa seria considerada a taxa ideal. "Mas a norma é de cerca de 10% a 11%", disse Orwig. Essa alta taxa de retorno provoca um maior número de mulheres com mudanças benignas que serão submetidas a outras avaliações e biópsias.

Esta é uma questão de pesar prós e contras: causar desconforto emocional em mulheres com tumores benignos em comparação com a necessidade de "capturar" episódios de câncer de mama que de outra forma seriam ignorados. No grupo de 11 radiologistas de Orwig, há uma taxa de retorno de 10% a 11%, o padrão, mas um colega tem uma taxa de retorno de 15% a 16%. Muitas das mulheres que ele chama de volta acabam tendo tumores benignos. "Ele foi processado. Anos atrás ele deixou passar um câncer de mama", contou Orwig. Essa experiência fez com que ele se tornasse mais "agressivo", como diz Orwig, na avaliação de mamografias e chamasse mais mulheres para novos estudos e biópsias. Embora a taxa de retorno desse colega ainda esteja dentro de "limites razoáveis", como disse Orwig, não há dúvida de que as conseqüências de ter ignorado uma lesão maligna e ser processado fizeram com que ele pensasse de modo diferente.

O dr. Potchen publicou um ensaio estudando a tomada de decisão médica e concluiu que o que mais influenciava as escolhas clínicas era "a última experiência ruim". A conclusão de Potchen reflete o erro de disponibilidade, que Croskerry e Redelmeier destacaram antes: aquilo que está mais disponível na sua mente orienta fortemente sua reflexão sobre um novo caso que tem algumas semelhanças, mas pode fazer com que ignore importantes diferenças e chegue a um diagnóstico errado.

A produção de imagens do corpo utilizando raios X começou no final do século XIX. Ao longo dos anos seguintes, avanços tecnológicos como a tomografia e a ressonância magnética aumentaram em muito a capacidade da radiologia de visualizar a nossa anatomia, mas geraram novos desafios cognitivos. Como já vimos, uma radiografia de tórax é uma única imagem estática do tórax juntamente com coração, pulmões, ossos, tecidos moles e mediastino, a área do tórax que inclui a aorta. A radiografia de tórax é feita com o paciente em duas posições, de modo que são produzidas duas imagens, uma mostrando a frente do tórax, outra a lateral. Quando os tomógrafos computadorizados foram desenvolvidos, produziam dezenas de imagens. Os primeiros aparelhos de ressonância magnética geravam centenas. Quando as imagens desses exames eram apresentadas em um filme, eram em média 12 por filme; isso era chamado de "arranjo de azulejos". Outro modo de ver as imagens desses exames era uma após a outra em um monitor, chamado de modo de "cinema", referindo-se à experiência de assistir a um filme.

Um estudo fundamental comparou a visualização de imagens de tomografia do tórax nos modos de azulejo e cinema, especificamente na detecção de nódulos no pulmão. Esses nódulos são pequenas massas sólidas nos pulmões, que podem ser benignas, como depois de uma infecção, ou malignas, indicando câncer de pulmão ou metástase no pulmão. Os radiologistas eram muito mais bem-sucedidos na identificação de nódulos no pulmão no modo de cinema que no de azulejos; também eram mais precisos na identificação de artefatos, como vasos sanguíneos nos pulmões, que algumas vezes podem parecer nódulos se vistos de determinado ângulo. Os pesquisadores perceberam que imagens em movimento criavam uma nova sugestão cognitiva, especialmente nos menores nódulos: eles pareciam "pular" na exibição em cinema, e assim atraíam o olhar do radiologista com maior freqüência. Ao longo dos anos 1990, a visão em cinema se transformou no modo de exibição de imagens preferido, permitindo uma avaliação mais eficiente de exames com centenas de imagens.

Mas com a introdução de refinamentos na tomografia, especialmente a rápida visualização de grandes partes do corpo, o que permitia a observação de múltiplos órgãos e vasos simultaneamente, os radiologistas se viram em um dilema. Podia haver mil imagens ou mais com muitos tecidos se movimentando ao mesmo tempo na frente do radiologista. Como o dr. Herbert Kressel, titular da cátedra Stoneman de Radiologia de Harvard e especialista em imagens abdominais, contou-me recentemente, "em um fim de semana normal em uma emergência movimentada, um radiologista pode ter de analisar 150 tomografias. É impossível para ele olhar 150 mil imagens ou mais".

Não foi apenas nos setores de emergências que os exames por imagem se tornaram rotineiros. Entre 1998 e 2002, o número de estudos por tomografia nos Estados Unidos teve um aumento de 59%, o de ressonâncias magnéticas, de 51%, o de ultra-sonografias, de 30%, isso durante o período normal de trabalho, mais um aumento de 15% em situações de emergência. Pesquisas mostram que com essa carga de trabalho aumentada, os radiologistas passaram a apresentar mais sintomas de visão turva, cansaço ocular, dificuldade de foco e dores de cabeça. Em publicação recente, Elizabeth Krupinski, da Universidade do Arizona, destacou que o enorme volume de informações por imagem produzido aumenta o potencial de fadiga, de insatisfação, e possivelmente de índices de erro maiores.

Kressel estende essa preocupação à ingênua confiança em imagens de alta tecnologia por clínicos assoberbados. Às vezes os pacientes são encaminhados para estudos sem um histórico clínico detalhado. Alguns médicos rabiscam "descartar patologia" no pedido. Outros podem ser detalhistas demais ou demonstrar falta de compreensão de como os novos tomógrafos e aparelhos de ressonância magnética funcionam. Kressel me contou, por exemplo, que pouco antes uma mulher foi enviada a ele para um estudo de imagens com o pedido "descartar embolia pulmonar". Embolia pulmonar é um quadro de risco mortal, quando um coágulo, freqüentemente das pernas, se solta e se instala na artéria pulmonar. "Fizemos o estudo programando as imagens para quando o material de contraste enchesse os vasos pulmonares", contou-me Kressel. O estudo não mostrou nada que indicasse uma embolia pulmonar, já que não houve estrangulamento ou obstrução do material de contraste nas artérias pulmonares. Alguns dias depois ficou clara a razão para a mulher sentir dores no peito e ter dificuldade para respirar: ela teve uma ruptura de aorta. "Poderíamos ter detectado a ruptura programando as imagens para acompanhar o material de contraste através da aorta", disse Kressel. A forma da aorta não estava distorcida, portanto a ruptura não foi visualizada por falta de material de contraste, que penetraria no ponto rompido da parede.

"A antiga idéia baseada em um estudo estático — de que uma imagem é uma imagem — está hoje obsoleta com a nova tecnologia dinâmica, que pode nos mostrar mudanças ativas no fluxo de sangue e outros aspectos da fisiologia", disse Kressel. "O modo como você usa a máquina determina o que você irá ver."

O problema de utilizar uma abordagem metódica e rigorosa de todas as imagens, disse Kressel, é que em uma tomografia ou em uma ressonância "há informações demais". Pode haver mais de mil imagens em uma tomografia ou ressonância, de modo que todo o dia de um único radiologista pode ser dedicado a fazer apenas um desses estudos. Kressel disse que em parte a solução é ir de órgão em órgão. Em seu campo, radiologia abdominal, ele observa rigorosamente o fígado, depois os rins, a seguir o baço, e assim por diante. A estratégia de Kressel, como a de outros radiologistas especializados em ressonância magnética, é analisar primeiramente as "seqüências ricas em informação", aqueles segmentos do estudo que podem oferecer o maior volume de dados, depois chegar a uma lista inicial de possíveis diagnósticos e observar seletivamente outras imagens para encontrar informações que sustentem ou contradigam as possibilidades.

Algumas vezes a própria tecnologia sabota essa abordagem cuidadosa. O botão de controle, equivalente ao mouse em um computador, pode aumentar rapidamente a velocidade das imagens que piscam à frente do radiologista com um ligeiro aumento de pressão dos dedos. Isso significa que as imagens podem passar mais rapidamente sem que o radiologista se dê conta disso. "Você pode não receber as imagens ao ritmo de três por segundo", disse Kressel. "Você vai a uma emergência, em que um radiologista está trabalhando sob uma pressão inacreditável, o vê fazendo o estudo de uma tomografia, e percebe que ele está voando por cima daquilo." Kressel viu como os radiologistas pressionam o botão, consciente ou inconscientemente, em um esforço para dar conta das mil imagens. "Com a mão no controle você pode literalmente pular três ou quatro imagens e não se dar conta disso." Isso acontece porque, enquanto está olhando as imagens em duas dimensões, "sua mente está trabalhando para integrar o espaço tridimensional pelo qual você se move". Quando Kressel supervisiona residentes, "eu os deixo loucos, os obrigo a reduzir a velocidade para que tenham de ver cada imagem". Não deveria haver atalhos, intencionais ou subliminares. Após décadas vendo imagens, o olho de Kressel se tornou tão treinado que ele consegue perceber "sutis diferenças de contorno em uma estrutura do abdome, mesmo com uma olhada rápida", que um residente não consegue, disse ele. Por exemplo: pode haver um nódulo linfático junto ao pâncreas que só é visto em uma única imagem do exame, "e o residente não o vê". Identificar esse nódulo linfático pode ser clinicamente significativo para avaliar se um câncer do pâncreas se espalhou para além do órgão, uma informação fundamental para o tratamento e prognóstico. "Então eu acompanho o caso, o obrigo a retornar e mostro como ele deixou passar."

"De certa forma, somos vítimas de nosso próprio sucesso", disse Dennis Orwig. "Nós temos muitas excelentes técnicas de geração de imagens. Alguns médicos quase já não examinam os pacientes ou fazem um histórico. Eles simplesmente pedem exames e dizem ao radiologista: 'Dê-me o diagnóstico'." De fato, na semana em que conversamos foi publicado um artigo no *New England Journal of Medicine* discutindo se o estetoscópio tinha se tornado um vestígio de uma época passada, já que as técnicas de visualização cardíaca tinham se tornado tão avançadas que as descobertas que os cardiologistas tradicionalmente faziam de ouvido tinham se tornado discutíveis. Orwig continuou: "E quando os clínicos pedem exames de imagem sofisticados, esperam receber uma resposta definitiva. Eles não querem ouvir do radiologista uma descrição de uma constelação de observações — eles querem um diagnóstico. Somos tremendamente pressionados a chegar a uma conclusão, e temos de resistir a isso, porque algumas vezes não é possível fazer um diagnóstico exato. O melhor que você pode fazer é descrever o que vê."

Um radiologista experiente também aprende a não aceitar quando um clínico pede um diagnóstico claro. Como Orwig admite, "algumas vezes você pode dizer: 'É diverticulite.' Há 99% de certeza, e o clínico então pode se sentir à vontade para ir em frente e tratar o paciente com antibióticos. E aquele 1% pode ser um câncer de cólon perfurado. Mas há pacientes que fazem tomografias e o melhor que você pode dizer é que há um 'complexo processo inflamatório na pelve desse cavalheiro'. Muitos clínicos não gostam de ouvir isso. Eles acham que o radiologista está tergiversando. Mas o que o radiologista está fazendo é apresentar ao médico seu raciocínio, partilhar com ele o máximo que pode ser dito com base em sua observação de especialista".

Assim como um clínico precisa escolher as palavras com cuidado na hora de se comunicar com os pacientes, ele precisa modelar a linguagem de seu pedido a um radiologista. "Há essa idéia de que o clínico quer manter o radiologista neutro, então não diz a ele nada específico", observou Kressel. "Em meu campo você recebe um pedido dizendo: 'paciente com dor abdominal'. Mas sem um histórico mais específico você reduz o tipo de pistas clínicas, que são tão importantes, e na verdade torna muito mais difícil estudar as imagens."

"Eu sempre achei que isso era inteiramente estúpido", disse Kressel. "Por que você iria querer amarrar o braço de alguém às costas?" Isso não apenas pode prejudicar a percepção e a cognição, como mostram os estudos de Potchen, mas também, como explicou Kressel, afetar a tecnologia e levar a erros. Com os novos tomógrafos de multidetecção, um volume enorme de tecido é escaneado em pouco tempo, de modo que, para conseguir melhores resultados, a máquina precisa ser ajustada para levar em conta o histórico clínico do paciente. "Se o clínico não nos dá um histórico completo, apenas a pergunta que tem em mente, então nós ajustamos o exame tecnicamente para aquela pergunta — como 'Há embolia pulmonar?' — e corremos o risco de deixar passar alguma outra coisa importante."

Não é apenas a linguagem do clínico que pode ser desorientadora. Radiologistas diferentes usam termos diferentes para descrever o que vêem. "As pessoas normalmente não pensam em radiologistas em termos de nuanças de comunicação", diz Kressel. "Quando você pensa em um médico falando, imagina um clínico ao lado do leito explicando algo a um paciente. Mas os radiologistas são muito apaixonados pelas palavras que usam em seus laudos. E, claro, a linguagem escolhida reflete nossa forma de raciocínio. Ademais, não há acordo quanto a termos diferentes, não há nenhuma abordagem estruturada uniformizada para transmitir as descobertas." Isso é verdadeiro especialmente com os aparelhos de tomografia e ressonância magnética mais avançados. "Mesmo quando dois radiologistas vêem a mesma coisa em uma imagem, a própria forma como eles a descrevem introduz nuanças e ambigüidades na comunicação." Kressel mais uma vez se referiu à mulher que foi examinada por causa de uma possível embolia pulmonar. "O radiologista contou que a aorta estava 'não alargada'. A expressão 'não alargada' pode ser compreendida de muitas formas diferentes. Primeiramente, não significa que o radiologista viu o interior do vaso. Ele só estava fazendo uma afirmação descritiva. E 'não alargada' não é a mesma coisa que dizer que o vaso está normal, embora muitos clínicos pudessem considerar esse o significado da frase do radiologista. Como termos diferentes significam coisas diferentes para médicos diferentes, um simples termo pode guiar o raciocínio para diferentes direções."

Meu hospital recentemente criou um site na internet chamado "Site do Paciente", em resposta ao desejo dos pacientes de ter acesso aos seus próprios prontuários médicos. Todos os exames de laboratório e laudos de radiologia estão disponíveis para serem vistos assim que gerados. Isso oferece uma oportunidade para que paciente e médico se sentem juntos e estudem os resultados. Ler a linguagem desses relatórios pode ser difícil — principalmente, claro, para os pacientes —, de modo que o clínico deve apontar as palavras do radiologista que indicam um grau de incerteza. O radiologista pode ter dito que a área atrás do útero não foi bem visualizada no exame, ou que o espessamento da parede do intestino não era diagnóstico de tumor, podendo também representar inflamação. Isso pode levar o clínico a explicar a seu paciente por que ele precisa rever o histórico, fazer exames físicos mais completos ou pedir outros exames para definir o problema.

Transmitir essa incerteza implica um desafio. Recentemente Orwig analisou uma mamografia com um padrão de depósitos de cálcio classicamente diagnosticados como benignos. Mas a mamografia anterior da mulher não apresentava depósitos de cálcio. Ele discutiu com os colegas uma biópsia da mama e defendeu a biópsia. Orwig foi falar com a mulher cuja mamografia mostrava os novos depósitos de cálcio. "Gostaria de me desculpar antecipadamente", disse ele. "Acho que o que encontramos é benigno, mas irei recomendar uma biópsia." Ele fez uma pausa, e continuou: "Sei que isso irá gerar grande ansiedade, então deixe-me explicar meu raciocínio. O que localizamos na mamografia justifica essa recomendação porque é novo. Não estava presente no exame anterior. Ainda assim, estou quase certo de que tudo estará bem, mas devemos ir em frente, para termos certeza." Acabou-se descobrindo que era um câncer altamente invasivo no seio da mulher, que teria de ser retirado por tumorectomia,* seguida de tratamento por radiação.

* Cirurgia da mama em que há remoção de apenas o tumor e tecidos circunvizinhos. (N. do R.)

Orwig sugeriu que o caso podia ser apresentado nas conferências de garantia de qualidade, nas quais os radiologistas revisam suas escolhas e tentam melhorar suas habilidades para evitar erros futuros. "Um colega me disse: 'Se mostrarmos esse caso, dado o padrão de depósitos de cálcio, teremos mulheres fazendo fila até o final do quarteirão em busca de biópsias. Qual o bem que isso irá fazer? Se apresentarmos esse caso as pessoas irão se assustar, porque então irão sentir que terão de fazer biópsias em toda paciente que tiver esse tipo de calcificação. Deveríamos apresentar casos que nos ajudassem porque têm descobertas muito específicas.'" Orwig concordou com o colega em que, com base apenas no padrão de depósitos de cálcio, não havia nenhuma lição a ensinar em si, mas que ele acreditava que a questão era mudar a opinião da pessoa com base em uma mamografia anterior. Mais amplamente, ele sentia que algumas vezes é possível ensinar algo apresentando a exceção à regra e enfatizando que existe essa área cinzenta na radiologia, especialmente na mamografia, em que a avaliação é importante, e que aspectos específicos de um caso, como o aparecimento de depósitos de cálcio que de outra forma poderiam ser considerados benignos, podem ser motivo de preocupação.

O colega de Orwig temia que a discussão do caso deflagrasse um surto de "erros de disponibilidade", o mesmo tipo de erros que vimos na emergência anteriormente: uma forte tendência a pensar com base em um acontecimento incomum chocante, ocorrido pouco antes, que ganha destaque na mente do médico. Mas, como Orwig argumentou, não partilhar o caso poderia levar colegas a deixarem passar o que poderia ser um tumor fatal. A luta é descobrir o meio-termo, estar consciente da falácia da disponibilidade e ao mesmo tempo reconhecer que certos padrões podem não se ajustar ao protótipo. É uma questão de lidar com dados que parecem contraditórios simultaneamente na mente e então buscar outras informações para tomar uma decisão, de um modo ou de outro. Esse esforço, e esse tipo de tomada de decisão, é a marca do médico experiente — à beira do leito ou em uma câmara escura de radiologia.

Orwig costuma pensar no caso dessa mulher quando está estudando mamografias. Quando ele vê um padrão semelhante de depósitos de cálcio agrupados, não apenas confere a mamografia anterior para ver se eles já estavam presentes, como confere estudos de anos anteriores para descobrir quando os depósitos foram identificados pela primeira vez. Orwig tem consciência de que pode começar a procurar demais nas mamografias, reduzindo o limite a tal ponto que poderá começar a recomendar biópsias desnecessárias. Ele ainda está tentando descobrir aquele meio-termo.

O dr. Harold Kundel, da Universidade da Pensilvânia, estudou a fisiologia da percepção da imagem acompanhando o movimento dos olhos de seus colegas radiologistas. O médico se senta com um equipamento na cabeça que lembra um capacete de ciclista. O equipamento tem diferentes partes, incluindo um visor e uma câmera de vídeo em miniatura. Enquanto o médico examina uma série de imagens, um feixe de luz infravermelha é lançado sobre seu olho. A câmera, fixada em sua pupila, determina para onde ele está dirigindo o olhar, registrando o reflexo do feixe de infravermelho. Em alguns dos estudos de Kundel, um radiologista olhava para radiografias de tórax nas quais havia pequenos nódulos nos pulmões, cada um medindo entre meio centímetro e um centímetro. É importante detectar tais nódulos, porque podem representar um câncer em estado inicial ou uma infecção séria como tuberculose ou fungos. Em cerca de 20% dos casos, os olhos não se concentravam de modo algum nos nódulos. Nos 80% restantes o olhar era dirigido aos nódulos, mas em metade dos casos o nódulo simplesmente não foi percebido.

"O cérebro toma uma decisão disfarçada", explicou Kundel. Abaixo do nível da consciência, a mente decide que a imagem não é importante, não merece ser elevada ao nível do reconhecimento consciente. Os radiologistas cujos olhos se fixaram no nódulo por dois ou três segundos tinham maiores chances de reconhecê-lo conscientemente. O reconhecimento seria aumentado caso houvesse um claro contraste entre o nódulo e o pulmão circundante, o contraste entre branco para uma massa sólida e preto para o ar. O reconhecimento também era facilitado se o nódulo tivesse um limite claro em vez de um contorno borrado.

Estudos anteriores de rastreamento do olhar, feitos na Universidade de Iowa, mostraram que a satisfação da busca era um erro comum entre radiologistas. Em estudos de acompanhamento a equipe de Kundel demonstrou que em alguns casos o olhar se fixava em uma segunda anormalidade, mas ela não era reconhecida. Por exemplo: um paciente com pneumonia podia ter um pequeno câncer na escápula, mas o radiologista relatou apenas a pneumonia no pulmão, embora o aparato tivesse revelado que seus olhos tinham passado pelo tumor no osso. Sua mente já tinha se fechado após identificar a pneumonia, e não iria conscientemente aceitar outras descobertas. "Isso se ajusta às suas noções preconcebidas da imagem, o que eu classifico como tendência", explicou Kundel. Ecoando a máxima de Merrill Sosman, do Brigham Hospital, Kundel disse: "Você vê o que quer ver." O especialista, porém, tendo aprendido sobre tendência e satisfação da busca, tenta conscientemente manter a mente aberta para ver além de seus preconceitos. Ele é ajudado nesse esforço pelo modo como a história clínica é apresentada, pelas pistas dadas pela linguagem do clínico e pela adesão ao tipo de desconstrução sistemática da imagem, aplicada por Dennis Orwig em seus laudos ditados.

Dadas as dificuldades de percepção e cognição que Kundel e outros pesquisadores identificaram, os computadores podem substituir os radiologistas, ou pelo menos reduzir as taxas de erros? Um sistema de diagnóstico com a ajuda de computador foi aprovado em 2006 pela Food and Drug Administration para identificar nódulos no pulmão em radiografias de tórax. Estão sendo estudados outros sistemas, incluindo aqueles para mamografias. A avaliação clínica fundamental de nódulos pulmonares malignos que levou à aprovação da FDA envolveu 15 radiologistas, aos quais foi pedido que dessem notas para seu grau de suspeita de que uma radiografia de tórax apresentava câncer. Eles deram notas de 1 a 100, e deviam indicar o ponto que levantara a suspeita. Estavam sendo estudados 80 casos de câncer e 160 casos sem câncer. Cada radiologista interpretou os 240 casos três vezes: duas vezes, com um intervalo de um a quatro meses, sem a ajuda do computador, e depois, imediatamente após a segunda interpretação, com a ajuda do computador. A ajuda do computador aumentou a detecção do câncer entre 14% e 24%, dependendo do seu tamanho. Mas o sistema computadorizado também levou os radiologistas a mudar quase 10% de suas decisões corretas (identificando o câncer) para diagnósticos incorretos (afirmando que era sem importância ou benigno). Dos 15 radiologistas no teste clínico, não houve dois que tivessem resultados idênticos na avaliação dos 80 casos de câncer e dos 160 casos sem câncer. Apenas 25% dos casos de câncer foram identificados por todos os radiologistas. Mas os casos de câncer de difícil identificação só foram descobertos por quatro dos radiologistas. Nenhum radiologista identificou todos os 80 casos de câncer corretamente.

Um efeito indesejável da detecção com a ajuda de computador foi que, depois de estimulados pelo computador, mais radiologistas passaram a suspeitar de câncer em radiografias de tórax de pacientes sem tumores malignos — uma leitura de falso positivo. Isso demonstra o poder da tecnologia, especialmente a computadorizada, de abalar a confiança de um especialista em seu diagnóstico inicial. Também demonstra que as máquinas não oferecem soluções perfeitas para as imperfeições da percepção e do raciocínio. Talvez, à medida que os radiologistas se acostumem mais à detecção com a ajuda do computador e recebam informações clínicas sobre o risco de suspeitarem em demasia de descobertas benignas em uma radiografia de tórax, eles adaptem seu raciocínio à nova tecnologia. Nesse ínterim, enquanto buscam outro meio-termo, haveria uma avaliação de custo-benefício, com detecção mais precisa de câncer, porém maior ansiedade do paciente, à medida que mais pessoas sem câncer fossem submetidas à perturbação emocional e aos procedimentos invasivos que se seguem aos falsos positivos.

Uma rápida viagem de carro a partir de Marin County, através da ponte Golden Gate, leva a São Francisco. Encravado no monte Parnassus fica o Centro Médico da Universidade da Califórnia, e, perto dela, o Moffit Hospital. Vickie Feldstein é professora de radiologia da universidade, especializada em ultra-sonografia. (O dr. Dennis Orwig por acaso é seu marido.) A maioria das pessoas conhece exames de ultra-sonografia em função da gravidez. O feto em desenvolvimento é visto dentro do útero em uma representação bidimensional, um redemoinho de preto, branco e cinza. "Algumas pessoas acham que uma imagem de ultra-sonografia se parece com um mapa do tempo", disse Feldstein com um risinho. Para mim certamente parece um mapa do tempo, especificamente uma tempestade de neve. O fluxo de pontos brancos sobre um fundo preto faz com que eu ache difícil, se não impossível, identificar os contornos dos órgãos. Claro que para Feldstein e radiologistas que utilizam essa tecnologia todos os dias as imagens são tão conhecidas quanto as palmas de suas mãos, e os contrastes de preto, branco e cinza cheios de significados.

Dada a complexidade das imagens na ultra-sonografia, seria de imaginar que nesse caso os computadores ajudariam mais a produzir diagnósticos. O computador forneceria uma avaliação quantitativa de cada estrutura no feto em desenvolvimento. Por exemplo, quando da vigésima semana de gestação a ultra-sonografia é utilizada para medir os ventrículos cerebrais do feto, que são cisternas cheias de líquido. Se o comprimento do ventrículo for superior a dez milímetros, o feto passa a ser monitorado cuidadosamente quanto a hidrocefalia, popularmente conhecida como água no cérebro, um distúrbio no qual os ventrículos se expandem, o que pode provocar danos cerebrais, bem como outras anormalidades no desenvolvimento. Mas acontece que os números que um computador forneceria podem não revelar aquilo que o radiologista deseja avaliar. Como disse Feldstein, "os números o ajudarão e aumentarão seu grau de atenção, mas você precisa ter uma imagem geral. Você precisa ver a forma dos ventrículos e o tecido circundante relacionado com eles. Isso não é baseado apenas em ver os números".

Um ventrículo cerebral normal tem a forma de uma gota. O ventrículo em uma ultra-sonografia é definido por um núcleo central preto, que é o líquido, e uma camada branca, o plexo coróide, que produz o líquido. Feldstein tinha um pouco antes atendido uma mulher no final da gravidez. "Ela estava perto do parto, e o tamanho dos ventrículos do feto estava dentro dos limites numéricos do normal. Mas, quando olhei para eles, a forma não parecia correta." As mudanças no contorno da gota eram sutis, mas potencialmente significativas aos olhos treinados de Feldstein: as bordas não eram suaves, mas ligeiramente irregulares, e a gota não era perfeitamente afilada na ponta. Essas duas observações poderiam ser facilmente ignoradas ou descartadas, especialmente já que as dimensões não estavam fora dos limites de saúde. Feldstein decidiu que precisava estudar aquilo, embora as conseqüências clínicas de suas descobertas não estivessem imediatamente claras. Com 35 semanas, a pergunta em sua cabeça era: o que a mãe faria com essa informação? Era tarde demais para pensar em interromper a gravidez, mas Feldstein concluiu que era importante saber se sua impressão — de que havia alguma anormalidade no cérebro do bebê — era correta ou não. Em parte, determinar isso ajudaria os pais a antecipar problemas depois do nascimento, iria prepará-los emocionalmente e de modo prático para criar um filho que poderia apresentar um retardo mental ou precisar de cuidados neonatais especiais.

Outro aspecto que influenciou a tomada de decisão por Feldstein: as implicações médico-jurídicas. Se de fato houvesse uma anormalidade no cérebro que não tivesse sido vista na ultra-sonografia, mas que tivesse provocado a mudança no contorno dos ventrículos do cérebro, seria melhor ter conhecimento disso antes do parto, para que ninguém insinuasse que um obstetra incompetente tinha provocado um trauma que levara a um dano cerebral. Feldstein explicou à mãe que, embora os ventrículos do bebê estivessem nos limites do normal, também havia sutis modificações na forma que poderiam indicar alguma anormalidade no cérebro. Feldstein não queria assustar a mãe indevidamente, mas, por outro lado, considerou que era sua responsabilidade transmitir sua análise. A mãe decidiu se submeter a um exame de ressonância magnética, e foi identificada uma hemorragia cerebral. Um sangramento no cérebro do feto tinha provocado as bordas irregulares dos ventrículos e a distorção no ápice da gota. O olho treinado de Feldstein tinha se mostrado preciso. A mãe teve o parto com o acompanhamento dos neurologistas pediátricos necessários.

Todos os radiologistas com os quais conversei podiam se lembrar imediatamente não apenas de sucessos como os de Feldstein, mas também de erros irritantes. Herbert Kressel, o especialista em imagens de Harvard, disse-me que pouco antes tinha deixado passar uma anormalidade em um exame de ressonância magnética: um câncer no fígado pequeno, mas visível, que estava presente em várias das imagens. "Foi uma falha clara. Eu simplesmente não vi. E até hoje eu realmente não sei por quê." Ele ficou pensando se teria acelerado demais a apresentação em modo de cinema, colocado pressão demais no controle. "Mas isso é especulação. Eu simplesmente não sei", disse, com voz soturna. "As pessoas precisam entender que sempre há algum grau de imprecisão nas imagens e na interpretação."

As máquinas não podem substituir o cérebro do médico, sua reflexão sobre o que vê e o que não vê. A atenção à linguagem — as palavras do médico que faz o pedido e o laudo do radiologista — pode melhorar a percepção e a análise. Os leigos precisam compreender os limites inerentes e as potenciais tendências no olho do espectador, de modo que quando for necessário tomar decisões importantes possam pedir outro conjunto de olhos especializados.

CAPÍTULO 9

Marketing, dinheiro e decisões médicas

Conheci Karen Delgado no início da década de 1980, e acompanho sua carreira desde então. Ela tem grande influência em suas especialidades de medicina interna e endocrinologia. E integra comitês nacionais que estabelecem regras médicas e definem o currículo do ensino de medicina. Colegas buscam sua ajuda em casos complicados.

Ela é uma clínica normalmente ocupada com um grande número de pacientes. Certo dia, há pouco tempo, conseguiu dez minutos para engolir um almoço antes das consultas, com três novos pacientes e seis acompanhamentos. Dois residentes estariam trabalhando com ela, mas os novatos iriam no máximo estender seu dia.

Enquanto arrumava uma pilha de laudos de laboratório para voltar para a clínica, ela viu de soslaio um rosto e congelou. Rick Duggan ocupou o umbral da porta do seu escritório. Não havia como escapar dele.

— Não sei mais o que fazer, dra. Delgado — disse ele. Ele era representante de vendas de um laboratório que produzia testosterona. — A senhora não fez uma única receita do meu remédio. Nenhuma.

Ele vestia uma camisa azul brilhante, gravata dourada e um terno bem cortado.

— Dra. Delgado — disse ele, sua voz assumindo um tom forçado —, eu quero três receitas por semana no próximo mês.

Ela estava chocada. Duggan a estava perseguindo havia quase um ano, tentando divulgar seu produto. Ele levou caixas de doces para seu escritório em três oportunidades, e quando a tática fracassou (os doces não eram muito bons, observou Delgado), deixou convites para "jantares educativos" nos restaurantes mais caros da cidade. Delgado ignorou os convites, dizendo a si mesma que, se quisesse uma boa refeição, a faria com o marido, à própria custa. O que a deixara chocada era que o vendedor sabia que receitas ela estava dando.

— Preciso que faça isso, três por semana no próximo mês — forçou Duggan.

Ela lançou um olhar gelado para ele, disse "não", colocou os relatórios de laboratório no bolso do jaleco branco e saiu do escritório.

O primeiro paciente que Delgado atendeu na clínica foi Nick Mancini. Mancini era um faz-tudo robusto com 50 e poucos anos que ela havia conhecido na UTI. Chegara à emergência se queixando de visão desfocada e da pior dor de cabeça de sua vida, diagnosticada como hemorragia cerebral. Exames de imagem do cérebro não conseguiram revelar por que ele sangrara, mas mostraram que a glândula hipófise havia aumentado, portanto Delgado, endocrinologista, foi uma das especialistas chamadas à UTI para acompanhar o caso dele. Ela se aproximou do leito. Não conseguia ver o rosto do paciente claramente; a intensidade da luz havia sido diminuída por causa de sua violenta dor de cabeça; mas, quando apertou a mão de Mancini e pressionou a palma, fez o diagnóstico que tinha escapado aos outros médicos. Todos provavelmente também tinham apertado a mão dele, mas a carne grossa e pastosa significou para Delgado mais do que a manopla de um trabalhador braçal.

Mancini tinha acromegalia. O distúrbio ocorre quando um tumor faz com que a hipófise produza hormônio de crescimento em excesso, de modo que as mãos e pés aumentam de tamanho e os traços faciais se tornam mais grosseiros. Localizada na base do cérebro, a hipófise é chamada de glândula-mestre por comandar outras glândulas do corpo, como a tireóide e as supra-renais, na produção de hormônios fundamentais. Quando há um tumor na hipófise, ele pode causar a ruptura dos vasos sanguíneos que a alimentam, provocando hemorragia cerebral. Isso é chamado de apoplexia da hipófise. Os nervos oculares passam perto da hipófise, o que explicava a visão borrada de Mancini. Se a hemorragia destrói a glândula hipófise, ela deixa de mandar sinais para o corpo, e a produção de hormônios fundamentais é interrompida. As glândulas supra-renais produzem hidrocortisona, um dos hormônios mais importantes. Sem ele as pessoas ficam predispostas a choque, especialmente no caso de estresse — como em uma cirurgia, por exemplo.

Delgado deu a Mancini doses de corticosteróides preventivamente e ele foi levado para o centro cirúrgico. A cirurgia para drenar o cérebro foi bem-sucedida. Ele já não tinha uma hipófise funcional, de modo que Delgado receitou uma terapia de suplementação dos hormônios que faltavam; além de doses diárias de tireoxina e corticosteróides, deu a ele testosterona, também regulada pela hipófise.

— Tudo bem em casa com as crianças? — perguntou Delgado.

— Ótimo. Minha filha começa no ensino médio semana que vem — disse Mancini, sorrindo.

Delgado anuiu. A testosterona que ela prescreveu na receita não era aquela fabricada pela empresa de Duggan.

Na tarde seguinte, Delgado participou da reunião clínica semanal em que os estagiários apresentam casos e o endocrinologista-chefe faz comentários. Ao final de uma hora, o dr. Bert Foyer abordou Delgado. Foyer tinha quase 70 anos e também era um destacado membro da equipe, atuando tanto em clínica quanto em pesquisa. Sua especialidade era reposição de testosterona em homens com diversos transtornos endócrinos.

— Bons casos hoje — disse Foyer.

Delgado concordou.

— Topei com Rick Duggan ontem. Você não poderia recebê-lo rapidamente? — perguntou Foyer.

— Bert, eu realmente estou ocupada. — O silêncio entre eles encerrou a resposta de Delgado.

Naquela noite em casa, durante o jantar, o marido de Delgado, cirurgião do mesmo hospital que ela, a surpreendeu citando o nome de Duggan:

— Não sei se estava procurando por mim, mas ele estava no corredor quando eu saí do centro cirúrgico. — Ela levantou as sobrancelhas. — Ele se apresentou e disse: "Por que sua esposa não gosta de mim?" Eu tinha algumas respostas prontas, mas me limitei a dar de ombros. Qual é o problema?

A resposta à pergunta é que alguns laboratórios farmacêuticos estão se esforçando para mudar o modo como os médicos pensam sobre saúde e doença. Nesse caso, eles estão transformando em questões médicas as mudanças normais que ocorrem em homens à medida que envelhecem. Essas empresas fabricam produtos de testosterona; elas querem não apenas que sejam receitados os seus remédios em vez daqueles dos concorrentes, mas ampliar o mercado além do determinado pela ciência médica. Quando falei com Delgado, ela reconheceu que Duggan a tinha escolhido como alvo porque ela era, no jargão do marketing, uma "formadora de opinião". Trabalhando em um importante hospital universitário, amplamente reconhecida como uma das melhores profissionais em sua especialidade, supervisionando a formação da próxima geração de médicos, com espaço garantido em conferências e tendo um fluxo constante de pacientes, ela influenciava a tomada de decisão clínica em sua cidade e além dela.

Duggan tinha empregado várias estratégias de marketing clássicas para fazer com que ela, em síntese, endossasse sua marca. A primeira foi dar presentes. Além dos doces e dos convites para jantar, havia levado outros pequenos presentes, incluindo uma calculadora, um relógio de mesa e canetas. Delgado os deixou fechados na mesa de sua secretária. Duggan — bem-vestido e com modos sedutores estudados — passou então a bater papo com a secretária de Delgado. Ele sabia que sem sua autorização não teria nenhuma oportunidade de encontrar com Delgado pessoalmente. Delgado educadamente ignorou o entusiasmo de sua secretária pelo representante de vendas. Assim que Delgado ignorou essas abordagens, Duggan trocou o mel pelo vinagre.

"Eu realmente me senti ofendida por ele", disse-me Delgado. "Ele estava tentando me intimidar. Isso pode funcionar com alguns médicos, mas não comigo."

Durante o jantar, Delgado contou ao marido como ficara surpresa de que Duggan soubesse que produtos ela prescrevia. Seu marido lera havia pouco em uma revista de negócios que laboratórios farmacêuticos fazem acordos com farmácias para serem informados dos padrões de prescrição dos médicos. Claro que as empresas não sabem para quem ela prescreveu as drogas, mas podem conseguir uma relação completa de quantas receitas ela fez para quais produtos em determinado período de tempo.

— Isso é inteiramente legal — disse o marido de Delgado.

— Mas eu não gosto disso — replicou ela.

Ela observou que a empresa de Duggan parecia estar empregando uma estratégia em etapas, de presentes a confronto e, depois, à intervenção de seu colega, o dr. Foyer.

— E realmente não acho que no caso de Bert isso tenha a ver com dinheiro — disse ela, embora a empresa de Duggan tivesse dado a ele bolsas para alguns de seus testes de produtos de testosterona. — Acho que ele simplesmente acredita.

Durante muitos anos, o mercado de terapia de reposição de testosterona era relativamente pequeno. Os médicos tratavam de pacientes como Nick Mancini, que não tinha uma hipófise ativa, ou homens nascidos com um cromossomo X a mais, que têm o que é conhecido como síndrome de Klinefelter; os testículos atrofiados não produzem o hormônio em volume suficiente. Originalmente eram usadas pílulas de androgênio no tratamento de reposição, mas elas muitas vezes causavam danos ao fígado. Depois foram experimentadas injeções intramusculares; elas produziam um rápido pico de testosterona e uma queda igualmente rápida, freqüentemente acompanhadas de mudanças de humor, desejo sexual e disposição. No final dos anos 1980 foi desenvolvido um adesivo cutâneo. Isso permitia doses mais seguras e constantes, mas algumas vezes a pele ficava irritada ou o adesivo se soltava durante exercícios. Finalmente o hormônio passou a ser apresentado em uma forma que quase todos os homens podiam usar de forma conveniente. Um gel incolor que podia ser esfregado facilmente em alguma parte do corpo, como os ombros, uma vez por dia. Isso iria simplificar o tratamento e ampliar o mercado potencial — se fosse possível mostrar que um grupo de homens podia se beneficiar.

Alguns meses antes de Rick Duggan confrontar a dra. Delgado, um anúncio de duas páginas na revista *Time* mostrou um posto de gasolina e, do lado dele, as palavras "Cansado? Deprimido? Sem desejo sexual? Talvez você esteja ficando sem testosterona". O anúncio então explicava que "à medida que alguns homens envelhecem, seus níveis de testosterona diminuem", e recomendava que eles consultassem seus médicos sobre terapia de reposição de testosterona. No final do anúncio, o marcador de combustível indicava: "Cheio."

Delgado tinha visto o anúncio na *Time*; era apenas um entre muitos. No ano anterior, uma avalanche de anúncios semelhantes havia sido veiculada em publicações médicas. Um deles convocava os médicos a "identificar os homens em seu consultório que podem se beneficiar de desempenho clínico em um pacote". O anúncio trazia fotografias de homens fortes e felizes ao lado das palavras "desempenho sexual aumentado", "mais disposição" e "maior densidade mineral óssea". Os médicos eram convocados a "procurar sintomas de baixo nível de testosterona" e "restaurar os níveis normais de testosterona".

Um laboratório farmacêutico, concorrente do empregador de Rick Duggan, concebeu um questionário que os médicos podiam utilizar para identificar pacientes envelhecendo com níveis de testosterona abaixo do "normal". Esses homens estariam experimentando o equivalente à menopausa feminina. "Menopausa masculina" pode ser um termo popular, mas os médicos a chamam de andropausa ou PADAM, sigla em inglês para deficiência parcial de androgênio em homens envelhecendo. Algumas das perguntas eram muito específicas; um caso de baixa libido, por exemplo, podia estar relacionada com uma diminuição do hormônio masculino. Outros pontos eram mais vagos. Uma sensação de falta de energia ou resistência poderia indicar uma deficiência de androgênio, mas também poderia ser conseqüência de muitos outros problemas. E algumas perguntas eram ainda mais genéricas. O homem estava desfrutando menos a vida? Ele estava irritável, menos eficiente no trabalho, adormecendo depois do jantar? Eu discuti o anúncio com Delgado, que levantou a questão: "Quem algumas vezes não sente sono depois do jantar?" Ela achava que a questão era simplesmente uma forma de levar os médicos a medir o nível de testosterona de um homem envelhecendo. Com o resultado nas mãos, o médico seria obrigado a contar ao paciente, que poderia então esperar que o médico prescrevesse o hormônio. Mas isso era medicina ou marketing?

À medida que os homens envelhecem, a reação dos testículos às ordens da hipófise é reduzida. Após a idade de 40 anos, os níveis de testosterona no sangue do homem diminuem, em média, cerca de 1,2% por ano. Níveis "normais" de testosterona se referem ao que é normal para homens na casa dos 20 anos de idade. Mas mesmo no caso de jovens a definição de "normal" pode ser enganosa para um médico não especializado em endocrinologia. Entre os jovens, os níveis de testosterona podem variar muito ao longo do dia. O dr. William Crowley, chefe da unidade de endocrinologia reprodutiva do Massachusetts General Hospital, e seu colega, o dr. Frances Hayes, estão estudando as conseqüências da deficiência de testosterona nos homens. Para fazer isso, disse-me Crowley, eles precisavam de uma definição clara dos níveis normais de testosterona. Então eles tiraram amostras de sangue de homens saudáveis na casa dos 20 anos de idade a cada dez minutos durante 24 horas. Eles também avaliaram tamanho dos testículos, pêlos corporais, função erétil, contagem de espermatozóides, massa muscular, densidade óssea e funcionamento da hipófise. Os homens eram perfeitamente normais segundo todos os parâmetros, mas em algum momento do dia, 15% deles tiveram níveis de testosterona bem abaixo do suposto limite inferior de normalidade — mais de 50% abaixo, na verdade.

Muitos homens de 60 anos de idade ou mais freqüentemente apresentam valores abaixo dessa faixa normal. Essa diminuição prejudica sua saúde e seu funcionamento a ponto de eles precisarem de terapia de reposição de testosterona? Em síntese: existe menopausa masculina?

Karen Delgado e muitos outros clínicos e endocrinologistas se preocupam com o que consideram um esforço concentrado para mudar o modo como os médicos pensam — criar um distúrbio clínico e tratar com medicamentos mudanças e desafios normais da vida. Nesse sentido, alguns laboratórios farmacêuticos estão querendo transformar o processo natural de envelhecimento em um distúrbio como esse. Em outros campos, aspectos da personalidade e do temperamento que se afastam de uma norma estrita estão sendo classificados de doenças psicológicas que precisam de medicação. Claro que há crianças e adultos com ansiedade paralisante que prejudica sua capacidade de fazer amizades, mas algumas pessoas que são simplesmente muito tímidas são rotuladas como tendo fobia social e recebem fortes drogas psicotrópicas. Outras, que trabalham com extraordinária intensidade e precisão, relutam em abandonar uma tarefa e temem estar deixando passar um erro, recebem rapidamente o diagnóstico de transtorno obsessivo-compulsivo e são medicadas.

Na área de Delgado, a testosterona é apenas o último elixir hormonal na medicalização do envelhecimento. O aumento na prescrição de estrogênio para mulheres após a menopausa tem suas origens em um best-seller publicado na década de 1960, *Feminine Forever*, do dr. Robert A. Wilson. Descobriu-se depois que um laboratório que produzia estrogênio tinha pago ao dr. Wilson para que escrevesse o livro. Alguns passaram a ver uma análise supostamente racional da biologia da menopausa feminina — e de como suas conseqüências poderiam ser remediadas com a terapia de reposição hormonal — como um manifesto comercial, não um tratamento clínico objetivo.

Basicamente, na última década o marketing dirigido diretamente ao público levou pessoas como homens em processo de envelhecimento e mulheres na menopausa a pedir drogas a seus médicos, mesmo que o medicamento não tivesse se mostrado eficaz para seu problema. Nos Estados Unidos, assim que um medicamento é aprovado para venda para um determinado objetivo, um médico pode prescrevê-lo para qualquer quadro clínico. A Food and Drug Administration (FDA) tinha aprovado a terapia de reposição de testosterona, usando produtos como aqueles divulgados por Rick Duggan, para pacientes como Nick Mancini, cuja hipófise já não podia ordenar que seus testículos produzissem o hormônio, ou para homens com um quadro hereditário, como um cromossomo X a mais. Esses são distúrbios incomuns; o mercado chegaria apenas a dezenas de milhares de pacientes. Mas há nos Estados Unidos quase 40 milhões de homens com mais de 50 anos de idade. Se os médicos prescreverem testosterona para aqueles cujos níveis estiverem diminuindo, o mercado poderia chegar a bilhões de dólares. Embora a FDA proíba os laboratórios de anunciar seus produtos para outras aplicações que não aquela aprovada, eles podem se valer de outras estratégias. Os anúncios na revista *Time* e nas publicações médicas eram concebidos para "chamar a atenção" para a "condição" de deficiência de testosterona sem citar um remédio específico. E, para complementar a abordagem publicitária, os laboratórios farmacêuticos recrutaram "formadores de opinião" como Bert Foyer, que podem influenciar colegas ou alunos.

A liberdade de prescrição que a FDA dá aos médicos pode ter benefícios clínicos. Em meu próprio campo de oncologia, drogas aprovadas para um câncer específico — cisplatina para carcinoma testicular ou gemcitabina para câncer de pâncreas — mostraram ter outras aplicações. Muitas mulheres com câncer de ovário fizeram um tratamento bem-sucedido baseado em platina, como a cisplatina, e pacientes com câncer de pulmão ou mama foram beneficiados com a gemcitabina. Um laboratório farmacêutico pode legalmente fazer testes clínicos de produtos para quadros além daqueles cobertos pela primeira aprovação da FDA. Se os dados mostrarem o benefício, ele pode então solicitar à FDA a ampliação do espectro de tratamento aprovado. O problema surge quando o marketing está à frente da medicina — quando os dados que sustentam o tratamento são escassos, contraditórios ou mesmo negativos. Então as vendas dependem de formadores de opinião que garantam as vantagens apesar da falta de provas.

A existência de andropausa não foi comprovada. Até agora os estudos sobre a terapia de reposição de testosterona não demonstraram vantagens convincentes para homens idosos com níveis de hormônio ligeiramente inferiores que apresentam os sintomas vagos do questionário. O tratamento não aumenta significativamente a força na maioria dos grupos de músculos; comparado com placebo, ele nem estimula a libido nem aumenta a energia. Uma comissão formada pelo Instituto Nacional de Saúde concluiu que a hipótese de andropausa não tem base científica. Ainda assim, o número de receitas de produtos para reposição de testosterona continua a aumentar muito, atingindo pacientes decididamente sem deficiências bem definidas como a de Nick Mancini. Os laboratórios farmacêuticos, cujo primeiro objetivo é o lucro, podem orientar o raciocínio dos médicos sobre o que é uma doença e como tratar dela.

Em 1998 eu me apaixonei por uma família de novos medicamentos por causa de meu próprio quadro clínico. Eu tinha sido submetido a uma cirurgia de coluna fracassada e fiquei com sintomas de artrite crônica que me impediam de praticar meu esporte predileto, corrida de longa distância. Sempre que começava a correr, tinha espasmos musculares na região lombar, com dores agudas nas nádegas. Relutantemente, desisti de correr e, embora tivesse passado a nadar e pedalar, nunca desapareceu a sensação de perda. Então um colega que é reumatologista me falou de novos medicamentos antiinflamatórios que estavam sendo desenvolvidos: os inibidores da cox-2, que depois foram comercializados com as marcas Celebrex e Vioxx. Comecei a pesquisar esses inibidores e me aferrei à idéia de que poderiam me devolver meu esporte preferido. Meu entusiasmo era tal que acabei escrevendo um artigo para *The New Yorker* intitulado "Superaspirin". O artigo era baseado em dados que tinham sido divulgados pouco antes, após um período de testes de seis meses com Celebrex em pacientes com artrite crônica. Apesar de meu texto para a *New Yorker* incluir algumas advertências, no conjunto sinalizava uma mudança de paradigma na terapia da artrite. Eu terminava o artigo com a fantasia de que depois de tomar o inibidor da cox-2 eu iria amarrar meus tênis e correr novamente.

Assim, eu compreendia o entusiasmo do dr. Foyer pela testosterona, refletido no meu desejo de acreditar que haveria uma forma de amenizar, se não reverter, as mudanças degenerativas em minha coluna. Claro que a história dos inibidores da cox-2 não terminou assim. Embora alguns pacientes claramente se beneficiassem do medicamento, seu impacto, comparado com outros antiinflamatórios, como naproxeno e ibuprofeno, não era extremamente diferente; os pacientes que mais se beneficiavam eram aqueles que tinham um histórico de sangramento gastrointestinal, já que os inibidores da cox-2 reduziam, embora não eliminassem, o efeito colateral de irritação do estômago produzido por outros antiinflamatórios. Mas a idéia de que não tinha grande toxicidade e iria iniciar uma nova era no tratamento se mostrou equivocada. Estudos mais rigorosos mostram que havia uma incidência pequena, mas clara, de ataques cardíacos e derrames, provavelmente em função das mudanças nos vasos sanguíneos produzidas pela inibição da enzima cox-2.

Outro dos meus sonhos sobre Celebrex e Vioxx era que eles poderiam ajudar a prevenir o mal de Alzheimer. Uma das hipóteses era a de que o dano ao cérebro era causado por uma inflamação, de modo que medicamentos antiinflamatórios poderiam ser úteis. Meu avô materno, Max Sherman, tivera um papel importante na minha vida quando eu estava crescendo. Ele tinha trabalhado nos Correios, mas nos contava histórias fantásticas de suas explorações com Teddy Roosevelt e os Rough Riders. Só anos mais tarde eu me dei conta de que ele era jovem demais para ter sido um Rough Rider, mas na época ele conquistava minha imaginação e isso fazia dele uma parte viva da história e a glória da família.

Pouco depois da morte de minha avó, o comportamento de meu avô Max mudou. Ele se tornou taciturno e distante, e inicialmente pensamos que estivesse deprimido. Mas depois sua apatia deu lugar a períodos de agressividade, verbal e física. Meu avô era um dos homens mais doces e gentis que eu já conheci, e esse tipo de comportamento era inteiramente estranho a ele e à sua família. Descobriu-se que ele tinha o mal de Alzheimer, e no final precisou ser internado. Morreu incapaz de reconhecer qualquer um de nós. Esse espectro do Alzheimer, que assombra tantas famílias, certamente assombra a minha, de modo que a idéia de que uma droga segura como um inibidor de cox-2 pudesse ser tomada diariamente durante décadas e não apenas permitir que eu voltasse a correr mas também me proteger da doença que tinha levado meu avô tinha um profundo apelo — tão profundo que bloqueou meu raciocínio crítico. Como Karen Delgado destaca sempre para seus pacientes, é uma ilusão comum a de que surgirá uma droga não tóxica que poderá, de uma forma quase milagrosa, reverter as conseqüências do envelhecimento. Hoje sabemos que certas informações sobre os inibidores da cox-2 não foram divulgadas inicialmente, e, embora seja compreensível fazer recomendações com base nas informações disponíveis, também é importante manter a sobriedade e esperar por uma avaliação mais extensa e de longo prazo antes de chegar a uma conclusão em parte influenciada pelos desejos pessoais de alguém ou da sedução do marketing farmacêutico.

Durante décadas, o maior volume de dados sobre terapia com estrogênio para mulheres antes da menopausa era oriundo do Nurse's Health Study, iniciado em 1976 e financiado por Harvard. Era um chamado estudo de observação, significando que um grande número de enfermeiras relatava que remédios tomavam, o que comiam e o que faziam durante o dia. A partir desses relatórios os pesquisadores faziam suposições sobre o que era uma atividade saudável e o que não era. Embora os estudos de observação possam fornecer informações úteis, também podem ser enganosos. Tendências ocultas podem impedir os sujeitos de relatar certos fatores que afetam saúde ou doença. Uma pesquisa incluindo medicamentos e placebo quase sempre produz dados mais confiáveis do que um estudo de observação. A Women's Health Initiative, criada em 1991, financiada pelo Instituto Nacional de Saúde e envolvendo mais de 15 mil mulheres, foi uma pesquisa sobre a terapia de reposição hormonal, seus benefícios e riscos. O estudo deveria durar 15 anos, mas foi interrompido antes, quando uma junta de especialistas independentes concluiu que os hormônios estrogênio e progesterona aumentavam o risco de câncer de mama em mulheres saudáveis na menopausa. Também foi observado um aumento no número de casos de doença coronariana, acidente vascular cerebral e embolia pulmonar entre as mulheres que tomavam hormônios em comparação com aquelas que recebiam comprimidos de placebo. Esses resultados lançaram sérias dúvidas sobre o que tinha se tornado certeza desde o Nurse's Health Study.

Mas mesmo antes da divulgação dos resultados da Women's Health Initiative em 2002, outros dados contradisseram a idéia de que mulheres idosas deveriam receber estrogênio para prevenir doenças cardíacas, derrames e Alzheimer. "Sempre me incomodou que o Estudo Framingham não mostrasse que o estrogênio protegia as mulheres contra doenças cardíacas", disse Delgado. O Framingham Heart Study, um grande estudo a longo prazo dos fatores de risco para aterosclerose e doenças cardíacas, era "aberrante", já que ele parecia contradizer o Nurse's Health Study. "Aquilo estava na minha cabeça todos aqueles anos", disse Delgado. Mas, diferentemente de muitos de seus colegas, ela resolveu não ignorar. Então apareceu o Heart and Estrogen/Progestin Replacement Study [Estudo do coração e reposição de estrogênio/progesterona, HERS, na sigla em inglês]. Um laboratório farmacêutico financiou esse estudo do estrogênio com controle de placebo na esperança de mostrar que o hormônio ajudava a prevenir um segundo ataque cardíaco em mulheres mais velhas. Os resultados, porém, demonstraram o contrário. Mas esse resultado negativo não impediu a maioria dos clínicos de prescrever estrogênio. O poderoso rolo compressor do marketing parecia afastar do caminho quaisquer obstáculos.

No início de 2006, uma manchete do *Wall Street Journal* dizia: "Em estudo de saúde da mulher, falhas de concepção levantam dúvidas." Uma manchete do *New York Times* dizia: "Repensando os hormônios, novamente." Manchetes são feitas para chamar a atenção, mas há o risco de elas produzirem desinformação. O *Journal of Women's Health* também publicou um artigo utilizando dados do Nurse's Health Study. Embora não se deva necessariamente avaliar um artigo em função de onde ele é publicado, há uma hierarquia na medicina clínica. O *New England Journal of Medicine* e o *Journal of the American Medical Association (JAMA)* são as principais referências. Nas minhas especialidades, *Annals of Internal Medicine*, *Blood* e o *Journal of Clinical Oncology* são os de maior prestígio. Quando pesquisadores têm informações rigorosas e revolucionárias para apresentar, tentam publicar em um dos principais periódicos; da mesma forma, essas publicações procuram trabalhos que marcam época para aumentar seu brilho.

Os estudos Women's Health Initiative e HERS foram publicados, respectivamente, no *New England Journal of Medicine* e no *JAMA*. Os primeiros trabalhos da pesquisa de observação Nurse's Health Study também apareceram nesses periódicos, mas quando ficou claro que os relatórios pessoais e outras tendências limitavam seriamente o Nurse's Study, ele perdeu credibilidade. Os meios de comunicação têm sede de questões que sejam não apenas polêmicas, mas que digam respeito a leitores com uma demografia desejável; a terapia de reposição hormonal certamente atinge um público ansioso e de boa renda. Os jornalistas transmitiram as informações com precisão nas matérias: mulheres que iniciaram a terapia hormonal imediatamente após a menopausa reduziram em cerca de 30% o risco de doença coronariana. Essa informação levou à hipótese de que o estrogênio poderia ser mais bem usado em mulheres com 50 e poucos anos, no início da menopausa, e que a média de idade das participantes do Women's Health Initiative — 64 anos — poderia ser a causa do fracasso do estrogênio em proteger seus corações.

Os artigos ofereceram uma visão sutil da cultura da medicina. O que você pensa depende de onde se situa: sua especialidade pode afetar, e mesmo determinar, sua posição. Neste caso, ginecologistas e cardiologistas vinham de lados opostos. Alguns ginecologistas, que freqüentemente são os médicos de atendimento primário das mulheres e que prescreveram estrogênio como esteio de seus consultórios durante décadas, correram para abraçar os novos dados do Nurse's Health Study, mesmo reconhecendo que eles não eram definitivos. A dra. Mary Jane Minkin, professora de obstetrícia e ginecologia em Yale, disse ao *New York Times*: "Pessoalmente, do fundo do coração, eu acho que há benefícios." A dra. Minkin revelou que era consultora e conferencista remunerada de laboratórios farmacêuticos que produzem estrogênio, e ela mesma tomava o hormônio.

Delgado relacionou as observações de Minkin às do dr. Foyer. "Ela também é uma crente." Delgado considerava improvável que a "crença" de Minkin fosse baseada em dinheiro. Mas era baseada na ciência? Um paciente ouvir que uma professora de uma faculdade de medicina de prestígio como Yale acreditava "do fundo do coração" em um tratamento a ponto de fazê-lo ela mesma — isso tem um grande impacto. "Não acho que esses médicos estejam se prostituindo a laboratórios farmacêuticos", disse Delgado. Eles não estão falando com objetividade, e sim com fé. Não é incomum descobrir crentes assim entre os médicos.

Muitos leitores não vão além do título ou do primeiro parágrafo de uma matéria. Muitas vezes também é difícil para o leigo avaliar criticamente afirmações feitas por pessoas que aparentemente têm autoridade. Por exemplo: no final da matéria do *Times*, o dr. Frederick Naftolin, presidente aposentado do Departamento de Obstetrícia, Ginecologia e Ciências da Reprodução de Yale, classificou os dados do estudo do Women's Health Initiative como sendo contra-intuitivos. "A relação entre a diminuição do estrogênio e o aumento de doenças cardiovasculares em mulheres é incontestável", disse o dr. Naftolin. "Então, por que diabos você não tentaria descobrir se o coração poderia ser protegido simplesmente mantendo o estrogênio no nível da vida reprodutiva?"

Em resposta, cardiologistas argumentam que essa teoria foi desacreditada. "A aterosclerose começa muito antes da idade da menopausa", disse a dra. Deborah Grady, a principal pesquisadora do teste HERS. "Além disso, por que alguém estaria interessado em uma intervenção preventiva que tem uma série de outros efeitos colaterais como coágulos sanguíneos? Essas pessoas têm uma teoria e não querem desistir dela, não importando os argumentos." O dr. Richard M. Fuchs, cardiologista e professor da Faculdade de Medicina Weill, em Nova York, concordou com esse ponto de vista. "Não há bons indícios de que a terapia hormonal reduza o risco de doenças cardíacas, e há razoáveis indícios para dizer que ela aumenta doenças cardíacas e acidentes vasculares cerebrais, embolia pulmonar e câncer de mama", disse o dr. Fuchs. "Meu conselho é que todas as mulheres deveriam tentar parar com ela."

"Não faz sentido que a natureza possa estar tão errada", disse Delgado, falando sobre o declínio constante dos níveis de hormônio em mulheres após a menopausa. "Não faz sentido que todas as mulheres devam tomar a mesma medicação. Você precisa estudar cada paciente individualmente e avaliar o que é melhor como prevenção." Uma prescrição que vale para todos tem falhas. Embora Delgado se sinta justificada pela Women's Health Initiative — o teste de hormônios em comparação com placebo em mulheres após a menopausa financiado pelo Instituto Nacional de Saúde — para ela, parecia senso comum que um único hormônio não podia devolver a juventude biológica a uma mulher.

Delgado não considera a Women's Health Initiative uma condenação absoluta do estrogênio. Ela ainda trata as mulheres que considera que poderão se beneficiar do tratamento hormonal. "Você precisa avaliar as informações. Você pesa os riscos e então vê prós e contras", disse ela. Por exemplo: ela recentemente atendeu uma mulher que estava entrando na menopausa, com ondas de calor incapacitantes e cuja mãe tivera câncer de mama. O estrogênio sabidamente estimula câncer de mama, e um histórico familiar como esse é motivo de preocupação. Mas a mulher tinha sintomas tão graves que não conseguia trabalhar ou ter uma vida social. "Eu recomendei que ela tomasse estrogênio para superar o período", disse Delgado. Ela explicou detalhadamente à paciente os prós e contras envolvidos antes de recomendar o tratamento hormonal, enfatizando que o câncer de mama poderia surgir mesmo com acompanhamento constante. Ademais, ela esperava que o hormônio pudesse ser suspenso em pouco tempo. Não tinha sido uma decisão fácil, não era uma simples questão de prós e contras, mas essas escolhas raramente são simples.

Assim, no caso de mulheres com sintomas graves e agudos de menopausa como essa, Delgado prescreve estrogênio por curtos períodos até que a mudança de vida ocorra. Depois, a não ser que haja uma clara necessidade de tratamento continuado e nenhuma alternativa, ela interrompe. "Hormônios não são a fonte da juventude", disse Delgado, não importando como eles são descritos pelos meios de comunicação e por alguns médicos. Acreditar que um hormônio como o estrogênio possa prevenir a maioria das conseqüências do envelhecimento, como doenças cardíacas e perda de memória, "simplesmente não faz sentido", disse-me ela. A biologia do envelhecimento envolve muitos sistemas fisiológicos, mudanças em muitas moléculas. Concentrar-se em uma única molécula como o estrogênio como uma solução é ingênuo e, como mostrou o estudo da Women's Health Initiative, potencialmente perigoso. "Há uma grande tentação — sentida tanto por pacientes quanto por médicos — de conseguir uma resposta simples para problemas complicados", concluiu Delgado.

Douglas Watson foi executivo da indústria farmacêutica durante 33 anos, tendo chegado a presidente e CEO da Novartis Corporation, a subsidiária americana da Novartis AG, com sede na Suíça. Conversei com Watson para ter o ponto de vista de um experiente executivo do setor que eu sabia ser ético e orientado por informações. Watson é originário da Escócia e tem a postura franca e direta que caracteriza tantos de seus compatriotas. Ele estudou matemática pura na Universidade de Cambridge, no Reino Unido, depois foi ocupando cargos cada vez mais altos em grandes laboratórios farmacêuticos até sua aposentadoria precoce da Novartis em 1999. Watson certa vez fez uma afirmação que chamou minha atenção: se um novo remédio indica uma melhoria significativa, seja em sua eficácia no tratamento de um quadro clínico ou no seu perfil de segurança, com poucos efeitos colaterais, então não há necessidade de contorcionismo estatístico para convencer um médico a experimentá-lo. "Minha meta em termos de marketing é fazer com que um médico experimente um novo tratamento em um ou dois de seus pacientes — e eu estou falando em um ou dois, não em centenas", disse-me ele. "Queremos que o médico tenha uma experiência positiva com o remédio, para ver seus benefícios para um ou dois pacientes. Dessa forma, ele ficará confortável para aprender como usá-lo da forma adequada, e incorporá-lo à sua rotina de tratamento."

Watson disse que estudos de marketing mostram que a maioria dos médicos normalmente prescreve apenas em torno de 12 medicamentos, e que a maioria desses medicamentos foi escolhida durante sua formação médica ou pouco depois, mesmo que essa formação tenha se dado décadas antes. A maioria dos médicos gosta de se sentir no controle do tratamento, e essa sensação de controle deriva de sua longa experiência com um medicamento em especial. Na prática, freqüentemente não há necessidade de prescrever o último medicamento para hipertensão ou artrite, por exemplo, já que a maioria desses novos tratamentos ou é de remédios "eu também", fundamentalmente semelhantes aos seus antecessores, ou representa apenas um pequeno aumento dos benefícios em vez de um avanço claro. "Deve haver uma ou duas gerações de produtos que oferecem 'melhorias marginais' — minha expressão para esse tipo de novas drogas —, mas o clínico experiente corretamente confia em seus clássicos, e ainda oferece os cuidados adequados." Watson riu. "Eu vejo isso de dois pontos de vista. Como homem de negócios, isso pode enlouquecer, porque estou querendo vender um produto. Mas como paciente, isso faz todo o sentido, porque normalmente eu não preciso do último grande remédio para melhorar minha saúde.

"A satisfação do paciente pelo alívio da dor artrítica com antiinflamatórios é muito pequena; uma questão, Jerry, que eu sei ser muito cara a você", continuou ele, que tinha conhecimento de meus antigos problemas com dores na região inferior das costas. "Quando um novo medicamento para artrite é desenvolvido, ele ganha mercado com grande rapidez, porque as pessoas dizem: 'O que eu estou usando não está funcionando muito, então eu podia dar uma chance a esse novo remédio.'" Watson disse que normalmente em seis meses praticamente toda a fatia de mercado que esse novo medicamento contra artrite poderia conquistar já foi conquistada. "Todo mundo procura o seu médico e diz: 'Eu vi esse anúncio na TV do Celebrex ou do Vioxx.' E o médico, consciente de que a artrite do paciente não está sendo aliviada significativamente, está pronto para prescrever a nova droga." Se o anúncio é de um novo medicamento para pressão arterial, então, disse Watson, "os remédios de hoje, para não mencionar os remédios de ontem, controlam bastante a pressão arterial na imensa maioria das pessoas", de modo que um médico está menos disposto a experimentar um novo medicamento, mesmo que o paciente peça.

Watson considera a terapia de reposição de testosterona um exemplo, assim como o Viagra, de que a indústria farmacêutica está se aproveitando de uma mudança cultural. "A função sexual não era uma conversa para o jantar quando eu estava crescendo", disse ele. "Mesmo há vinte anos eu não estou certo de que as expectativas sociais em relação ao sexo fossem as que são hoje. A prescrição de testosterona, Viagra e outras drogas é determinada pela mudança na sociedade, e em geral sua utilização pelos homens tem muito pouca relação com a palavra 'necessidade.'" Watson admite com uma risada que quando o Viagra estava sendo desenvolvido não se deu conta de todo seu potencial. Ele tinha em mente o número relativamente pequeno de homens com danos nos nervos do pênis ou submetidos a radiação pélvica ou cirurgia. Ele não antecipou o grande número de homens que tomariam a droga não por uma clara recomendação médica, mas recreativamente. "Quem teria previsto que Bob Dole iria à televisão falar sobre isso?" Os anúncios com Dole, na opinião de Watson, provocaram uma mudança surpreendente no público, e um reflexo nos médicos, levando ao faturamento multibilionário do Viagra. Se um respeitado herói de guerra do Kansas, com uma posição política em geral conservadora e uma mulher dinâmica e glamourosa podia defender uma droga como aquela, então qualquer um podia se sentir à vontade para usá-la para melhorar a própria vida sexual. A principal diferença entre a testosterona e drogas como o Viagra é que o Viagra produz um resultado físico claro, uma ereção sustentada, ao passo que os estudos sobre a testosterona freqüentemente não mostram aumento da libido em comparação com placebo.

Quando eu pedi a Watson sua definição de "marketing ético" de medicamentos, ele respondeu que o principal objetivo do marketing deveria ser a correta educação de um médico sobre os efeitos colaterais e os benefícios potenciais de uma droga específica. A maioria dos médicos, disse ele, toma conhecimento de novos produtos por intermédio da indústria farmacêutica. "O médico que investe tempo e esforço para ler em profundidade sobre uma nova droga é a exceção à regra", admitiu ele, e os estudos confirmam a afirmação. Por esse motivo, ele acreditava que médicos ocupados, que têm pouco tempo para mergulhar nos dados por conta própria, devem receber material educativo que coloque o tratamento em seu nicho clínico correto. "Um bom representante de vendas irá chamar a atenção do médico para os pontos críticos do medicamento; então o médico, espera-se, reservará algum tempo para ler o encarte e os outros materiais deixados pelo representante, sempre se concentrando no que é fundamental." Em vez de simplesmente vender, a indústria deveria ajudar na formação do médico.

"Não estou tentando fingir que não estamos vendendo, porque estamos. Mas uma empresa ética com um bom produto deveria estar principalmente tentando ensinar o médico a usá-lo", disse Watson. Há um interesse financeiro pessoal nessa abordagem, claro. Compreendendo melhor o medicamento, é mais provável que o médico "dê uma chance" a ele, disse Watson. E o teste corretamente. "Queremos que um bom produto seja dado ao paciente certo. Porque se ele não for corretamente prescrito, então ou ele não funciona ou tem efeitos colaterais inesperados, e essa é a última coisa que queremos, pelo bem do paciente e porque isso afastará o médico."

"Francamente, alguns médicos são uns frouxos; então, quando uma pessoa entra e diz que tem uma dor no joelho, e o médico tem medo de que ele vá procurar outro médico se não receber alguma coisa, passa uma receita — e você pode preencher a lacuna com qualquer que seja a última droga anunciada", disse-me Watson, acrescentando que outros médicos, em reação aos anúncios dirigidos ao público, "dizem a si mesmos: 'Bem, ele quer esse remédio. Eu poderia ter receitado outra coisa, mas isso na verdade não faz grande diferença, então eu vou dar a ele o que ele quer'". É nessa arena "voltada para o público", disse Watson, que você vê o "marketing real", o esforço de certos laboratórios farmacêuticos de criar demanda por produtos que não merecem isso com base em necessidades médicas. As palavras de Watson me fizeram lembrar dos comprimidos caros para indigestão anunciados quando antiácidos comuns são eficazes para a maioria das pessoas por uma fração do preço. Diferentemente do que fazem quase todos os laboratórios farmacêuticos, Watson afirma que a maioria dos medicamentos genéricos é igualmente segura e eficaz e permite uma grande economia. Mas as empresas têm uma postura agressiva contra os genéricos e tentam moldar o comportamento do médico com presentes e mordomias. "Eu posso dizer: se um médico prescreve um medicamento de marca extremamente caro para mim porque algum vendedor deu a ele uma caneta Mont Blanc, esse não é o tipo de médico que eu gostaria de ter."

Pouco depois de minha conversa com Watson, falei com um cirurgião que conheço. Ele por acaso estava partindo no dia seguinte para esquiar no Colorado e participar de uma conferência médica. Todas as despesas da viagem — passagem aérea, hotel, alimentação e inscrição no encontro — foram custeadas por uma empresa que produz um instrumento cirúrgico que ele costuma usar no centro cirúrgico. Não era uma caneta Mont Blanc. A viagem valia milhares de dólares.

"Não acho que isso me influencie a usar os produtos deles mais do que já faço", insistiu o cirurgião. Eu disse que via isso com ceticismo, e ele respondeu: "Na verdade, eu divido meu trabalho exatamente no meio. Metade do tempo eu uso os instrumentos dessa empresa, e metade do tempo, os de seus concorrentes." Ele riu, dizendo que, mantendo todos sob controle, ele receberia mais mordomias.

O que ele não mencionou foi se algumas das cirurgias que ele fez com quaisquer dos produtos eram necessárias. Algumas vezes a alta remuneração por uma determinada operação, combinada com a generosidade de uma empresa de equipamentos, parece determinar o número de cirurgias desnecessárias. A fusão da coluna é um bom exemplo.

Uma visão histórica ajuda a compreender a questão polêmica da cirurgia para dor crônica nas costas. Os cirurgiões experimentaram uma longa lista de procedimentos que no final se mostraram desapontadores, quando não ineficazes. Na década de 1950, muitos pacientes com angina e doença coronariana foram submetidos a uma operação na qual se atava uma artéria que passa sob o esterno. Na época os médicos acreditavam que o procedimento aumentaria o fluxo de sangue para um coração que não estava recebendo o volume suficiente por causa de bloqueios nas artérias coronárias. Então, no final da década, uma pesquisa clínica mostrou que pacientes que tinham passado por uma operação fictícia estavam tão bem quanto os submetidos à verdadeira. Aparentemente, o efeito placebo fez com que muitos pacientes se sentissem melhor depois da cirurgia.

Outros procedimentos antes populares resultaram de uma compreensão equivocada da biologia de um quadro específico. William Halstead foi o criador da mastectomia radical em 1895, no Johns Hopkins Hospital; ela se tornou o tratamento padrão para câncer de mama. Quando eu era estudante de medicina no início da década de 1970, ninguém a questionava. Cirurgiões de todo o país acreditavam que o câncer de mama se alastrava de forma progressiva a partir do tumor inicial, e que a única cura era remover todo o seio e os músculos abaixo dele. Na década de 1980 tinha ficado claro que as células cancerosas podem se espalhar por todo o corpo já nos primeiros estágios da doença através dos canais linfáticos e vasos sanguíneos. A tumorectomia, com retirada do tumor e preservação da mama, seguida de radiação na região afetada, se revelou tão eficaz quanto a mastectomia radical no tratamento do câncer, além de ser muito menos mutilante e traumática para a paciente.

A fusão espinhal pode ser a mastectomia radical de nossos dias. Em 2006 foram realizadas mais de 150 mil fusões espinhais lombares nos Estados Unidos. A operação envolve a retirada dos discos do final da coluna e a fixação mecânica das vértebras com hastes de metal e parafusos. O procedimento é muito benéfico para pacientes com fratura de coluna ou câncer espinhal. Mas com maior freqüência a fusão espinhal é feita para aliviar dor crônica na base da coluna. Há sérias dúvidas sobre se a operação é eficaz e por que alguns médicos a realizam.

Tomografias e ressonâncias magnéticas freqüentemente são usadas para defender a cirurgia, mas há pouca ligação entre discos danificados ou deteriorados e dor na base da coluna. Por exemplo: estudos mostraram que 27% das pessoas saudáveis com mais de 40 anos de idade têm hérnia de disco, 10% têm uma anormalidade nas articulações vertebrais e 50% têm outras mudanças anatômicas que parecem significativas em tomografias. Mas nenhuma dessas pessoas tem dor nas costas. Resultados semelhantes foram encontrados em um estudo por ressonância magnética: 36% das pessoas de mais de 60 anos de idade tinham hérnia de disco, e entre 80% e 90% delas tinham degenerações significativas nos discos na forma de reduções ou protuberâncias. Mais uma vez, a despeito dessas mudanças anatômicas significativas na coluna lombar, essas pessoas saudáveis não tinham incômodas dores nas costas. Em algumas pessoas, claro, a ruptura de um disco coincide com um surto agudo de dor. Mas mesmo então os estudos mostram que a cirurgia freqüentemente é desnecessária. Mais de 80% das pessoas irão se recuperar com medidas conservadoras, como antiinflamatórios, um breve período de descanso e depois mobilização progressiva e fisioterapia. Uma operação simples chamada de discectomia — remoção da borda herniada do disco que pressiona a raiz nervosa — pode aliviar a dor mais rapidamente; quem preferir evitar a operação pode fazê-lo, mas se arrisca a um período maior de desconforto.

Cada um dos muitos músculos, tendões, ossos, articulações e ligamentos da base da coluna tem nervos que podem transmitir mensagens de dor através da medula espinhal para o cérebro. Também há órgãos no abdome e na pelve que, quando inflamados ou doentes, podem sinalizar dor nas costas. Dadas todas essas estruturas, a fonte da dor crônica nas costas freqüentemente é um mistério. Os médicos podem ter dificuldade para identificar quando um paciente está desconfortável.

O modo como os médicos pensam sobre um problema como dor crônica nas costas é altamente influenciado por sua especialidade. Uma pesquisa publicada em 1994, intitulada "Who You See is What You Get", mostrou que cada grupo de especialistas privilegiava as ferramentas de diagnóstico de sua disciplina na avaliação dos pacientes. Neurologistas pediam eletromiografias (EMG), que avaliam a integridade da condução do sistema de nervos. Uma EMG é feita inserindo agulhas nos músculos e nervos e disparando uma pequena corrente elétrica. Reumatologistas, que são especializados em artrite e outros distúrbios nas articulações, pediam exames de sangue chamados de sorologias, capazes de identificar distúrbios auto-imunes relativamente raros que afetam a coluna. Cirurgiões pediam ressonâncias magnéticas, que mostram a anatomia das vértebras e discos e podem sugerir uma solução cirúrgica.

Um médico que atende muitos pacientes com dores crônicas nas costas e é especializado em anestesiologia e administração da dor me contou que cada forma de chegar ao diagnóstico e à dor é fundamentalmente uma "franquia", e que há franquias demais disputando o controle. Eu percebi que ele estava usando uma expressão comercial como mais que uma metáfora. Ele destacou que na medicina, quando você realiza um procedimento em um paciente, mesmo que seja apenas enfiar uma agulha nele, a seguradora o remunera a uma taxa muito melhor do que quando você faz um exame físico. Assim, disse ele, há um grande estímulo a realizar procedimentos invasivos.

Por outro lado, o dr. Richard Deyo, médico de atendimento primário da Universidade de Washington que estudou os resultados do tratamento ministrado a milhares de pessoas com dores nas costas, enfatizou que na maioria dos casos esses exames não são nem informativos nem úteis para determinar o tratamento. A pesquisa mostrou que 85% dos pacientes que sofrem de dores nas costas não conseguem um diagnóstico preciso; a dor normalmente é classificada como "distensão" ou "entorse" na região lombar. Na verdade o diagnóstico não é fundamental, porque os resultados costumam ser semelhantes. Nos casos de dor lombar aguda, 90% melhoram em um período de duas a sete semanas sem terapia específica. Mesmo no caso de uma ruptura aguda de disco, o prognóstico é bom, embora a recuperação normalmente seja mais demorada: 80% se sentem significativamente melhor em seis semanas, sem cirurgia. Com o tempo o disco retrai, deixando de pressionar os nervos, e a inflamação desaparece. Como já foi observado, uma simples discectomia fará com que você se sinta melhor mais rapidamente se tiver dor ciática aguda, portanto algumas pessoas escolhem esse procedimento. Mas a defesa da cirurgia no caso de dor lombar crônica, em oposição à aguda, é muito menos clara; o modo como os médicos conduzem os pacientes com dor crônica, infelizmente, pode ser significativamente influenciado pela economia.

Os cirurgiões de coluna com os quais conversei relutaram em ser identificados pelo nome por temerem que suas respostas sinceras prejudicassem suas posições na comunidade médica e diminuíssem o encaminhamento de pacientes. Então, vamos chamar um desses cirurgiões de dr. Wheeler. Ele faz duas ou três fusões espinhais por semana. Durante muitos anos Wheeler recomendou que seus pacientes com problemas nas costas evitassem a fusão espinhal, a não ser que fosse absolutamente necessária — quando as vértebras tivessem sofrido luxações ou sido danificadas por doenças que ameaçassem a medula espinhal ou os nervos. Mas esses quadros são incomuns, correspondendo a menos de

2% de todos os casos de dor lombar crônica. "'Instabilidade da coluna' costuma ser o diagnóstico feito para esses pacientes com dor lombar crônica", disse Wheeler. "É um termo utilizado para justificar uma operação. E é um diagnóstico ótimo, porque não pode ser contestado diretamente."

Como o dr. Foyer, que acredita na terapia de reposição de testosterona para homens mais velhos, vários cirurgiões de coluna com os quais conversei acreditavam tanto na instabilidade espinhal quanto na necessidade de cirurgia de fusão. Eles normalmente pediam radiografias da coluna e interpretavam pequenos deslocamentos das vértebras quando flexionadas ou estendidas como provas para o diagnóstico. Mas especialistas em cirurgias da coluna, como Wheeler, e em medicina de reabilitação, como o dr. James Rainville, do New England Spine Center [Centro da Coluna da Nova Inglaterra], expressaram grande ceticismo de que essas pequenas mudanças nas radiografias pudessem ser responsáveis pela dor crônica.

Embora Wheeler recomendasse aos pacientes com um antigo histórico de dores nas costas evitar a cirurgia de fusão, descobriu que havia grandes forças contra suas recomendações conservadoras, especialmente quando os pacientes tinham um acidente ou dano relacionado com o trabalho, e, assim, podiam ter vantagens financeiras com uma invalidez permanente. Ele me contou que um grupo de quatro neurologistas de sua comunidade trabalha diretamente com advogados. Os advogados encaminham os pacientes a esses neurologistas após um dano ou acidente de trabalho associado a problemas nas costas. Os neurologistas cobram até US$1.500 por uma EMG e depois recebem outros US$500 do advogado por seu laudo. (Wheeler asseverou que em mais de vinte anos de profissão nunca viu esses neurologistas considerarem uma EMG negativa em casos de acidentes.) Os neurologistas então dizem aos pacientes que eles têm um sério problema nos discos que pode aumentar sua percepção da dor. Ademais, é dito que se eles se submeterem à cirurgia, não necessariamente precisarão voltar a trabalhar depois.

Wheeler disse que fica em situação difícil sempre que um desses neurologistas diz a um paciente que a EMG ou a ressonância magnética indicaram algo muito errado na coluna. No passado, quando Wheeler questionou um desses neurologistas, o médico retrucou: "Sou um defensor do paciente."

Claro que a maioria dos médicos não se comporta de forma tão escandalosa, e a maioria acredita que aconselha corretamente seus pacientes com as informações fornecidas pelos exames. Ainda assim, a atual cultura médica estimula lucrativas redes de encaminhamento e procedimentos, mas desestimula exames críticos do seu valor. As seguradoras também favorecem a cirurgia: os pacientes normalmente recebem maior indenização por incapacitação se são submetidos a cirurgias nas costas. Wheeler acabou descobrindo que praticamente todos os pacientes que ele recusara tinham sido operados por outros cirurgiões de sua área. Ele decidiu que se seus pacientes iriam fazer uma cirurgia, ele podia muito bem ser a pessoa a fazê-la. Pelo menos ele saberia que a operação tinha sido feita com competência.

As seguradoras quase sempre remuneram um cirurgião muito melhor por uma operação de fusão que por uma discectomia. Na área de Wheeler, por exemplo, a remuneração do cirurgião por uma discectomia simples está em torno de US$5 mil, em comparação com cerca de US$20 mil por um procedimento de fusão. Os incentivos financeiros favorecem pesadamente a fusão.

Para a maioria dos pacientes com dor lombar crônica, a cirurgia de fusão não tem grande impacto nem na dor nem na mobilidade. Mas muitos cirurgiões não dão a devida atenção aos maus resultados. Uma pesquisa de casos na Escandinávia comparou pacientes que se submeteram a cirurgia de fusão para dor lombar crônica com outros não operados. Após dois anos, um observador independente classificou apenas um em cada seis pacientes do grupo operado como tendo um resultado "excelente" — apenas pouco melhor do que os pacientes que fizeram uma intensa fisioterapia. Apesar de resultados tão desapontadores, alguns cirurgiões de coluna citam o estudo para apoiar a legitimidade da operação.

Em 1993, o Departamento de Políticas de Saúde e Pesquisa, um órgão federal, montou uma comissão multidisciplinar de 23 especialistas em dor nas costas — neurologistas, ortopedistas, clínicos, radiologistas, quiropráticos, reumatologistas, psicólogos e enfermeiros. Richard Deyo, da Universidade de Washington, era um dos membros. Pouco antes ele havia publicado uma análise estatística das pesquisas existentes, na qual sugeria que a fusão espinhal não tinha justificativa científica e apresentava uma taxa de complicações significativamente mais alta que a discectomia simples. A comissão federal deveria estabelecer orientações para a administração clínica da dor lombar aguda avaliando as provas científicas referentes ao seu diagnóstico e tratamento. Embora a comissão não tenha discutido cobertura de seguros, parecia provável que a Medicare* e seguradoras privadas levariam em conta essas orientações para determinar os pagamentos.

O grupo federal começou a ser atacado praticamente em sua primeira reunião. A Sociedade Norte-Americana da Coluna Vertebral criticou a comissão por não fazer reuniões abertas e alegou que os membros tinham preconceito contra a cirurgia. A sociedade fez lobby no Congresso para cortar as verbas do Departamento de Políticas de Saúde e Pesquisa. Deyo me contou que a postura adotada pelos críticos era: "Esses caras são anticirurgia, antifusão". Mas, insistiu ele, "nós realmente não tínhamos interesse pessoal. Nosso objetivo era estudar criticamente as evidências e os resultados dessas práticas médicas comuns".

Depois das eleições para o Congresso em novembro de 1994, que deram a maioria para os republicanos em uma grande mudança, a nova Câmara se mostrou receptiva às críticas à comissão. Embora a Associação Médica Americana, o Colégio Americano de Médicos e a Associação Americana de Hospitais tenham tentado salvar o Departamento de Políticas de Saúde e Pesquisa, a Câmara cortou todo o seu orçamento. A batalha foi então transferida para o Senado. Embora o departamento tenha sobrevivido, o Congresso fez um corte radical em suas verbas. Uma empresa que fabrica equipamentos utilizados em cirurgia de fusão pediu um mandado judicial para impedir a publicação das descobertas da comissão. As orientações que acabaram sendo publicadas enfatizaram medidas conservadoras como fisio-

* Nome do sistema público de saúde dos Estados Unidos. (N. do R.)

terapia, mas a controvérsia em torno da comissão prejudicou sua credibilidade, e suas recomendações tiveram pequeno impacto na prática cirúrgica.

Embora um cirurgião de coluna com o qual eu conversei ainda defenda as ações contra a comissão, mesmo ele admite que as operações de fusão proliferaram nos Estados Unidos. Ele destacou que quando começou sua formação, há mais de duas décadas, havia apenas um punhado de bolsas para especialização em cirurgia de coluna; hoje há mais de oitenta. Todos os anos são formados mais especialistas, e esses especialistas naturalmente buscam oportunidades de aplicar seus conhecimentos. A tecnologia também evoluiu rapidamente. Novos tipos de parafusos, hastes e próteses, bem como outras peças, podem ser colocados na coluna. Esses instrumentos têm um marketing agressivo e dão altas margens de lucro tanto para os fabricantes quanto para os hospitais que os utilizam.

Conversei com um cirurgião que voltava de um encontro sobre cirurgia de coluna em um *resort* de luxo. Como no caso de meu amigo cirurgião já citado, toda a viagem foi paga por uma empresa que fabrica as peças que ele usa para fazer fusões. Ele alegou que a mordomia não iria mudar seu comportamento, mas também afirmou "acreditar" na cirurgia de fusão. "Meus resultados são melhores que qualquer coisa na literatura médica", disse ele. Mas quando pressionado ele admitiu que o acompanhamento a longo prazo é raro e que ele não participou de nenhuma pesquisa com escolha aleatória de casos comparando a cirurgia de fusão com medidas conservadoras como fisioterapia.

Quando o governo não impede procedimentos desnecessários, quando interesses empresariais os estimulam e quando os médicos passam a acreditar neles, as únicas instituições que podem conter a onda de cirurgias inúteis são as faculdades de medicina e os hospitais a elas ligados. E, de fato, muitos hospitais tentam preservar a medicina da influência empresarial. O *Journal of the American Medical Association* (*JAMA*) publicou em janeiro de 2006 um artigo que despertou bastante atenção. Nele, médicos acadêmicos de Colúmbia e Harvard recomendavam que os médicos começassem a se policiar contra a influência perniciosa da indústria farmacêutica. Nenhum avanço médico é possível sem uma parceria com o setor privado, seja no desenvolvimento de um remédio ou de um novo equipamento a ser implantado. Uma economia de livre-mercado pressupõe que uma empresa irá tentar conquistar a maior fatia de mercado possível e aumentar os lucros. Por outro lado, as decisões que um médico toma em relação a seus pacientes devem ser livres de qualquer idéia de ganho financeiro pessoal. Os autores do artigo chegaram ao ponto de afirmar que mesmo presentes aparentemente banais podem influenciar sutilmente o médico. Eles argumentaram que na psicologia do presente a pessoa, consciente ou inconscientemente, sente-se obrigada a retribuir.

Algumas vezes, mas não sempre, a retribuição pode ser feita à custa do paciente. Hoje, muitos hospitais e universidades, assim como publicações médicas, exigem que os médicos revelem suas relações financeiras com empresas. Algumas dessas relações envolvem consultoria; outras, financiamento de pesquisa ou atividades educativas. O objetivo da transparência é tornar pública a relação e alertar o paciente ou leitor da publicação para potenciais preconceito ou tendência.

Mas os autores do artigo do *JAMA* argumentaram que essa transparência não é o bastante. Eles chamaram a atenção para Wall Street, onde analistas de mercado de ações estimulavam indevidamente as ações de certas empresas apesar de ligações financeiras entre os empregadores dos analistas e as empresas em questão. De fato, essa transparência pode ter efeito contrário ao pretendido: pacientes ou leitores podem acreditar que a transparência liberta o médico ou pesquisador da tendenciosidade potencial associada ao lucro pessoal, quando na verdade a transparência não gera isso. O dr. Thomas Stossell, eminente hematologista do Brigham and Women's Hospital, em Boston, escreveu uma réplica na *Forbes* argumentando que as relações com a indústria são fundamentais para o avanço da medicina, e impedir ou dificultar seriamente essas relações acabaria por prejudicar os pacientes que precisam de novos medicamentos.

Na avaliação de potenciais conflitos de interesse, o hospital no qual eu trabalho faz uma distinção entre trabalho clínico e pesquisa de laboratório.

Pesquisadores de laboratório são estimulados a ter relações com a indústria, já que essas relações são fundamentais para desenvolver curas para doenças no momento incuráveis. Por outro lado, o risco de que o lucro pessoal possa influenciar o raciocínio clínico é considerado alto demais para permitir que médicos testem drogas em tratamentos experimentais se forem consultores de um laboratório farmacêutico ou fabricante de equipamentos. As restrições não chegam ao ponto proposto pelo artigo do *JAMA*, de modo que mordomias pessoais como jantares em restaurantes caros ou a honra de falar em conferências (dada aos médicos na forma de "bolsas educativas" pelo patrocinador da conferência) ainda são permitidas. A maioria dos hospitais e faculdades de medicina se encontra hoje nessa zona nebulosa.

É improvável que a curto prazo se consiga ganho financeiro pessoal com certas decisões clínicas. Vários cirurgiões de coluna me disseram que não participariam de uma pesquisa para comparar a discectomia simples com a cirurgia de fusão porque a cirurgia de fusão é sua principal fonte de renda e eles estão convencidos do seu valor. Foram esses os obstáculos que o dr. James Weinstein, da Faculdade de Medicina de Dartmouth, enfrentou ao tentar iniciar um estudo nacional. Weinstein, cirurgião-ortopedista e um dos principais especialistas em dores nas costas, me contou que o modo como os médicos lidam com queixas de dor lombar crônica precisa de mudanças radicais. Ele disse que os pacientes precisam receber informações não distorcidas sobre o que se sabe e o que não se sabe sobre dores nas costas e as várias formas de tratamento. Em vez de consentimento informado, Weinstein defende o que é chamado de escolha informada — uma compreensão total de todas as opções, com seus possíveis riscos e benefícios.

A escolha informada significa, em parte, aprender como diferentes médicos pensam sobre um problema clínico específico e como ciência, tradição, incentivo financeiro e tendências pessoais moldam esse raciocínio. Não há uma fonte única para todas essas informações sobre cada distúrbio, de modo que o paciente e sua família devem perguntar ao médico se o tratamento proposto é padrão ou se diferentes especialistas recomendam abordagens diferentes, e por quê. Os leigos também devem investigar há quanto tempo um novo tratamento está sendo testado. Karen Delgado é um modelo nesse sentido. Ela aplica senso comum aos resultados científicos dos estudos clínicos; não teme questionar o hábito e a tradição; considera a medicina uma missão, não um negócio. E evita tentações financeiras que poderiam sutilmente orientar sua prática. Pacientes freqüentemente a procuram após terem lido matérias de jornal ou assistido a programas de televisão que apresentam depoimentos de médicos sobre resultados de uma pesquisa ou uma suposta revelação. "Pode ser aquilo no que eles acreditam, mas agora vamos falar sobre o que sabemos e o que não sabemos", diz Delgado a seus pacientes.

CAPÍTULO 10

A serviço da alma

O Memorial Hospital é um prédio de tijolos marrons com 21 andares que ocupa todo o quarteirão da York Avenue, entre a 67th e a 68th Streets, no leste de Manhattan. Ligado ao hospital fica o Instituto Sloan-Kettering, uma colmeia de estruturas de aço e vidro que abriga laboratórios de pesquisa. Em 2005, mais de 21 mil pacientes foram internados no hospital, e houve 445 mil consultas de acompanhamento. Foram realizadas quase 16 mil cirurgias e 110 mil tratamentos por radioterapia. Todos os dias, cerca de nove mil médicos, enfermeiras, psicólogos, assistentes sociais, técnicos de laboratório e funcionários de apoio chegam para cuidar de pessoas com câncer.

Esse enorme empreendimento tem origem no sofrimento de uma única jovem, Elizabeth Dashiell, que adoeceu no verão de 1890. Em seu maravilhoso livro *A Commotion in the Blood*, Stephen S. Hall conta a sua história. O problema surgiu quando ela fez uma viagem de trem pelos Estados Unidos. Durante a viagem, sua mão ficou presa entre dois assentos de um vagão Pullman. Inchou rapidamente e ficou dolorida; ela supôs que estivesse infeccionada. A dor continuou após ela ter voltado para casa em Nova Jersey. Em setembro, ela se consultou com William Coley, um cirurgião de 28 anos de idade em seu consultório particular em Nova York.

O dr. Coley não tinha certeza do diagnóstico. Ainda esperando que fosse uma infecção, fez uma pequena incisão abaixo da articulação que liga o dedo mínimo ao dorso da mão. Mas apenas algumas gotas de pus pingaram da área lancetada. Ao longo dos três meses seguintes, Coley atendeu Dashiell regularmente, decidido a diagnosticar o problema de fundo e aliviar sua dor crescente.

Após consultar vários cirurgiões mais experientes no New York Hospital, decidiu que precisava estudar os tecidos inchados mais profundamente.

Em outubro de 1890, Dashiell foi submetida a uma cirurgia. Coley raspou de seus tendões e ossos um material duro e semelhante a cartilagem. Mas o procedimento não ofereceu uma resposta e deu a ela apenas um alívio temporário da dor. No início de novembro, Coley fez uma biópsia e finalmente chegou ao diagnóstico: sarcoma. Sarcoma é um câncer do tecido conjuntivo, que se desenvolve em ossos, tendões ou músculos. Coley estava desesperado para salvar Dashiell e tentou conseguir isso amputando o braço da jovem logo abaixo do cotovelo. Mas já era tarde demais. Ao longo dos meses seguintes, o sarcoma se espalhou pelo rosto, pelos seios e pelo abdome. A dor se tornou tão forte que só era controlada com altas doses de morfina. Elizabeth Dashiell morreu em casa às 7 horas da manhã de 23 de janeiro de 1891. O dr. Coley estava junto à cama.

Vários meses mais tarde ele apresentou o caso de Dashiell a seus colegas cirurgiões da Academia de Medicina de Nova York. Concluiu sua apresentação com esta observação: "Uma doença que (...) pode atacar uma pessoa com saúde perfeita, no pleno vigor do início da maturidade, e, de uma forma insidiosa e misteriosa, em poucos meses, destruir a vida, certamente é suficientemente importante para exigir nossas melhores reflexões e estudo continuado."

Dashiell teria sido apenas mais uma jovem a morrer tragicamente de um câncer incurável, não fosse pelo fato de que um de seus maiores amigos era John D. Rockefeller Jr., filho único do fundador da Standard Oil. Rockefeller conhecera Dashiell por intermédio do irmão mais velho dela, e tinha tanto carinho que passou a ver Elizabeth como uma irmã adotiva. Rockefeller ficou chocado com a morte de Dashiell. Vários anos mais tarde ele deu continuidade a um programa de filantropia que sua família tinha mantido durante gerações e que levou à criação do Memorial Hospital.

O dr. Stephen Nimer é um dos médicos do Memorial que cuida de seus pacientes seguindo a tradição de William Coley, dedicando a eles suas "melhores reflexões e estudo continuado". Em uma manhã de primavera, há pouco tempo, o dr. Nimer atravessou o corredor do 11º andar do hospital e entrou em uma sala de conferências para iniciar sua ronda educativa. Ele é hematologista especializado em leucemia, linfoma e outros quadros malignos da medula óssea. Nimer tem quase 1,83 metro, bico-de-viúva e um rosto oval que emoldura seus óculos sem aro. Ele gosta de brincar dizendo que é um dos poucos formandos do MIT que foi lá para jogar hóquei.

Naquele dia Nimer vestia um jaleco branco impecável, camisa azul engomada e uma gravata de seda com nó perfeito. Observou com satisfação que tinha sido pontual. O especializando em hematologia e o residente-chefe da clínica estavam esperando. O especializando tinha um novo caso para apresentar, e após trocarem gentilezas ele começou:

— Max Bornstein é um cavalheiro de 59 anos de idade que teve um linfoma de grandes células tratado com sucesso há dois anos e agora tem SMD. — Trata-se da sigla para síndrome mielodisplásica, expressão de raiz grega que significa dano às células primitivas da medula óssea, as células-tronco; as células-tronco afetadas crescem de forma atrofiada desordenadamente e não produzem sangue suficiente. No caso de Bornstein, foi a quimioterapia, que tinha curado seu linfoma dois anos antes, que afetou as células da medula óssea. — Sua contagem de leucócitos caiu para 1.900, suas plaquetas para 74 mil e sua hemoglobina, 9,8 — disse o especializando. — E calculei todos os seus parâmetros, incluindo os achados na medula óssea. O risco calculado é de intermediário II no IPSS. Com base nisso, faria apenas uma transfusão e nada além de medidas de apoio.

O rosto de Nimer endureceu.

— Não estou interessado nos pontos dele nem no Sistema Internacional de Classificação de Prognósticos — disse ao especializando.

— Bem, poderíamos utilizar um sistema de classificação diferente, com base na classificação da Organização Mundial da Saúde...

— Você não está entendendo — interrompeu Nimer. Era algo quase sempre ignorado, e que Nimer considerava fundamental para formar a próxima geração de hematologistas.

— Mas ele tem uma doença de risco intermediário II IPSS — disse o especializando.

— Espere um minuto — disse Nimer. Virou-se para o residente e perguntou: — Ele acabou de dizer que este homem tinha doença de risco intermediário II IPSS?

O residente parecia confuso.

— Sim — respondeu ele.

— Mas o que há de errado com isso? — retrucou Nimer, depois se virando para o especializando. — Você realmente quis dizer isso?

— Bem, por que não? — retrucou o rapaz.

— Você concorda que o paciente tem SMD em função da quimioterapia anterior? — perguntou Nimer, começando a conduzi-lo por um caminho diferente.

— Sim.

— Então você deveria saber que a classificação IPSS exclui pacientes que tiveram terapia anterior como uma causa de sua SMD. — Nimer fez uma pausa. — Certo. Esse é o primeiro ponto. Porém, mais importante, vocês precisam saber a classificação IPSS de modo a cuidar de *qualquer* paciente?

— Bem, nós calculamos o IPSS o tempo todo — disse o especializando.

— Sim, isso é verdade. Mas semana passada a contagem de leucócitos desse homem estava em 3.200, e em sete dias despencou para 1.900. Suas plaquetas caíram de 105 mil para 74 mil. Então eu realmente não estou interessado no IPSS neste momento. Eu sei que esse é um homem que terá muitos problemas, um homem que está se deteriorando muito rapidamente e que precisa de tratamento imediato. Não apenas medidas de apoio como transfusão. Tratamento *imediato*.

Como Nimer me explicou depois, ele sempre encontra jovens médicos que desistem de raciocinar e buscam esquemas de classificação e algoritmos que pensem por eles. Naquele caso, o especializando estava encaixando o sr. Bornstein em um modelo com base em sua contagem de elementos do sangue e na situação de sua medula óssea. Quando Nimer o desafiou, a reação do adjunto foi invocar outro esquema de classificação. "É uma forma estática de ver as pessoas", disse Nimer.

"Em termos estritos é correto. Mas, clinicamente falando, é errado." Nimer acredita que a proliferação desses esquemas padronizados fez com que os médicos se viciassem de tal modo em perfis genéricos que ignoram as características individuais do paciente. "Aquele homem não parecia mal nesse sistema de classificação", continuou Nimer, e por isso o especializando sugeriu medidas de apoio mais do que um tratamento agressivo. Mas, na verdade, considerar o caso de Bornstein assim era uma ilusão, uma armadilha do esquema, porque o sistema de classificação não leva em conta a evolução da doença da pessoa, a taxa de diminuição no número de células. Com base nessa trajetória, os números de Bornstein logo iriam despencar para níveis perigosos; ele provavelmente morreria por uma infecção ou hemorragia antes que qualquer tratamento fizesse efeito.

Esquemas de pontuação estão se proliferando em todas as áreas da medicina. Eles podem ser ferramentas úteis para organizar informações clínicas, oferecer uma estrutura para avaliar desordens complexas e heterogêneas. Mas também são muito sedutores. Nem sempre é claro quando tratar uma pessoa com uma quimioterapia altamente tóxica e potencialmente letal; naquele caso, Nimer recomendou um transplante de medula óssea, provavelmente a terapia mais drástica disponível em hematologia e oncologia, uma terapia que pode curar ou matar. Decidir se um paciente precisa de um transplante de medula, e quando ele deve ser feito, é uma enorme responsabilidade. Encaixar um paciente em um ponto da escala que não determina uma terapia mais agressiva como um transplante de medula é um alívio tanto para o médico quanto para o paciente. Mas seria um grave erro. Confiar em esquemas também se ajusta ao ritmo acelerado dos cuidados clínicos de hoje. Bornstein era apenas um das dezenas de pacientes que o especializando atenderia ao longo de uma semana. Algoritmos e tabelas eram para ele atalhos no trabalhoso processo de avaliar cada uma dessas dezenas de casos complexos. Nimer queria levá-lo a um tipo de raciocínio difícil, mas necessário, sobre todos os pacientes.

Além de trabalhar com os pacientes, Nimer supervisiona um grande programa de pesquisa sobre doenças malignas do sangue como linfoma e leucemia. "Acredito que meu raciocínio na clínica é ajudado por ter um laboratório. Se você faz uma experiência duas vezes e não obtém resultados, não há sentido em repetir uma terceira vez. Você precisa se perguntar: o que eu estou deixando passar? Como poderia fazer diferente da próxima vez? É o mesmo processo de iteração na clínica. Se você está cuidando de alguém, e ele não melhora, então tem de pensar em uma nova forma de cuidar dele, não apenas continuar com a mesma terapia. Você também deve pensar se não está ignorando algo."

Essa afirmação aparentemente óbvia é na verdade uma descoberta profunda, porque para um médico é muito mais fácil, psicologicamente e do ponto de vista da logística, continuar tratando uma doença grave com uma terapia conhecida mesmo quando não há resposta. Em hematologia e oncologia as doenças freqüentemente são difíceis de curar. Os especialistas costumam dizer em particular "é uma doença ruim", significando que é complexa e muitas vezes resistente às terapias do manual. Mas a insistência em afirmar quão grave certo tipo de linfoma costuma ser, como certa leucemia pode ser agressiva, tem um sutil efeito psicológico. O mantra "é uma doença ruim" pode tirar do especialista o fardo de pensar. Em vez de se esforçar para atingir o mal de um ângulo diferente, de buscar seu ponto vulnerável acrescentando outras drogas ou padronizando um regime, o médico em essência se rende. Essa rendição não é consciente, mas um paciente esperto pode perceber o fato de que seu médico está teimando com o mesmo tratamento, não correndo o risco de conceber uma nova abordagem individual quando o quadro não apresenta melhoras porque "é uma doença ruim".

Quando eu era adjunto em treinamento na UCLA, alguns dos médicos mais experientes recitavam esse mantra. E me flagrei também repetindo-o, com uma culpada sensação de alívio. Ele funcionava como uma proteção para o medo do fracasso, um medo que mesmo um médico consumado, o que eu não era, traz dentro de si. É saudável e benéfico investir seu ego em derrotar a doença do seu paciente. Mas o perigo é quando seu ego se torna maior que esse objetivo.

"Eu digo aos pacientes que farei todo o possível para ajudá-los, e isso também significa que estou me preparando para o fracasso", disse Nimer. Fracasso é algo que os médicos detestam. Isso ficou claro para mim quando pesquisei os resultados de cirurgia para câncer de próstata. Diferentes cirurgiões relataram um grande número de casos de impotência e incontinência pós-operatória. Embora a habilidade individual do cirurgião parecesse ser responsável por uma parcela dessa variação, à medida que estudei mais, observei que era basicamente resultado de quais pacientes o cirurgião tinha escolhido operar. Alguns cirurgiões recusavam casos difíceis de tumores grandes e agressivos. Outros se recusavam a operar pacientes com problemas médicos sérios, como diabetes, mesmo que a cirurgia fosse a melhor opção para erradicar o câncer. Pacientes assim têm maior probabilidade de danos nos nervos e, portanto, de impotência.

"Eu digo a meus pacientes que quanto mais agressiva a doença, mais agressivo o tratamento", disse Nimer. E como é uma "doença ruim", o médico deve se esforçar mais, e não se render. Algumas vezes até mesmo doenças muito ruins podem ser curadas.

George Franklin era um bem-sucedido investidor independente com um apartamento enorme na Park Avenue e uma casa de veraneio no vale do rio Hudson. Ele tinha viajado para locais remotos do mundo em caçadas e pescarias, desfrutando a riqueza da natureza. Eu era amigo de sua cunhada, e ela me contou que ele tinha a disposição enérgica de um Theodore Roosevelt. Há cerca de 15 anos, Franklin estava abatido em um hospital de Manhattan com febre alta e baixo número de células sanguíneas. Seu clínico era um homem de seu círculo social, já de idade, e, como ele mesmo confessou, estava perplexo quanto à causa do problema de Franklin. A hematologista que estudou seu caso não conseguiu fazer um diagnóstico. Ela achava que ele poderia ter anemia aplástica, quadro em que há uma baixa formação de células na medula. Persuadi George Franklin a consultar um especialista que eu conhecia no Memorial Sloan-Kettering, e o diagnóstico foi rápido: linfoma de células T.

O linfoma é um câncer nos linfócitos, um dos tipos de células do sangue. São dois os principais tipos de linfócitos: B e T. A maioria dos linfomas ocorre nos linfócitos B. Uma pequena parcela afeta os do tipo T, e ambos são reconhecidamente agressivos. Os linfomas de células T são, na gíria dos corredores, doenças ruins.

George Franklin foi inicialmente tratado com um regime de quimioterapia combinada chamado ICE, em função de ifosfamida, carboplatina e etoposide. É um tratamento difícil. Franklin teve as complicações esperadas: feridas na boca e diarréia. Ele reconheceu estoicamente que não gostava do tratamento, mas ficou ainda mais infeliz quando informado de que mal tinha feito cócegas em sua doença. Ele queria outra abordagem, e outro médico. Eu sugeri Stephen Nimer.

Alguns hematologistas teriam dado a Franklin mais ciclos de ICE, esperando que o efeito cumulativo levasse à remissão o linfoma de linfócito T. Mas Nimer acreditava que a ausência de melhoria, apesar de doses completas da combinação, exigia uma mudança imediata e radical na terapia.

Nimer apresentou a estratégia a Franklin. Eles iriam tentar drogas diferentes na esperança de que uma ou mais reduzissem o linfoma em seu corpo ao ponto em que ele pudesse ser submetido a um transplante de medula óssea. Como Franklin não tinha um doador compatível, Nimer iria retirar células-tronco da medula óssea do próprio Franklin, tratá-lo com o que seria um volume letal de quimioterapia, e então "resgatá-lo" com suas próprias células-tronco. Franklin disse a Nimer: "Isso me assusta, mas eu na verdade não tenho escolha, não é?" Nimer respondeu que todos sempre têm uma escolha, mas que aquela era a forma mais racional de agir, e a única chance de cura.

O modo como o médico formula suas recomendações pode influenciar fortemente as escolhas do paciente. Por exemplo: apresentar resultados positivos deixa os pacientes mais dispostos a aceitar as recomendações. "Temos 30% de chance de melhoria com essa abordagem" provoca uma reação muito diferente de "Há 70% de chances de fracasso e morte", embora as duas afirmações sejam clinicamente equivalentes. Alguns pacientes também interpretam a palavra "melhoria" como significando "cura", quando na verdade pode indicar apenas uma redução temporária de um câncer.

Os pacientes também reagem de forma diferente quando os dados são apresentados na forma de percentagem, e não de números absolutos. Por exemplo, um homem idoso de minha comunidade telefonou para pedir minha opinião sobre o tratamento de um câncer de cólon diagnosticado pouco antes. O câncer era relativamente limitado e não tinha se espalhado para nenhum órgão vital. Ele tinha muitos problemas médicos, e pouco antes se submetera a uma cirurgia cardíaca com circulação externa, além de uma prótese de quadril. Ele estava plenamente consciente de sua qualidade de vida e se preocupava mais com a fraqueza provocada pela quimioterapia. Um oncologista tinha dito a ele que haveria uma redução de 30% na mortalidade, caso ele fizesse a quimioterapia. Isso tinha parecido impressionante, mas expliquei que seu prognóstico em geral era muito bom, de modo que em cinco anos uma redução de 30% na mortalidade poderia significar que de cem pessoas, dez que não fizessem a quimioterapia iriam morrer, enquanto sete, ou 30% menos, dos que fizessem a quimioterapia iriam morrer. A apresentação dos dados dessa forma — sete contra dez em cem após cinco anos — deixou claro para ele o caminho a seguir: nada de quimioterapia.

Nimer tratou de Franklin com altas doses de ciclofosfamida. Os linfomas de células T em seus nódulos linfáticos, baço e medula óssea se dissolveram. Com a remissão do câncer, Nimer passou para o transplante de medula óssea das células-tronco do próprio Franklin. A doença desapareceu durante seis anos. Nesse período Franklin continuou com suas longas viagens, fez alguns novos acordos de negócios na África e na Ásia e se aproximou mais dos filhos. Então, certo dia, secando-se após nadar um bom tempo, Franklin percebeu um caroço na axila esquerda. O linfoma de células T tinha voltado, e uma avaliação completa mostrou que não estava limitado àquela região do corpo. "Não há um protocolo, não há um mapa do que se pode fazer nesse ponto", explicou Nimer. Dos muitos pacientes com o mesmo tipo de linfoma de Franklin que não tinham reagido ao tratamento com ICE, ele era o único que sobrevivera mais de um ano. "Cada pessoa tem uma biologia diferente, tanto a biologia do tumor quanto sua própria biologia inata", disse Nimer a Franklin. Nimer recomendou radiação para a massa sob o braço, seguida de um pequeno período de quimioterapia. A doença provavelmente voltaria, admitiu ele, mas era o tratamento menos tóxico, erradicaria a recorrência local e, esperava ele, removeria um tumor que podia se instalar em outras partes do corpo de Franklin. E, de fato, foi esse o resultado. Isso aconteceu quase dois anos antes da volta do linfoma, dessa vez na medula. "Eu tenho muito pelo que viver", disse Franklin a Nimer. "Mantenha-me vivo."

Em momentos como esses um paciente agarra o coração do médico e o torce com seu apelo. "Eu tento respeitar os desejos da pessoa o máximo possível", disse-me Nimer depois. Dada a gravidade do quadro de Franklin e seu desejo desesperado de viver, Nimer recomendou um segundo transplante de medula óssea. Alguns médicos podem argumentar que isso era radical demais, a probabilidade de sucesso muito remota, a chance de fracasso esmagadora. Tudo isso é verdade, a não ser pelo fato de que sem o risco do fracasso não havia nenhuma chance de sucesso.

O segundo transplante de Franklin foi muito mais difícil que o primeiro, e ele entrou e saiu do Memorial com infecções durante vários meses. Mas acabou se recuperando e retomou suas atividades normais durante quase um ano. Então o câncer pareceu explodir em seu corpo, formando grandes massas em seu abdome. "Ainda não estou pronto para morrer, Jerry", disse-me Franklin com uma voz trêmula. "E acho que vou morrer. Eu não quero morrer."

Foi necessário quase um mês para Stephen Nimer fazer George Franklin aceitar que tudo o que era humanamente possível tinha sido feito, e que agora o esforço conjunto deveria ser dedicado a dar a ele o máximo tempo possível para ficar com sua família e seus amigos, com conforto. "Só porque você já não pode tratar o câncer de alguém, não significa que você irá parar de tratar dele", disse-me Nimer. De fato, é nesse estágio que o tratamento pode ser um desafio maior; como equilibrar terapia com medicamentos para controlar a dor sem com isso entorpecer a pessoa a ponto de ela não ter consciência do ambiente e ser incapaz de se comunicar com os entes queridos; como oferecer palavras de consolo ao mesmo tempo falando a verdade, reconhecendo que, embora o fim esteja próximo, a pessoa ainda pode fazer diferença na vida dos outros.

Muitos dos pacientes que Nimer atende têm poucas chances de remissão e chances ainda mais remotas de cura. Veja, por exemplo, os casos de muitas pessoas idosas com leucemia aguda que normalmente se alimentam mal. "A questão sempre é tratar ou não, e eu normalmente defendo o tratamento", disse Nimer, continuando: "O que eu digo às pessoas, e aquilo em que acredito, é que se você não tratar uma pessoa com leucemia aguda, seu número de leucócitos diminui e ela é infectada, ou o número de plaquetas cai e ela tem hemorragia. Se você não tratar, não haverá nenhuma chance de que a pessoa melhore. Ela de qualquer modo estará no hospital, então em minha opinião vale tentar. Se você tratar, depois da quimioterapia ela terá poucos leucócitos, e propensão a infecções; e poucas plaquetas, e propensão a hemorragia. Mas se você pelo menos tratar, depois de algumas semanas há uma chance de que ela possa melhorar e deixar o hospital. Se isso funcionar, a pessoa poderá ter um belo ano, ou mais, se sentindo bem. Mesmo no caso de 15% ou, nos melhores casos, 25%. E se não funcionar, se a quimioterapia não tiver um impacto na leucemia, então podemos parar."

Nimer usa mais do que números para explicar seu conselho. Ele citou outro ponto: os pacientes e suas famílias freqüentemente se preocupam com os efeitos colaterais quando relutam em se submeter ao tratamento. Os oncologistas recentemente fizeram muitos progressos com a utilização de antieméticos para controlar a náusea e os vômitos, de modo que hoje os pacientes geralmente não têm esses efeitos colaterais. Isso, para ele, elimina boa parte da toxicidade que as pessoas costumam associar à quimioterapia. Nimer também acredita que os médicos superestimam os efeitos colaterais. Ele exemplifica isso não com uma doença terrível como a leucemia, mas com a osteoporose. Uma parente sua, mulher com mais de 70 anos de idade cuja densidade óssea estava no limite inferior da normalidade e corria um grande risco de fraturas, tinha consultado um clínico acerca do tratamento. O médico não queria prescrever um bisfosfonato por causa de relatos recentes, publicados nas primeiras páginas dos jornais, de que o medicamento afeta a mandíbula. Em vez disso, recomendou um suplemento de vitamina D, embora ela tivesse uma dieta normal e uma boa ingestão dessa vitamina e de cálcio. Nimer debateu a recomendação do médico com a parente, e defendeu o bisfosfonato. Para confirmar seu raciocínio, já que metabolismo ósseo não é sua área, ele conversou com o dr. John Bilezikian, especialista reconhecido mundialmente na área, no Presbiterian Hospital de Nova York. Quando a parente voltou ao seu médico, ele disse: "Mas você pode ter problemas na mandíbula. Já lhe disse, algumas pessoas que tomaram o medicamento tiveram fraturas no osso da mandíbula."

"Isso assustou a mulher", recordou Nimer. "Eu disse a ela que era um risco muito reduzido, talvez de 1%, e normalmente após tratamento dentário. Era algo com que se preocupar no futuro. A questão urgente era consolidar seus ossos e impedir uma fratura por osteoporose. O médico a levara a se concentrar em um efeito colateral, e eu compreendo por que as pessoas se concentram nos efeitos colaterais. Mas isso distorce a avaliação risco-benefício." O mesmo, disse ele, é verdade para a quimioterapia. As pessoas se preocupam muito com os riscos da quimioterapia, mas esses riscos, afirma ele, são menores em comparação com os benefícios potenciais na luta contra um tumor agressivo. "Você precisa lidar com o problema que tem", diz ele a seus pacientes.

"A maioria dos meus pacientes que recusou tratamento o fez porque se concentrou na parte ruim. Eles só pensam no que está acontecendo com eles naquele dia", disse ele. Essa é uma percepção precisa da psicologia de certos pacientes, e também da psicologia de certos médicos. Nimer quer que seus pacientes tenham uma perspectiva ampla, vejam longe, não uma visão limitada pelo medo. A verdadeira preocupação deve ser a doença, mas isso muitas vezes é substituído na cabeça do paciente pelo medo do tratamento. "Se você tiver mieloma múltiplo, eu sugerir talidomida e você responder que se preocupa com danos nervosos, eu responderei: 'Certo, se isso ocorrer, interromperemos o tratamento. Mas precisamos combater o câncer.'"

Paradoxalmente, as pessoas tendem a se preocupar mais com os efeitos colaterais bem definidos de uma terapia do que com a incerteza e o sofrimento aparentemente ilimitado de uma doença. Como James Lock, o cardiologista do Children's Hospital, destacou anteriormente, todos nós nos aferramos instintivamente à certeza quando confrontados com a incerteza. "As pessoas chegam e me dizem: 'dr. Nimer, eu li tudo sobre essa quimioterapia e não acho que conseguirei suportar'. E eu digo: 'Talvez, mas talvez você *suporte*. Então tente. Se descobrirmos que você não suporta, interrompemos. Se você suportar, continuaremos enquanto for suportável, e enquanto estiver funcionando'." Essa abordagem, diz ele, "cuida da maior parte da ética da tomada de decisão".

"É uma enorme responsabilidade", disse Nimer sobre a capacidade de conduzir um paciente e sua família a escolher determinado tratamento. "Mas você começa descobrindo o que o paciente quer, e para isso você precisa saber como falar com o paciente." Nimer disse que na verdade seu papel é ajudar o paciente a descobrir o que realmente quer, então usar seu poder de persuasão para mostrar ao paciente como chegar lá. A dra. Karen Delgado concorda: "Isso é o que significa para uma pessoa ter poder quando está doente", disse ela.

A maioria dos pacientes não sabe o que realmente quer quando enfrenta um diagnóstico terrível e uma perturbadora gama de tratamentos. "Você precisa mostrar a eles um caminho que não fira nenhum dos princípios da sua vida ou suas obrigações com a família. Então você os ajuda a tomar decisões que sejam clinicamente corretas e faz com que se sintam bem com a decisão", disse Nimer.

Nimer tem plena consciência do modo como fala com um paciente, como tenta arrancar da pessoa seus princípios de vida e suas obrigações familiares. Esse tipo de informação não pode ser capturado em um algoritmo, nem encontrado na sopa de letrinhas de acrônimos de quimioterapia ou em um esquema de classificação quantificado. Isso transcende a estatística e o último trabalho de pesquisa na literatura médica. Como Nimer diz, "a sua escolha precisa ser coerente com sua filosofia de vida".

Ele me lembrou um paciente que ambos tínhamos tratado anos antes e que afirmava que qualidade de vida não significava nada para ele; só a vida em si importava, por mais doloroso ou difícil que fosse permanecer vivo. Ele não fugiria da quimioterapia mais debilitante nem de tratamentos com radiação. Ele só tinha um objetivo, disse: ser curado. Outro paciente do qual cuidamos, com o mesmo tipo de câncer no sangue, acabou decidindo que o preço era alto demais, as chances pequenas demais e o sofrimento extremo. Ele escolheu não continuar o tratamento. Nos dois casos, Nimer trabalhou com o paciente para descobrir qual escolha fazia sentido para ele. Embora os diagnósticos fossem biologicamente semelhantes, suas filosofias de vida eram diferentes.

Para exemplificar isso ainda mais, Nimer me falou sobre Vincent Rivera, homem com mais de 70 anos de idade de Long Island cuja esposa tinha esclerose múltipla em estágio avançado e estava em cadeira de rodas. Rivera recebeu de seu hematologista o diagnóstico de síndrome mielodisplásica, ou SMD. Essa também é uma anormalidade da medula óssea que impede a produção de leucócitos, hemácias e plaquetas, provocando anemia, suscetibilidade a infecções e sangramentos. Quando Nimer atendeu Rivera, seus leucócitos estavam abaixo de quinhentos e a contagem de plaquetas era de três mil, ambos extremamente baixos. Seu hematologista lhe estava fazendo uma transfusão toda semana. Nimer estudou a biópsia de medula óssea e viu que Rivera estava prestes a passar de SMD para leucemia aguda. "Eu conversei com ele sobre diferentes tratamentos intensivos e ele continuou a voltar ao fato de que gostava de caçar patos em Long Island e que era ele quem cuidava da esposa em casa." A mensagem implícita de Rivera era a de que Nimer deveria descobrir um tratamento que não exigisse internação e permitisse a ele continuar a cuidar da esposa.

"Eu falei a ele sobre a 5-azacitidina", recordou Nimer — uma droga quimioterápica que estava sendo testada para SMD e exigia uma autorização especial do Instituto Nacional do Câncer. "Se você acha que é o melhor, vamos em frente", disse Rivera. Mas depois de vários tratamentos com 5-azacitidina, não houve melhoria em sua contagem de células e sua medula ainda mostrava a leucemia incipiente. A seguir Nimer sugeriu globulina antitimocitária, ou ATG, um preparado de anticorpos que age em parte modificando o sistema imunológico. A ATG também se mostrou ineficaz. "Ele ficava contando histórias sobre sua esposa, aquilo sobre o que conversavam à noite, os filmes que alugavam", disse Nimer. Quando Nimer mais uma vez levantou a possibilidade de uma quimioterapia para a nascente leucemia, pôde ver a dúvida nos olhos de Rivera.

"Eu continuava a pensar no que podia fazer por ele, e decidi tentar ciclosporina, embora a literatura médica sobre seus efeitos na SMD seja ruim", disse ele. A ciclosporina pode ser administrada sem que o paciente precise ser internado. Após várias semanas de tratamento a contagem de células de Rivera começou a melhorar. O número de plaquetas subiu para 30 mil, atingindo um pico de 80 mil. O de leucócitos chegou a mais de mil, e a anemia melhorou tanto que ele deixou de precisar de transfusões. "O sr. Rivera decidiu vender sua casa em Long Island de modo a ter dinheiro o bastante para se mudar com a esposa para uma casa de repouso", contou Nimer.

Durante quase nove meses, usando uma droga que tinha pouca probabilidade de funcionar a longo prazo, Vincent Rivera não precisou ser internado e se sentiu bem. Durante esses nove meses Nimer recebeu repetidos telefonemas de seus filhos. "Eles me pressionavam a interná-lo, submetê-lo à quimioterapia, sabendo que a doença estava se transformando em leucemia aguda. Eu expliquei que tinha escolhido aquele caminho em comum acordo com o pai deles e que estávamos fazendo o melhor que podíamos dentro daquilo que fazia sentido para ele." A leucemia finalmente se alastrou, e o número de plaquetas de Rivera despencou. Ele morreu de hemorragia interna. "Eu recebi uma linda carta dos seus filhos. Eles finalmente tinham compreendido por que eu não o tinha submetido a tratamento intensivo no hospital, que aqueles nove meses tinham significado muito para seus pais", disse-me Nimer.

O dr. Jeffrey Tepler é hematologista e oncologista com consultório particular no Presbiterian Hospital de Nova York, a poucos quarteirões do consultório do dr. Nimer. Tepler é um homem baixo e magro, de franja e voz suave. Após mais de duas décadas se dedicando à hematologia/oncologia, ele atendeu centenas, se não milhares, de pessoas com doenças como câncer de mama, linfoma e câncer de próstata. Com o passar dos anos, os médicos ficam gratificados não apenas com o desafio de resolver casos difíceis, mas também com tentar decifrar o caráter de seus pacientes. O interesse de Tepler em compreender plenamente seus pacientes nasceu de seu amor à literatura. Tepler tem entre seus autores prediletos John Updike e John Cheever, Philip Roth e Saul Bellow, todos os quais abordam os conflitos e necessidades de homens e mulheres modernos.

"Basicamente, o que eu gosto de fazer é clinicar e conversar com os pacientes", disse-me Tepler. "Acho que o motivo pelo qual um médico escolhe a oncologia — ou *deveria* escolher a oncologia — é porque ele pode estabelecer um relacionamento especial com os pacientes, um tipo de relação que é única e não existe em outras especialidades, por causa da natureza das doenças com as quais lidamos."

"Não quero parecer piegas, mas sinto uma urgência em sempre fazer o certo. A vida das pessoas está em jogo", disse ele. Isso não me pareceu banal, porque eu tinha encaminhado a ele Naomi Freylich, uma acadêmica aposentada. Anos antes, um hematologista tinha colado nela o rótulo de "leucemia linfóide crônica", e esse diagnóstico foi repassado de especialista em especialista; nenhum médico estudou criticamente o comportamento clínico de sua doença sanguínea ou repetiu a análise das células anormais no seu sistema circulatório.

A família dela me procurou quando um hematologista da sua cidade disse que Naomi morreria logo, já que todos os tratamentos adequados à leucemia linfóide crônica tinham sido esgotados. Eu sugeri que ela procurasse outras opiniões, com um especialista do Memorial Hospital e com Tepler. Os dois médicos descobriram que o diagnóstico inicial estava errado. Não era essa forma de leucemia, mas um tipo raro de linfoma que logo foi tratado com Rituxan, um tratamento por anticorpos que tem como alvo os linfócitos malignos. Naomi me disse que tinha gostado da consulta no Memorial, mas se sentira mais confortável com o comportamento sereno de Tepler. "Ele é muito tranqüilo, não corre no trabalho", observou ela. Ela recebeu Rituxan, viveu dois anos e concluiu vários grandes projetos de pesquisa literária. Então desenvolveu leucemia aguda por causa da quimioterapia feita em função do diagnóstico equivocado anos antes e morreu.

Pessoas com traços de caráter cortantes e agressivos são atraídas por médicos que demonstram força, acreditando que suas características agressivas levam ao sucesso. Tepler, como Naomi Freylich descobriu, é suave e ponderado, então é mais fácil esse tipo de pessoa se ligar a ele. "Certamente, cirurgiões, clínicos e outros que normalmente encaminham pacientes a mim enviam pessoas que se ajustam a meu estilo e personalidade. O médico encaminha pacientes quando acha que haverá empatia entre nós", disse Tepler. Eu nunca tinha pensado mais a fundo nas conseqüências dessa faceta da medicina. O comportamento e a personalidade do médico freqüentemente refletem seu modo de pensar, de modo que há a possibilidade de uma profecia auto-realizável: pacientes com certos tipos de caráter serão conduzidos a médicos com tipos de caráter similares, de modo que certas formas de raciocínio clínico e atuação clínica serão aplicados aos pacientes com base em seu caráter.

Como hematologista e oncologista geral, Tepler atende uma grande variedade de casos ao longo do dia. Isso significa que ele precisa se esforçar para estar a par das tendências e das descobertas sobre uma gama de diferentes doenças. "Eu realmente gosto de ser esse tipo de médico. A esta altura da minha carreira já vi muitos distúrbios diferentes. E gosto de pensar de forma ampla", disse Tepler. No verão anterior Tepler tinha atendido uma paciente que estivera de férias em Nantucket. Ela tinha febre, anemia e um aumento do baço. Muitas doenças diferentes podem provocar esses achados. A avaliação do especialista em doenças infecciosas tinha incluído uma busca de babesiose, doença parasitária transmitida pelo gado e que é comum em regiões litorâneas e em ilhas afastadas como Nantucket. "O relatório do laboratório informava que tinham sido feitos esfregaços espesso e fino que deram negativo para babésia", disse Tepler. Mas ele não confia às cegas em nada. Então fez novos esfregaços em seu consultório e os examinou ao microscópio. "E lá estava ela, uma única babésia no esfregaço. Era fácil entender por que não tinha sido percebida. Fiquei muito entusiasmado com a descoberta." A paciente foi adequadamente medicada e se recuperou plenamente.

"Sempre volto atrás e leio a literatura recente com quase todo paciente que tem um caso clínico com nuanças, uma variação de um diagnóstico. Eu me esforço muito para ser ótimo no meu jogo. Então, boa parte do prazer é ler a literatura médica e depois avaliar o que no artigo me ensina a cuidar de um indivíduo", disse Tepler. Esse "prazer" freqüentemente leva Tepler a se demorar no consultório até tarde da noite lendo manuais e publicações médicas. "É difícil pensar profundamente sobre os pacientes no momento em que você os está atendendo. Você precisa de um momento de tranqüilidade para refletir e chegar a uma opinião convincente." Por isso, ele costuma dizer aos pacientes que quer pensar mais sobre o caso deles em vez de imediatamente apresentar um programa de tratamento. Ele normalmente sai do consultório entre 20:30h e 21h, dedicando o fim do dia a pensar.

"Embora eu realmente adore atender pessoas com esses diferentes tipos de problemas, se acreditar que o paciente será mais bem atendido de outra forma, o encaminho a outro médico", disse Tepler. Essa é outra marca de um médico preocupado que, a despeito de sua experiência, conhece seus limites e quer fazer o melhor para seus pacientes.

Muitos dos pacientes encaminhados a Tepler têm câncer em estágio muito avançado. "Algumas vezes eu acho que uma das coisas mais importantes que faço pelos pacientes é poupá-los do sofrimento de um tratamento inútil", disse ele. Eventualmente, pessoas com câncer em estágio avançado são submetidas a terapias tóxicas continuadas que não têm um verdadeiro sentido. Há alguns oncologistas que parecem acreditar que é errado a pessoa morrer sem ter recebido todas as drogas possíveis. Tepler não é um deles. "As pessoas na verdade não iam querer ser tratadas assim se realmente compreendessem qual é a probabilidade de sucesso", disse ele. Os pacientes nem sempre entendem isso, mesmo quando um médico atencioso tenta explicar claramente.

"Quando os pacientes querem algo que eu considero errado, sou insistente. Digo-lhes que é errado", contou-me Tepler. Ele se recusa a fazer a vontade de alguém se acredita que o pedido pode causar danos sérios. Essa questão costuma surgir no contexto de um câncer que pode ser controlado razoavelmente bem, mas não erradicado — não pode ser verdadeiramente curado. Nesse momento o interesse de Tepler pelo caráter entra em ação. "Os pacientes querem ser curados, e isso é compreensível, mas algumas pessoas cobram terapias radicais ou combinações de quimioterapias, quando um único agente é igualmente bom e menos tóxico", disse ele, recordando Alex Woo, designer que tinha metástases estáveis de um câncer de cólon. Os tumores não tinham aumentado em três anos com o tratamento administrado por Tepler. "Mas Alex simplesmente não conseguia viver sabendo que estava coexistindo com o câncer. Ele queria que a doença sumisse, simplesmente sumisse da vida dele. Mas eu não podia *não* dizer a ele o que realmente estava pensando, que tentar uma terapia mais radical provavelmente faria mal a ele." Woo trocou Tepler por outro médico.

Outro dos pacientes de Tepler, Diane Waters, tinha câncer de mama e uma única metástase no fígado. Ele cuidava dela havia mais de oito anos. O câncer de Diana tinha na superfície a proteína HER_2, de modo que ele conseguia controlá-lo de forma eficaz usando herceptina, um anticorpo que age sobre essa proteína da superfície, em combinação com vários agentes quimioterápicos. "Ela consultou muitos médicos em Nova York, então descobriu um radiologista de outro centro que disse que poderia tratar a metástase no fígado com quimioembolização." O radiologista recomendou fazer a quimioterapia diretamente por um cateter no tumor do fígado, e disse que iria então tentar cortar o suprimento de sangue: quimioembolização. Tepler a tinha alertado contra isso, explicando que o câncer de mama metastático é uma doença sistêmica, que havia depósitos microscópicos além do único tumor no fígado; ademais, ela não tinha sintomas da sua metástase solitária — estava sendo bem controlada com o tratamento a que se submetia. "Ela quase morreu da quimioembolização. O lobo esquerdo do fígado se desmanchou inteiramente, e ela acumulou litros de líquido no peito. Passou semanas na UTI", contou Tepler.

Como ele tinha previsto, a doença retornou ao fígado. "Normalmente consigo convencer as pessoas, mas nesse caso não consegui." Mas, diferentemente de Alex Woo, Diane Waters voltou a se tratar com ele. "Eu não a fiz se sentir mal com a decisão. Disse a ela: 'Você fez o que achou que devia, e tem sorte de ter sobrevivido.'" Tepler cuidou dela usando todos os novos tratamentos disponíveis e mais adequados; atualmente o câncer de mama está sendo bem controlado com quimioterapia.

Algumas vezes, trágicas complicações de tratamentos desesperados como o que Diane Waters recebeu levam a processos. Paira sobre toda decisão de alto risco na medicina atual o espectro da Justiça. Tepler se viu na posição desconfortável de discordar de um médico que recomendou uma intervenção por causa de suas preocupações com processos.

Ele me falou sobre Rachel Swanson, mulher de meia-idade com câncer no ovário cuja doença era clinicamente bem controlada com quimioterapia; seus tumores eram relativamente pequenos e não tinham crescido significativamente durante um longo tempo. Durante uma consulta anual com seu médico, ela foi encaminhada a um gastroenterologista para uma colonoscopia de rotina. O gastroenterologista percebeu uma metástase localizada na superfície do cólon. "Rachel não tinha nenhum sintoma disso", contou Tepler. "Nós normalmente não fazemos colonoscopias em mulheres com câncer de ovário sabidamente metastático, a não ser que sangrem ou tenham algum outro problema. Realmente foi uma descoberta acidental. Não havia motivo para pensar, já que seu tumor estava bem controlado, que ele poderia perfurar o intestino." Ainda assim, o gastroenterologista a encaminhou a um cirurgião, que recomendou a remoção da metástase e do segmento de cólon circundante. Assim que a recomendação foi feita, os médicos consultados a seguir relutaram em questioná-la, porque na hipótese de que no futuro isso causasse um problema, particularmente perfuração do intestino, eles poderiam ser processados. "Eu consigo entender o raciocínio deles, mas você não pode ser guiado pelo medo de processos. Você não pode praticar uma medicina defensiva como essa, especialmente quando envolve submeter uma mulher a uma grande cirurgia", disse Tepler.

Tepler continuou a se opor à cirurgia, mas a sra. Swanson foi convencida pelo cirurgião de que era importante remover a metástase mesmo que ela não tivesse qualquer sintoma. Mais uma vez, como Tepler destacou, é muito difícil a pessoa viver sabendo que tumores no seu corpo podem representar uma ameaça futura, embora esses tumores estejam sendo controlados com quimioterapia. "Rachel queria a cirurgia, e isso foi informado aos médicos que a atendiam. Na verdade, um excelente cirurgião ginecológico a atendeu inicialmente e me disse que concordava comigo, que não havia real justificativa para uma operação no caso dela, mas então mudou de idéia — provavelmente para satisfazer seu desejo." Embora o intestino tenha sido removido com sucesso juntamente com a metástase, o cirurgião identificou no abdome vários outros tumores que não podiam ser retirados. Tepler tinha explicado à sra. Swanson que os ciclos normais de quimioterapia que estavam mantendo seu câncer de ovário sob controle teriam de ser adiados pela operação. E, lamentavelmente, "a doença dela simplesmente explodiu", disse ele. "Ela sentia dores terríveis pela extirpação do intestino, e então o câncer de ovário começou a se espalhar de forma agressiva."

"Rachel me procurou novamente, e eu senti muitíssimo por ela", disse Tepler. "E ela disse que sabia que eu devia estar com raiva, que tinha dito a ela para não fazer aquilo. Sim, disse, eu tinha discordado, mas também tinha honestamente chamado a atenção para o fato de que ninguém pode prever o que irá acontecer em uma situação específica." Essa verdade fundamental raramente é dita pelos médicos, e isso mostra a humildade de Tepler. Embora ele confie em sua avaliação clínica, admite que algumas vezes pode estar errado ou que não pode prever com certeza um resultado. Neste caso, Tepler aceitou que havia alguma dúvida: a sra. Swanson poderia ter tido o tumor removido com sucesso sem complicações pós-operatórias e a explosão de crescimento nas outras metástases; de fato, a remoção teria se mostrado algo prudente caso nos meses seguintes o tumor tivesse perfurado o intestino. A escolha da paciente, disse-me Tepler, se ajustava ao caráter dela. Ela queria ser "proativa" com seu câncer. "Compreensivelmente, as pessoas querem fazer um gol de placa", disse ele. "Mas em oncologia freqüentemente o que conseguimos é menos que isso. E o risco, quando você tenta fazer um gol de placa, é fazer um gol contra."

Quando Tepler acredita que mais quimioterapia é inútil, ele promete a seus pacientes ficar com eles até o final, e promete ainda que eles estarão confortáveis no tempo que lhes resta. Quando eles insistem em números — semanas ou meses — ele gentilmente cita a observação de Stephen J. Gould: "A mediana não é a mensagem."

Muitas pessoas procuram o Memorial Sloan-Kettering em função de sua merecida reputação de centro de destaque para tratamento de câncer. Mas freqüentemente o médico importa mais que o hospital. Uma amiga minha, artista com 50 e poucos anos que estava com câncer na bexiga, procurou o Memorial e descobriu isso sozinha. Ela tinha feito uma cirurgia ali e adorara o cirurgião. Mesmo depois do surgimento da metástase, quando não havia motivo para outras cirurgias, ele a visitava no hospital. Ela não era uma celebridade, não era rica, então parecia não haver outros motivos da parte dele; ela era calorosa, descontraída, uma pessoa elétrica, e o médico estava demonstrando o quanto se importava, quanto gostava de sua companhia e da companhia de seu marido, um romancista, fazendo visitas a ela.

Seu sofrimento foi fruto de sua interação com o oncologista. Ele tinha tratado dela com o que disse ser o "melhor tratamento" disponível, e quando o câncer retornou após uma breve remissão, a reação dele às suas perguntas sobre outros tratamentos a deixou assustada e paralisada. Eu conversei com o oncologista sobre o caso. "Ela tem um prognóstico de sete meses de vida. Não há dados que indiquem que qualquer outro medicamento tenha mais de 10% a 15% de taxa de resposta — no melhor dos casos", disse ele. Perguntei sobre vários medicamentos que estavam sendo desenvolvidos. "Há estudos na fase dois", disse ele, referindo-se à segunda fase da avaliação, projetada para avaliar os benefícios em pacientes após a primeira fase, quando a toxicidade é estabelecida. Eu sabia que vários pacientes com câncer de bexiga tinham reagido bem aos medicamentos nessa fase dois de estudos. "É cedo demais para saber se essas respostas são significativas, e ninguém sabe a duração ideal do tratamento ou a dose ideal", disse ele. O oncologista me disse exatamente o mesmo que tinha dito à artista e ao seu marido — dessa forma seca e direta. "Ela deveria ir para casa e levar sua vida. Não há dados que justifiquem tratar dela a esta altura", concluiu ele.

"Eu tenho 56 anos de idade. Não estou pronta para ir para casa e morrer em sete meses. Tenho dois filhos e um marido que adoro", disse-me a artista. Ela consultou um oncologista em outro hospital de Manhattan. Ele deu um dos medicamentos que ainda estavam na segunda fase de testes. Ela teve uma reação impressionante, e viveu bem durante mais de um ano. Quando o câncer voltou, provocando obstrução da bexiga, ela decidiu que estava pronta para morrer, que não havia mais probabilidade de manter sua qualidade de vida. Faleceu em casa, com a família a seu lado.

"Basicamente, não tem a ver com o hospital", disse Karen Delgado, "embora haja aqueles com melhores serviços de apoio e enfermeiras, e mais especializados em certas doenças. Tudo isso tem importância, mas o que mais importa é o médico. E eu digo às pessoas que um médico pode ser o certo para você, mas não o médico certo para outra pessoa".

As palavras de Delgado soaram verdadeiras. Antes de George Franklin conhecer Stephen Nimer ele tinha sido tratado por outro especialista do Memorial Hospital. Os dois não se entenderam; na verdade, Franklin e sua família desgostaram profundamente do oncologista. Mas um jornalista amigo meu que também teve um linfoma agressivo adorou o especialista que Franklin não tinha suportado. "Há momentos em que sinto vontade de estrangulá-lo", disse o jornalista. "Mas em parte é por isso que eu gosto tanto dele. Ele é inacreditavelmente direto. Não esconde nada. Sempre me diz exatamente o que está pensando, e por quê. Ele pode ser irritante, mas é um grande médico para mim."

Um médico, porém, definitivamente não é grande se abandona a pessoa ou a família quando as coisas ficam ruins clinicamente. Outro amigo meu, que trabalhou no serviço de inteligência e fumava muito, desenvolveu um câncer de pulmão disseminado quando tinha 60 e poucos anos. Ele tinha se aposentado do negócio de espionagem, mas se orgulhava de ser um bom observador de pessoas. Mas, quando adoeceu, ficou incapaz de decifrar as personalidades de certos médicos. Estava determinado a se tratar no Memorial Sloan-Kettering, convencido de que alguma mágica iria reverter sua terrível doença. Finalmente conseguiu marcar uma consulta com um jovem médico da equipe, que inicialmente achou encantador. Mas quando o câncer de pulmão cresceu após vários ciclos de quimioterapia intensiva, o oncologista parou de atender seus telefonemas. Quando ele foi internado no hospital com complicações, o oncologista passou alguns minutos rápidos junto ao leito e depois sumiu completamente. No seu consultório, disseram que estava viajando muito. Meu amigo passou dias no hospital, sem que o oncologista o visitasse ou pelo menos telefonasse. Ele ficou emocionalmente arrasado, assustado e só. Meu amigo finalmente procurou um ótimo oncologista em sua cidade natal em Nova Jersey, que era atencioso e assegurou que seus últimos dias fossem o mais confortáveis possível.

Meu amigo romancista teorizou que o oncologista que tratara de sua esposa artista mas não levara em consideração um tratamento além das estatísticas e das rotinas e o oncologista que abandonou o agente de inteligência sofriam de medo do fracasso, e provavelmente medo da morte. "Sei que soa estranho supor que um oncologista que vê tanta morte fuja dela. Mas acho que posar de altamente racional e agir apenas com números em mãos é, na verdade, uma forma irracional de cuidar de pessoas com câncer. Você se recusa a tentar algo criativo, se recusa a arriscar. Ele deveria saber que o abandonaríamos, que iríamos procurar outro médico naquele momento difícil da vida, quando estávamos enfrentando a morte. É uma forma de abandono mais sutil do que a que se passou com seu amigo com câncer de pulmão."

Há uma cisma fundamental na oncologia entre aqueles que se orientam exclusivamente por dados e aqueles que estão dispostos a tratar os pacientes fora das rotinas comprovadas. Algumas vezes, se desviar demais de terapias amplamente testadas pode provocar toxicidade e sofrimento desnecessários. Mas concordei com o que o romancista tinha dito — que o que parecia ser uma forma de raciocínio racional na verdade era irracional quando aplicada às necessidades e aos objetivos do paciente, e podia refletir mais o estado emocional do oncologista que as necessidades clínicas do paciente.

Nimer e Tepler tentam compreender o caráter do paciente e levam isso em consideração em suas avaliações clínicas. Meu amigo romancista me mostrou como os pacientes e suas famílias podem compreender o caráter de seu oncologista e usar essa compreensão em suas decisões. Pessoas com câncer e outras doenças sérias podem ter de enfrentar uma gama perturbadora de escolhas. O caminho que escolhem depende de fatos clínicos e do caráter — o próprio e o de seus médicos. Isso se aplica não apenas à oncologia, mas a toda a medicina, uma mistura de ciência e alma.

EPÍLOGO

As perguntas de um paciente

Imagine que você está no consultório de um médico. Durante semanas você teve um sintoma que não desapareceu — digamos, desconforto no centro do peito, abaixo do esterno. O médico ouviu sua história, fez um exame físico e pediu alguns exames. Ele repassa com você as informações recolhidas e acredita que você tem refluxo gástrico, um problema comum que surge quando os sucos ácidos do estômago sobem para o esôfago.

Na maioria dos casos, o médico chega ao diagnóstico correto e oferece o tratamento adequado. Mas nem sempre. Se, depois de algum tempo, você não melhorar, o incômodo persistir ou piorar, é hora de repensar o diagnóstico. Lembre-se de que a maioria dos tratamentos equivocados é fruto de uma seqüência de erros cognitivos. Diferentes médicos têm diferentes estilos de praticar a medicina, diferentes formas de abordar o problema. Mas todos nós somos suscetíveis aos mesmos erros de raciocínio.

Como chegar ao diagnóstico correto? Não há um roteiro único que todo médico ou paciente deva seguir. Mas há uma série de elementos que ajudam a corrigir erros de raciocínio. Médico e paciente voltarão a buscar pistas para resolver o problema. O primeiro desvio do diagnóstico correto freqüentemente é fruto de falhas de comunicação. Então, um médico que pensa voltará à linguagem. "Conte a história novamente, como se eu nunca a tivesse ouvido — o que você sentiu, como aconteceu, quando aconteceu." Se ele não pedir isso, você poderá se oferecer para contar a história novamente. Recontar a história pode ajudá-lo a recordar uma informação fundamental que tinha esquecido. Repetir a história pode ajudar o médico a registrar alguma pista que de fato tinha sido dada na primeira vez, mas fora ignorada ou considerada desimportante. Isso o levará a buscar um novo caminho para encontrar a resposta.

No período em que não estamos melhorando, muitos de nós voltamos ao médico com idéias sobre o que poderia estar errado. Algumas vezes nossas idéias surgem por termos um amigo ou parente com um sintoma parecido, ou as idéias podem surgir ao navegarmos pela internet. Nossas reflexões sobre os sintomas que não desaparecem freqüentemente se concentram no pior cenário possível. Esse autodiagnóstico é uma realidade que nem paciente nem médico podem ignorar. Como o médico pode não tocar no assunto, você deveria fazê-lo. "Estou muito preocupado com que o que parecia ser refluxo gástrico possa ser um primeiro sinal de câncer", poderia dizer o paciente. Ou outro poderia contar ao médico como sua amiga ouviu que tinha indigestão, mas na verdade era um infarto iminente. Para alguns, revelar esses medos é extremamente difícil por causa do pensamento mágico — a idéia de que o que você diz pode se tornar real. Lembro de uma mulher de meia-idade com desconforto no peito cujo rosto era uma máscara de preocupação enquanto buscávamos chegar ao diagnóstico. "Conte a ele o que realmente a está assustando", disse o marido com firmeza amorosa. Um parente tinha morrido de embolia pulmonar, e ela estava em pânico, temendo que essa fosse a causa de sua dor no peito. Após ter me contado, ela admitiu que tinha ficado com medo de dizer, pois isso poderia fazer com que se tornasse realidade.

Um médico consciente dá muita atenção a essas preocupações. Prevenido sobre as maiores preocupações, ele pode ser levado a fazer mais perguntas importantes, fazendo com que você descreva seus sintomas mais detalhadamente. Isso amplia o seu diálogo com ele e afasta as inibições que podem esconder pistas.

Mas a resposta pode não surgir rapidamente com um diálogo honesto. O médico pode precisar repetir o exame físico, se concentrando mais em uma ou outra parte do seu corpo. Ou pode começar a duvidar do valor de um determinado exame de laboratório, ou da análise de sua radiografia. Como já vimos ao longo deste livro, os médicos tendem a seguir suas primeiras impressões. A tendenciosidade inicial no raciocínio do médico freqüentemente é reforçada por sua busca selecionada de dados diagnósticos. Todos temos a tendência de escolher uma descoberta aparentemente positiva e de ignorar o que possa ser negativo ou contraditório.

Algumas vezes podemos ser obrigados a repetir exames de laboratório e outros mais sofisticados. Isso pode ser caro. No ambiente atual da prática médica, repetir exames é altamente desencorajado por não apresentar eficácia de custos. O mais importante para os administradores de hospitais e planos de saúde é a economia. E, de fato, para chegar ao diagnóstico correto pode não ser necessário repetir exames, apenas duvidar deles. Como vimos, pode haver diferenças significativas em como diferentes radiologistas interpretam a mesma imagem, como diferentes patologistas vêem a mesma biópsia. Revisar o diagnóstico significa que o médico verificará novamente, com olhos atentos e discernimento, todos os resultados até então — exames de sangue, radiografias e laudos da patologia.

Mas há momentos em que repetir um exame é fundamental. Há situações em que a primeira tomografia não estava adequadamente calibrada, como lembrou o dr. Herb Kressel no caso da mulher com dores no peito com suspeita de embolia pulmonar mas que, na verdade, sofria de uma ruptura na aorta. Há momentos em que a primeira biópsia não revela a lesão. No meu campo, hematologia, pode ser necessário mais de um exame de medula óssea para descobrir um tumor como o linfoma, porque os tumores não estão uniformemente distribuídos nos ossos, e eu posso ter colocado a agulha da biópsia em uma região da medula que não apresentava o tumor. Após revisão ou repetição, os exames ainda assim podem não oferecer a resposta.

"O que mais poderia ser?" torna-se a pergunta que você ou seu ente querido devem fazer ao médico. Os erros cognitivos responsáveis pela maioria dos diagnósticos errados não são reconhecidos pelos médicos; eles basicamente estão abaixo do nível da reflexão consciente. Quando você ou seu ente querido perguntam simplesmente "O que mais poderia ser?", isso ajuda a trazer à superfície a realidade da incerteza na medicina. "O que mais poderia ser?" é uma salvaguarda fundamental contra esses erros de raciocínio: conclusão prematura, efeito de classificação, disponibilidade de experiência recente, a tendência a que o barulho de cascos seja produzido por cavalos, e não por zebras. Cada erro cognitivo prejudica a busca de respostas, e a correção do erro ajuda o médico a pensar em um exame ou procedimento que não tinha considerado antes e que pode levar ao diagnóstico.

"Há algo que não esteja se encaixando?" seria a sua pergunta seguinte. Isso pode levar o médico a fazer uma pausa e deixar seu cérebro pensar de forma mais ampla. Ele começará a pesquisar um território clínico maior, ajudado por uma visão que é fruto da dúvida. "Há algo que não esteja se encaixando?" era a questão por trás da insistência de Rachel Stein em que o caso atípico de sua filha Shira pudesse não ser de modo algum atípico, mas algo inteiramente diferente.

"É possível que eu tenha mais de um problema?" Na faculdade de medicina e na residência nós somos ensinados a ser parcimoniosos em nosso raciocínio, a aplicar a navalha de Ockham, a buscar uma só resposta para as muitas queixas do paciente. Normalmente essa se revela a postura correta. Mas, mais uma vez, nem sempre. Levantar essa questão é outra salvaguarda contra uma das armadilhas cognitivas mais comuns nas quais todos os médicos caem: satisfação da busca. Sua pergunta sobre causas múltiplas para seus problemas pode levar o médico a lançar uma rede maior, começar a fazer perguntas nas quais não tinha pensado, pedir exames que não tinham parecido necessários com base em sua impressão inicial. Você pode ter refluxo gástrico, mas também angina — ambos são comuns; ou refluxo gástrico e uma ruptura na aorta, um quadro raro. Como vimos na Introdução, o dr. Myron Falchuk reconcebeu o caso de Anne Dodge para se encaixar em dois quadros, e assim salvou a vida dela.

Algumas vezes, chego ao final do raciocínio e não estou certo sobre o que fazer a seguir. Isso pode significar que cometi um erro cognitivo e não me dei conta dele. Analisando retrospectivamente meus próprios erros de diagnóstico, fracassei em identificar uma anormalidade durante o exame físico, fracassei em identificar uma informação fundamental porque não pedi os exames certos. Sem saber, eu tinha caído em uma armadilha cognitiva. Em momentos assim, o ego pode construir mais uma armadilha cognitiva. Aprendi a dizer a meus pacientes: "Acredito quando você diz que há algo errado, mas eu não descobri." E como não consigo descobrir qual é o seu problema, continuo, devo encaminhá-lo a alguém, a um médico com um raciocínio independente que goste de casos complicados. A clínica que cuidava de Anne Dodge não queria fazer isso porque acreditava que não havia nada de novo a descobrir; ela tinha esgotado todas as possibilidades. Se um ente querido não tivesse sido insistente, Anne Dodge ainda estaria sofrendo, ou pior.

Quando um paciente me diz "Eu ainda não me sinto bem, ainda tenho os sintomas", aprendi a me conter e não dizer "Não há nada de errado com você". A afirmação "Não há nada de errado com você" é perigosa em dois sentidos. Primeiramente, ela nega a falibilidade dos médicos. Depois, ela separa a mente do corpo. Porque algumas vezes o que está errado é psicológico, não físico. Essa, claro, é uma conclusão a que só se pode chegar após uma busca séria e demorada de uma causa física para a queixa do paciente.

O persistente estigma que ainda há na medicina, e na sociedade em geral, quanto a distúrbios psicológicos e seus reflexos no corpo não ajuda a aliviar a dor e o sofrimento de muitos pacientes. Como vimos, muitos médicos não gostam de pacientes que classificam como neuróticos e ansiosos. Esses pacientes representam um dos maiores desafios mesmo para os médicos mais gentis. Eles podem contar sua história atirando em todas as direções, sendo hipersensíveis a incômodos e dores, tornando difícil para o médico se concentrar e encontrar um tumor na mama ou um nódulo na tireóide. A compreensão pelo paciente de seu próprio raciocínio e seu estado emocional pode ser extremamente útil ao médico. Basta lembrar de como uma das pacientes de Karen Delgado contou a ela que sabia ser um pouco "maluca", mas que suas queixas não deveriam ser ignoradas por essa razão. Algumas vezes, claro, os pacientes não são malucos, apenas estão aterrorizados, mas são classificados de hipocondríacos pelo médico. Uma amiga íntima de Los Angeles, executiva atarefada da indústria do entretenimento, falou repetidamente ao seu médico sobre dores nos seios. Sua mamografia foi considerada normal pelo radiologista, e suas queixas insistentes foram ignoradas. Ela ouviu: "Não há nada de errado com você." As dores, disse o médico, eram causadas por estresse. Apenas após se consultar com outro médico, que fez mais exames, o câncer foi identificado. O diagnóstico foi atrasado em dois anos, e o câncer foi localizado em mais de 12 nódulos linfáticos.

Todos já ouvimos histórias como esta, e tanto pacientes quanto médicos têm pânico delas. Mas se no caso de outra mulher ficasse claro que o desconforto nos seios não era câncer, mas fruto de estresse psicológico, a afirmação "Não há nada de errado com você" também seria errada. Ela deveria ser tranqüilizada e, caso o incômodo e os sintomas persistissem, ser encaminhada a um psicólogo ou psiquiatra que pudesse ajudá-la.

Quando eu estava fazendo exames para diagnosticar a dor e o inchaço em minha mão direita, um dos cirurgiões me encaminhou para um exame por imagem de meus ossos. O exame avalia todos os ossos do corpo, não apenas os do punho. O radiologista que estudou o exame viu alguns pontos em minhas costelas. O cirurgião telefonou para minha casa à noite. Eu estava sozinho; minha família tinha viajado para esquiar. O cirurgião disse que não havia pressa em operar a mão porque os pontos no exame pareciam câncer metastático nas costelas. Em geral eu me considero razoavelmente estável psicologicamente, mas em segundos meu peito começou a doer. Quando toquei as costelas, elas doeram. Sendo oncologista, sei que é improvável que minhas costelas estivessem infestadas de tumores sem quaisquer sintomas. Mas naquele momento eu, de repente, não era um médico. Eu era completamente paciente. Meu cérebro congelou. Tentei desesperadamente encontrar minha esposa. Eu a localizei depois de várias horas. Pam me disse para não entrar em pânico. Disse que eu deveria fazer novas radiografias na manhã seguinte. As palavras dela, de que o radiologista poderia estar errado, não adiantaram de nada. Passei a noite acordado, imaginando uma morte lenta de um câncer incurável. Apesar de toda minha formação e experiência, fui sufocado pelo medo. A dor no meu peito era real.

No dia seguinte eu era o primeiro da fila e fiz uma série de radiografias que mostraram que minhas costelas estavam normais. Um segundo radiologista estudou as imagens dos ossos e concluiu que elas tinham sido examinadas com rigor excessivo e que não havia pontos. Foram necessárias várias horas antes que a dor no peito desaparecesse completamente e minhas costelas não estivessem mais sensíveis ao toque.

Esse episódio me ensinou duas lições. Primeiramente, após ter recebido uma notícia chocante de forma direta e definitiva, precisei de que alguém me orientasse, me desse equilíbrio, levantasse dúvidas, destacasse a incerteza — pensasse por mim e comigo —, porque embora em outro ambiente eu intelectualmente avaliaria que os pontos eram erros de interpretação, não conseguia chegar a essa conclusão visceralmente. Em segundo lugar, experimentei o poder da mente sobre o corpo, os sintomas psicossomáticos.

É claro que sintomas persistentes mas enganosos às vezes não são psicossomáticos, e no final é feito um diagnóstico físico correto. O médico prescreve um tratamento, mas você não melhora com ele. Antes de iniciar um novo tratamento, o médico deveria conversar com você e levar em consideração, como ensina a dra. JudyAnn Bigby, o contexto: onde, como e quando você está fazendo o tratamento. Vale recordar o estudo com 45 médicos da Califórnia que atendiam a mais de novecentos pacientes. Dois terços não disseram aos pacientes durante quanto tempo tomar o novo medicamento ou quais poderiam ser os efeitos colaterais. Quase metade deixou de especificar a dosagem do remédio e a freqüência de ingestão. Não é razoável supor que o farmacêutico ou outro profissional de saúde irá preencher essas lacunas. Precisa haver uma clara compreensão mútua entre você e seu médico sobre a terapia, sua justificativa e especificidade. Mais ainda, como enfatiza Bigby, o médico que leva em conta seu ambiente social irá pensar em razões não-médicas pelas quais o tratamento pode não estar funcionando.

Também pode haver outras considerações. Karen Delgado me contou que, embora hoje os remédios tenham códigos de cores, ainda pode haver falhas na comunicação. Delgado ficou preocupada quando uma paciente idosa com hipotireoidismo não reagiu ao tratamento. "Confira os comprimidos que o farmacêutico deu a você. Eles são roxos?", perguntou Delgado. "Sim, eles são roxos." Durante algum tempo Delgado não conseguiu descobrir o que estava errado, porque a mulher continuava apática. Então pediu que a mulher levasse para ela todos os remédios. Descobriu-se que um comprimido com 175 microgramas de hormônio tireoidiano tinha um tom de roxo, e outro comprimido com 75 microgramas tinha um tom ligeiramente diferente. A paciente não tinha como fazer a distinção entre sutis variações de tons de roxo.

Em outros casos, o tratamento, embora corretamente prescrito e seguido, simplesmente não funciona. Cada um de nós é único em nossa biologia, e pode haver diferenças importantes tanto nos efeitos colaterais que experimentamos quanto nos benefícios que conseguimos com o mesmo medicamento. Podemos partilhar a mesma doença, mas não seu remédio, apesar de recebermos o mesmo medicamento ou sermos submetidos ao mesmo procedimento. Quanto tempo insistir em um tratamento que não apresentou resultados rápidos e qual tratamento escolher como segunda opção refletem a ciência e a arte da medicina. O dr. Stephen Nimer mudou imediatamente o regime da quimioterapia de George Franklin, enquanto outros oncologistas queriam manter a rotina. O reconhecimento precoce do fracasso e a mudança do tratamento aumentaram em anos a vida de Franklin.

Bons tratamentos são fruto de uma indústria farmacêutica forte, e muitas doenças que antes eram incuráveis foram derrotadas pelos novos medicamentos. Mas, quando médico e paciente tomam decisões sobre o tratamento, devem ter em mente os benefícios e os riscos, as necessidades e objetivos que partilham. Suas escolhas não devem ser influenciadas por ganho financeiro e pelas tendências introduzidas pelo marketing empresarial.

Tudo isso leva tempo, e tempo é um grande luxo no atual sistema de saúde. Aqueles que consideram a medicina mais como um negócio que como missão pressionam para que os cuidados sejam administrados em unidades prefixadas e com agressiva eficiência. O consultório de um médico não é uma linha de montagem. Transformá-lo nisso é o caminho para prejudicar a comunicação, estimular erros e romper a parceria entre paciente e médico. Um médico não pode pensar com um olho no relógio e outro na tela do computador. Mas um médico que pensa precisa dividir seu tempo com sabedoria. Problemas claros e bem definidos podem ser resolvidos em 15 ou 20 minutos, e o paciente e sua família podem sair da consulta se sentindo informados e satisfeitos. Problemas complicados não podem ser resolvidos apressadamente. A verdade inegável é que a boa reflexão demanda tempo. Trabalhar correndo e pegar atalhos é a forma mais rápida de cometer erros cognitivos.

Ao longo de três décadas de prática da medicina, busquei as fontes tradicionais para me ajudar a pensar sobre meus pacientes: manuais e publicações médicas; mestres e colegas com maior ou mais variada experiência clínica, estudantes e residentes que apresentavam questões desafiadoras. Mas, após escrever este livro, me dei conta de que tenho outro parceiro fundamental que ajuda a melhorar meu raciocínio, um parceiro que, com algumas perguntas pertinentes e objetivas, pode me proteger da seqüência de armadilhas cognitivas que levam a tratamentos equivocados. Esse parceiro está presente nos momentos em que são tomadas decisões de carne e osso. Esse parceiro é meu paciente, ou seu parente ou amigo, que tenta saber o que se passa em minha cabeça, como eu estou pensando. E, abrindo minha mente, posso reconhecer mais claramente seu alcance e seus limites, sua compreensão dos problemas físicos e das necessidades emocionais do meu paciente. Não há forma melhor de cuidar daqueles que precisam dos meus cuidados.

Agradecimentos

Há três anos, quando retornei da ronda cheio de perguntas sobre como os médicos pensam, partilhei meu desejo de descobrir primeiramente com Pam, minha esposa e alma gêmea. É uma bênção passar a vida com uma pessoa que você ama e é mais sábia que você. Como ótima médica, Pam conseguiu um grande conhecimento e uma sensível percepção da avaliação clínica e dos erros de avaliação, qualidades que me escapam. Como esposa de um homem que foi um paciente desesperado, como mãe de filhos que estiveram doentes e como filha de pais ainda vigorosos, mas envelhecendo, Pam me ajudou a ver o raciocínio e o comportamento dos médicos de dentro e de fora de nosso mundo profissional partilhado. Suas contribuições foram extraordinárias, e sua marca está em todas as páginas deste livro.

Suzanne Gluck, da William Morris Agency, é mais que minha agente; é amiga, camarada e defensora. Sua profunda inteligência e suas críticas construtivas foram fundamentais para definir o projeto e descobrir a melhor casa para ele.

Eamon Dolan, meu editor na Houghton Mifflin, me levou a questionar mais profundamente e investigar mais amplamente as questões levantadas neste livro. Ele me controlou com mãos experientes quando me perdi. Seu talento em refinar idéias e trabalhar a prosa é algo que merece ser apreciado. A equipe da Houghton Mifflin trabalhou com intensidade e dedicação únicas e eu devo muito a Bridget Marmion, Lori Glazer, Anna Seiwerath, Sasheem Silkiss-Hero, Larry Cooper e Janet Silver.

Youngsun Jung, minha assistente de 21 anos de idade, nunca fugiu da enorme responsabilidade de verificar os fatos, preparar o manuscrito e controlar prazos. Ela dá a cada projeto mais do que agilidade; Youngsun aplica sua inteligência às idéias que eu busco apresentar.

Tenho a felicidade de ter amigos que se dedicam à literatura que generosamente deram seu tempo e experiência, fazendo críticas que eram sempre precisas. Acima de todos está Keith Johnson, artesão das palavras por excelência. Jonathan Alter, que retornou forte e pronto para se reincorporar ao mundo após um transplante de medula óssea por causa de um linfoma, e Emily Lazar, bem-sucedida produtora de TV, não apenas demonstraram entusiasmo pelo projeto, mas também me apresentaram a médicos e cirurgiões que conhecem em todo o país, alguns dos quais aparecem nestas páginas. Embora eu escreva regularmente há mais de uma década, ainda me vejo basicamente como médico e cientista, e confio em amigos que são profissionais em busca de orientação e conselhos. Neste projeto apelei a Ron Chernow, Nora Ephron, Ann Godoff, Annik LaFarge, Norman Manea, Tim Noah, Francine Pascal, Nick Pileggi, Dorothy Rabinowitz, Frank Rich, David Sanford, Alvin Sargent, Stuart Schoffman, Andrew Sullivan, Melanie Thernstrom, Elizabeth Weymouth, Sarah Elizabeth Button White, Jay Winik, Alex Witchel, Rafael Yglesias e Laura Ziskin.

Enquanto escrevia este livro, vários pacientes que considero amigos me encorajaram e deram aulas sobre comunicação, pensamento crítico e a importância fundamental dos valores e necessidades espirituais das pessoas. Marjorie Williams confidenciou que mantinha uma lista atualizada de todas as observações obtusas que médicos tinham feito a ela, mas que não iria revelar quantas vezes meu nome e minhas palavras apareciam em seu compêndio. Margaret Joskow, uma elegante artista, explicou como a honestidade é fundamental para oferecer cuidados. Quando visitei Margaret em seu quarto de hospital, ela me presenteou com um conjunto de canetas de boa empunhadura para ajudar minha mão prejudicada; eu ainda as utilizo. Betty Tzafrir era uma *ayshet chayil*, uma mulher de valor, que garantiu que seus médicos pensassem no impacto de sua doença sobre sua família, não apenas sobre ela. Jim Young, um ex-fuzileiro com um senso de humor cortante, queria saber o que eu estava pensando sem qualquer barreira entre nós, de modo que ele pudesse empregar suas forças estrategicamente; Jim encerrava todas as conversas com "*Semper Fi*". Valerie Chernow, professora de línguas neolatinas, me mostrou o poder das palavras para sustentar a graça e a pose a despeito de circunstâncias horríveis, e me recordou o valor de honrar os desejos de uma pessoa em seus últimos dias. Barry Bingham, editor aposentado, fez com que conversássemos primeiramente sobre as manchetes do dia antes de discutir seus sintomas; ele me lembrava de que continuava a ser quem era, a despeito de sua doença. Quando a doença tomou conta dele, sua família dedicada serviu de interlocutora e me ensinou o papel dos entes queridos na decisão mais difícil de um paciente. Julia Thorne estava escrevendo um romance, e me recordou constantemente que a narrativa é a forma mais fascinante de aprendizado e ensinamento. Ruth Gay manteve o *joie de vivre* em face da incerteza constante, invocando aforismos iídiches que revelam a diversão e a loucura da vida. Johnny Apple, com a mente investigativa de um repórter de política, fez perguntas difíceis e se assegurou de que as respostas oferecidas por suas muitas fontes médicas fizessem sentido. Johnny me disse que apenas ele, um luterano do meio-oeste, conhecia o melhor restaurante *kosher* do universo, e que meu incentivo para terminar o livro era um jantar nesse local não identificado. Há muitos outros, e eu os guardo no coração. E, se de fato há um céu, eu espero que eles possam ouvir meu agradecimento.

Sempre fui encorajado em meu trabalho por Ron Ansin, Betsey Apple, Barbara Bierer, Arthur Cohen, Everett Fahey, Lisa Goldberg, Lenny Groopman, o rabino William Hamilton, Francine e Harry Hartzband, Margo Howard, Steve Hyman, Ben Mizell, Daryl Otte, Anne Peretz, Michael Share, Abe e Cindy Steinberger e Liz Young.

Durante uma década, *The New Yorker* foi o laboratório em que fiz experiências em escrever sobre medicina e biologia. Embora meus editores não tenham se envolvido diretamente na criação deste livro, continuaram a me ensinar sobre os elementos que produzem um texto de qualidade. Aprendi muito com Emily Eakin, Dorothy Wickenden, Daniel Zalewski, Henry Finder e, claro, David Remnick. Ao longo dos anos também lucrei muito com o convívio com Marty Peretz e Leon Wieseltier na *New Republic*.

A sinceridade e as visões oferecidas por pacientes e médicos nestas páginas me levaram a compreender a medicina de uma forma inteiramente nova. Abrindo suas vidas para mim, eles me deram um conhecimento que eu tenho o privilégio de partilhar com aqueles que estão doentes e carentes. Quaisquer falhas em substância ou estilo refletem minhas próprias deficiências.

Notas

Introdução

Dois artigos recentes sobre as deficiências de algoritmos e orientações de consulta são Mary E. Tinetti, "Potential pitfalls of disease-specific guidelines for patients with multiple conditions", *New England Journal of Medicine (NEJM)* 351 (2004), p. 2870-2874, e Patrick J. O'Connor, "Adding value to evidence-based clinical guidelines", *Journal of the American Medical Association (JAMA)* 294 (2005), p. 741-743.

Quem estiver interessado na abordagem bayesiana pode ler Baruch Fischhoff e Ruth Beyth-Marom, "Hypothesis evaluation from a Bayesian perspective", *Psychological Review* 90 (1983), p. 239-260; Fredric M. Wolf et al., "Differential diagnosis and the competing-hypotheses heuristic: A practical approach to judgment under uncertainty and Bayesian probability", *JAMA* 253 (1985), p. 2858-2862. A observação de Robert Hamm de que poucos médicos trabalham com essa postura matemática foi extraída de "Clinical intuition and clinical analysis: Expertise and the cognitive continuum", *in Professional Judgment: A Reader in Clinical Decision Making*, orgs.: Jack Dowie e Arthur Elstein (Cambridge: Cambridge University Press, 1988), p. 78-105.

As distintas manifestações da doença celíaca são apresentadas em Richard J. Farrell e Ciaran P. Kelly, "Celiac sprue", *NEJM* 346 (2002), p. 180-188; Alessio Fasano, "Celiac disease — How to handle a clinical chameleon", *NEJM* 348 (2003), p. 2568-2570; Ross McManus e Dermot Kelleher, "Celiac disease — The villain unmasked?", *NEJM 348* (2003), p. 2573-2574.

A obra de Judith Hall e Debra Roter é extensa e rigorosa. O livro mais recente da dupla é uma análise abrangente da área: *Doctors Talking with Patients/Patients Talking with Doctors: Improving Communication in Medical Visits*, 2ª ed. (Westport, Conn.: Praeger Publishers, 2006). Entre as publicações importantes para suas observações neste capítulo estão "Task versus socioemotional behaviors in physicians", *Medical Care* 25 (1987); "Physicians' psychosocial belief correlate with their patient communication skills", *Journal of General Internal Medicine* 10 (1995), p. 375-379; "Communication patterns of primary care physicians", *JAMA* 277 (1997), p. 350-356; "Relations between physicians' behaviors and analogue patients' satisfaction, recall, and impressions", *Medical Care* 25 (1987), p. 437-451; "Liking in the physician-patient relationship", *Patient Education and Counseling* 48 (2002), p. 69-77; "Physician gender and patient-centered communication: A critical review of empirical research", *Annual Review of Public Health* 25 (2004), p. 497-519. Outras boas fontes são E. J. Emanuel e L. L. Emanuel, "Four models of the physician-patient relationship", *JAMA* 267 (1992), p. 2221-2226; G. L. Engel, "How much longer must medicine's science be bound by a seventeenth century world view?", in *The Task of Medicine: Dialogue at Wickenburg*. Menlo Park, Califórnia, org.: K. White Donald (Henry J. Kaiser Foundation, 1988). Redelmeier também estudou a importância do diálogo clínico. Ver "Problems for clinical judgment: Eliciting an insightful history of present illness", *Canadian Medical Association Journal* 164 (2001), p. 647-651; "Problems for clinical judgment: Obtaining a reliable past medical history", *Canadian Medical Association Journal* 164 (2001), p. 809-813.

Os estudos sobre experiência evoluíram muito com K. Anders Ericsson, e o leitor interessado no tema pode consultar "The role of deliberate practice in the acquisition of expert performance", *Psychological Review* 100 (1993), p. 363-406; "Deliberate practice and the acquisition and maintenance of expert performance in medicine and related domains", *Academic Medicine* 79 (2004), p. 570-581. Geoff Norman é outra pessoa de destaque nessa área, e recentemente estudou como os médicos podem aperfeiçoar suas habilidades em

Geoff Norman et al., "Expertise in medicine and surgery", em *The Cambridge Handbook of Expertise and Expert Performance,* orgs.: K. Anders Ericsson et al. (Cambridge: Cambridge University Press, 2006), p. 339-353.

O relatório do Instituto de Medicina é um livro fundamental: *To Err Is Human: Building a Safer Health System* (Washington, D.C.: National Academy Press, 1999). Donald Berwick fez um trabalho maravilhoso sobre erros de sistema e como os hospitais podem proteger os pacientes de erros técnicos; um bom exemplo é "Taking action to improve safety: How to increase the odds of success", em *Enhancing Patient Safety and Reducing Errors in Health Care* (Chicago: National Patient Safety Foundation, 1999), p. 1-11.

Arthur Elstein estudou raciocínio clínico, verificando a perspicácia dos médicos com descrições por escrito de casos, e também com atores se fingindo de pacientes com diferentes doenças. Elstein estimou a taxa de erro de diagnóstico em 15%, significando que um em cada seis ou sete pacientes foi incorretamente avaliado. A estimativa de Elstein é coerente com os estudos clássicos de erros de diagnóstico, que apontam de 10% a 15%, com base em autópsias que revelaram os diagnósticos incorretos: A. S. Elstein, "Clinical reasoning in medicine", em *Clinical Reasoning in the Health Professions,* orgs.: J. Higgs e M. A. Jones (Woburn, Mass.: Butterworth-Heinemann, 1995), p. 49-59; W. Kirch e C. Schafil, "Misdiagnosis at a university hospital in 4 medical eras", *Medicine 75* (1996), p. 29-40; K. G. Shojania et al., "Changes in rates of autopsy-detected diagnostic errors over time", *JAMA* 289 (2003), p. 2849-2856; L. Goldman et al., "The value of the autopsy in three different eras", *NEJM* 308 (1983), p. 1000-1005. É de notar que a incidência de erros de diagnóstico não se modificou entre 1960 e 1980 em um hospital universitário americano, a despeito da introdução de novas tecnologias como tomografia computadorizada. Na verdade, o excesso de confiança em novos procedimentos algumas vezes foi a causa de graves erros de diagnóstico. Dados semelhantes foram apresentados em um estudo feito em um hospital universitário alemão. Nos Estados Unidos e no Canadá, mais de um milhão de pessoas morrem todos os anos em hospitais; erros de diagnóstico graves são responsáveis por cerca de 50 mil mortes que poderiam ter sido evitadas se o verdadeiro quadro tivesse sido identificado.

Embora a freqüência de erros de diagnóstico tenha sido estudada, poucos pesquisadores se concentraram na relação entre eles e a cognição do médico. Um dos primeiros artigos a abordar esse ponto foi o de Jerome P. Kassirer e Richard L. Kopelman, "Cognitive errors in diagnosis: Instantiation, classification, and consequences", *American Journal of Medicine* 86 (1989), p. 433-441. Pat Croskerry fez um grande esforço para classificar os erros cognitivos, particularmente em sua especialidade de atendimento de emergência. Entre seus importantes artigos estão "The importance of cognitive errors in diagnosis and strategies to minimize them", *Academic Medicine* 78 (2003), p. 775-780; "Achieving quality in clinical decision making: Cognitive strategies and detection of bias", *Academic Emergency Medicine* 9 (2002), p. 1184-1204; "When diagnoses fail: New insights, old thinking", *Canadian Journal of CME,* November 2003. Donald Redelmeier escreveu recentemente sobre os desvios no raciocínio dos médicos em "The cognitive psychology of missed diagnoses", *Annals of Internal Medicine* 142 (2005), p. 115-120. Mark Graber, da State University de Nova York, Stony Brook, levantou a questão de como ensinar os médicos a pensar sobre seu raciocínio em "Metacognitive training to reduce diagnostic errors: Ready for prime time?", *Academic Medicine* 78 (2003), p. 781.

A maioria dos médicos não tem consciência de seus erros cognitivos; além disso, o sistema médico não informa regularmente os médicos sobre erros de diagnóstico e quando eles ocorreram. Assim, as informações sobre falhas de raciocínio aparecem em análises posteriores de registros médicos, em autópsias e entrevistas com médicos. Tejal K. Gandhi concluiu que a maioria dos erros graves que levaram a alegações de erro médico era cognitiva por natureza; ver "Missed and delayed diagnoses in the ambulatory setting: A study of closed malpractice claims", *Annals of Internal Medicine* 145 (2006), p. 488-496. Mark Graber apresentou um estudo de cem erros de diagnóstico, destacando a alta incidência de armadilhas cognitivas em "Diagnostic error in internal medicine", *Archives of Internal Medicine* 165 (2005), p. 1493-1499.

Estudos sobre o uso de computadores para melhorar os diagnósticos revelaram benefícios relativamente pequenos, principalmente entre estudantes, mais que entre residentes de medicina ou médicos. Em algumas oportunidades a "consulta por computador" foi prejudicial, levando o clínico a se aferrar a um diagnóstico equivocado: Charles P. Friedman et al., "Enhancement of clinicians' diagnostic reasoning by computer-based consultation: A multiple study of 2 systems", *JAMA* 282 (1999), p. 1851-1856.

1. Decisões de carne e osso

Os comentários de Robert Hamm estão em seu capítulo "Clinical intuition and clinical analysis: Expertise and the cognitive continuum", em *Professional Judgment: A Reader in Clinical Decision-Making*, orgs.: Jack Dowie e Arthur Elstein (Cambridge: Cambridge University Press, 1988), p. 78-105. Donald A. Schön apresenta seu ponto de vista em "From technical rationality to reflection-in-action", em *Professional Judgment*, p. 60-77. "Tomada de decisão de carne e osso", a frase empregada por Croskerry, é explorada no trabalho fundamental de James Reason, *Human Error* (Cambridge: Cambridge University Press, 1990), p. 38. A utilização de heurística é bem apresentada em dois dos artigos de Croskerry: "Achieving quality in clinical decision making: Cognitive strategies and detection of bias", *Academic Emergency Medicine* 9 (2002), p. 1184-1204, e "The theory and practice of clinical decision-making", *Canadian Journal of Anesthesia* 52 (2005), p. R1-R8. A lei de Yerkes-Dodson foi publicada há quase um século em Robert M. Yerkes e John D. Dodson, "The relation of strength of stimulus to rapidity of habit-formation", *Journal of Comparative Neurology and Psychology* 18 (1908), p. 459-482.

Há um grande interesse em utilizar a simulação para ensinar médicos. O encontro com Stan é descrito em meu artigo "A model patient: How simulators are changing the way doctors are trained", *New Yorker*, 2 de maio de 2005.

A pesquisa sobre as atitudes dos médicos em relação aos pacientes com problemas psicológicos está em um artigo de Judith Hall e Debra Roter, "Liking in the physician-patient relationship", *Patient Education and Counseling* 48 (2002), p. 69-77. Médicos em treinamento costumam ser remetidos a um artigo de J. E. Groves, "Taking care of the hateful patient", *NEJM* 298 (1978), p. 883-887. Claro que há muita literatura relativa a cuidados de saúde mental, que foge ao objetivo deste livro. O leitor interessado pode consultar R. A. Flood e C. P. Seager, "A retrospective examination of psychiatric case records of patients who subsequently committed suicide", *British Journal of Psychiatry* 114 (1968), p. 443-450; W. Ironside, "Iatrogenic contributions to suicide and a report on 37 suicide attempts", *New Zealand Medical Journal* 69 (1969), p. 207; John Maltsberger e Donald Buie, "Countertransference hate in the treatment of suicidal patients", *Archives of General Psychiatry* 30 (1974), p. 625-633.

As relações entre cognição e emoção são bem descritas em Antonio Damasio, *Descartes' Error: Emotion, Reason, and the Human Brain* (Itasca, Ill.: Putnam, 1994).

2. Lições do coração

Amos Tversky e Daniel Kahneman foram os primeiros a classificar as tendências cognitivas. Kahneman recebeu um Prêmio Nobel por seu trabalho; infelizmente, Tversky morreu antes da decisão do Comitê Nobel. Entre os importantes trabalhos desses pesquisadores de erros estão "Availability: A heuristic for judging frequency and probability", *Cognitive Psychology* 5 (1973), p. 207-232, e "Judgment under uncertainty: Heuristics and biases", *Science* 185 (1974), p. 1124-1131. Mais uma vez, o trabalho de Pat Croskerry "Achieving quality in clinical decision making: Cognitive strategies and detection of bias", *Academic Emergency Medicine* 9 (2002), p. 1184-1204, é um compêndio de erros de raciocínio referentes principalmente à unidade de emergência. A consciência que Redelmeier tem de seus próprios sentimentos pode ser conferida em seus trabalhos publicados, entre os quais "Problems for clinical judgment: Introducing cognitive psychology as one more basic science", *Canadian Medical Association Journal 164* (2001), p. 358-360. A doença de Wilson é um distúrbio relativo ao metabolismo do cobre, que leva a um acúmulo do metal no fígado e em outros órgãos.

Cerca de 5% das pessoas que procuram um pronto-socorro com o que de fato é um infarto do miocárdio, ou que estão prestes a ter um ("angina instável"), são equivocadamente mandadas para casa. Assim, o caso de McKinley não é inteiramente incomum. Vinte por cento dos pacientes com infarto do miocárdio na emergência apresentam eletrocardiograma normal, e 25% não têm os sintomas clássicos, como dor que se irradia pelo braço ou falta de ar. Exames de sangue, como as enzimas cardíacas pedidas por Croskerry, muitas vezes não revelam um infarto do miocárdio ou uma angina instável, embora haja uma obstrução na artéria coronária; essas enzimas podem atingir níveis anormais apenas muitas horas após o início da dor no peito.

Muitos cardiologistas passaram anos tentando aperfeiçoar algoritmos que permitissem identificar a dor no peito devida especificamente a uma angina instável ou a um infarto, em oposição às muitas outras causas do sintoma. O dr. Lee Goldman, amigo e colega, recentemente concluiu, após duas décadas de pesquisa, que não há como aperfeiçoar tal algoritmo. Foram feitos muitos estudos sobre como identificar com precisão os pacientes com uma causa cardíaca para a dor no peito. Um bom debate, com uma grande bibliografia, pode ser encontrado em Lee Goldman e Ajay J. Kirtane, "Triage of patients with acute chest pain and possible cardiac ischemia: The elusive search for diagnostic perfection", *Annals of Internal Medicine* 139 (2006), p. 987-995. Goldman, atualmente vice-presidente de questões de saúde de minha *alma mater*, Colúmbia, disse: "Uma lição, que provavelmente é boa para todos nós, é manter a humildade e estar aberto a mudanças de raciocínio." É melhor errar por excesso de cautela e internar pacientes como McKinley para observação do que dispensá-los do pronto-socorro. Mas, claro, alguns pacientes devem ser mandados para casa, e não mantidos sob observação. Sempre será impossível prever todas as vezes se a dor no peito se deve a uma doença coronariana, mas a decisão dos médicos da emergência de internar o paciente ou mandá-lo para casa deve ser tomada dando atenção a potenciais armadilhas cognitivas.

A importância dos erros de protótipo e de atribuição na avaliação dos pacientes pelos médicos é bem abordada em Croskerry, "Achieving quality in clinical decision making", citado acima, e Donald A. Redelmeier, "The cognitive psychology of missed diagnoses", *Annals of Internal Medicine* 142 (2005), p. 115-120. Hoje os cardiologistas usam programas de computador para ajudar a analisar eletrocardiogramas. "Diagnósticos computadorizados por ECG de situações de risco como infarto agudo do miocárdio e bloqueio AV de alto grau [arritmia] freqüentemente não são precisos (40,7% e 75,0% de erros, respectivamente)." Maya Guglin et al., "Common errors in computer electrocardiogram interpretation", *International Journal of Cardiology* 106 (2006), p. 232-237. Um artigo convincente defendendo que os médicos devem criar estratégias para aumentar a autoconsciência é o de Ronald M. Epstein, "Mindful practice", *JAMA* 282 (1999), p. 833-839.

Embora as primeiras impressões possam ser acertadas, a tomada de decisão médica não é um processo que possa se basear principalmente na intuição. Recentemente a imprensa leiga noticiou de forma ampla que um estudo holandês concluíra que as primeiras impressões são superiores à análise consciente: Ap Dijksterhuis et al., "On making the right choice: The deliberation-without-attention effect", *Science* 311 (2006), p. 1005-1007. O estudo diz respeito a escolhas de consumo, como compra de móveis. À publicação se seguiu uma importante carta de Hilary L. Bekker, "Making choices without deliberating", *Science* 312 (2006), p. 1472. Bekker, que estuda os serviços de saúde no Reino Unido, destacou que é perigoso seguir os instintos no que diz respeito a escolhas clínicas. Os pesquisadores holandeses concordam plenamente que seu trabalho não pode ser levianamente generalizado para incluir as tomadas de decisões clínicas.

Para quem se interessa pela vida e obra do dr. Francis Weld Peabody, a biografia escrita por Oglesby Paul, *The Caring Physician: The Life of Dr. Francis W. Peabody* (Cambridge, Mass.: Harvard University Press, 1991), é uma fonte excelente. As contribuições do dr. Peabody também são louvadas em "The care of the patient", *JAMA* 88 (1927), p. 877-882.

3. Girando pratos

O ABC de cuidados de emergência de Harrison Alter é o tipo de recurso mnemônico que pode salvar vidas quando é necessária uma ação imediata. Ele garante uma verificação mental que está disponível na memória em uma situação urgente e estressante. Sua simplicidade e abrangência a tornam uma boa ajuda que pode afastar o médico da extremidade da curva Yerkes-Dodson em que a ansiedade prejudica o desempenho. Eu gostaria de ter aprendido esse ABC antes de meu primeiro dia como residente, quando fiquei paralisado em frente ao Sr. Morgan.

Anteriormente eu citei as descobertas extraordinárias de Amos Tversky e Daniel Kahneman. Seu estudo de erros de disponibilidade pode ser encontrado em "Availability: A heuristic for judging frequency and probability", *Cognitive Psychology* 5 (1973), p. 207-232.

Veja como a comunicação incompleta e as armadilhas cognitivas estão ligadas no caso de Blanche Begaye. Assim que Alter ancorou na suposição de que ela tinha uma infecção viral, limitou seu diálogo com ela. Ao rever os motivos para deixar passar o diagnóstico de intoxicação por aspirina, ele destacou que não tinha definido o que significava "algumas". Alter é hoje especialista em medicina de emergência, e seu alto nível de desempenho é fruto de prestar atenção ao desenvolvimento dos casos e compreender erros passados. Isso é coerente com os estudos de Ericsson e Norman citados anteriormente: K. Anders Ericsson et al., "The role of deliberate practice in the acquisition of expert performance", *Psychological Review* 100 (1993), p. 363-406; Geoff Norman et al., "Expertise in medicine and surgery", em *The Cambridge Handbook of Expertise and Expert Performance*, orgs.: K. Anders Ericsson et al. (Cambridge: Cambridge University Press, 2006), p. 339-353.

Ao decidir quais exames pedir, o médico é ajudado pelo conhecimento do valor preditivo desses exames, e essa é uma situação em que a análise bayesiana funciona bem, desde que haja uma grande base de dados sobre como os exames funcionam em populações que tenham esses sintomas específicos ou esses achados no exame físico.

Muitos dos erros técnicos que contaminaram o atendimento clínico, como marcar uma radiografia com o nome do paciente errado ou transcrever erradamente a dosagem de um medicamento foram solucionados desde o relatório do Instituto de Medicina já citado. Quase todos os hospitais adotaram procedimentos com duas verificações para aumentar a proteção contra tais erros. Recentemente, após um machucado em minha mão, a enfermeira fez questão de marcar o membro ferido com um X, para que o técnico colocasse a mão certa na placa de raios X para produzir a imagem. Da mesma forma, em minha área de hematologia, pacientes anêmicos que precisam de uma transfusão de sangue usam pulseiras com seu nome, número de identificação no hospital e data de nascimento. A enfermeira pede que o paciente diga seu nome e data de nascimento, então olha a pulseira para verificar se conferem com o que foi dito, bem como o nome e a data de nascimento na bolsa de sangue que o paciente irá receber.

De certa forma a história de Maxine Carlson lembra a de Anne Dodge. O trabalho de Roter e Hall mais uma vez é importante em relação ao modo como médicos e enfermeiras se sentem com pacientes classificados como neuróticos ou hipocondríacos. Quando esses pacientes foram muito examinados no passado e seus prontuários médicos pesam quilos, o desafio do médico é imaginar o que não foi examinado. Todos tendemos a confiar em exames de laboratório e radiografias anteriores, mas devemos ser igualmente atentos às palavras que o paciente está dizendo no momento. Nos casos de Anne Dodge e Maxine Carlson, elas estavam dizendo aos médicos que havia algo diferente, que elas estavam piorando em vez de melhorar. O benefício da dúvida, significando acreditar em suas palavras, pode ajudar a pensar melhor sobre seus sintomas e os distinguir das antigas doenças e das queixas anteriores.

A história perturbadora do residente agindo de modo rancoroso exemplifica as observações feitas por Ronald M. Epstein "Mindful practice", *JAMA* 282 (1999), p. 833-839. Entre membros experientes da equipe clínica tem sido dada maior atenção a oferecer informações construtivas de acompanhamento a residentes que se comportam de modo inadequado com pacientes ou outros funcionários de saúde, como enfermeiras, técnicos e colegas médicos. Alter e a equipe do Highland Hospital fizeram isso nesse caso.

4. Porteiros

Para leitores interessados em mais detalhes sobre como nosso primeiro filho, Steve, quase morreu, ver Jerome Groopman, *Second Opinions: Stories of Intuition and Choice in the Changing World of Medicine* (Nova York: Viking, 2000), p. 9-37.

Um estudo das questões levantadas por McEvoy sobre comunicação é o de L. S. Wissow et al., "Pediatrician interview style and mothers' disclosure of psychosocial issues", *Pediatrics* 93 (1994), p. 289-295.

O artigo da dra. McEvoy foi publicado em "They are fearless, they're mighty, they're... The Incredibles", *Harvard Medical Alumni Bulletin*, inverno de 2006.

Um livro fascinante sobre diferenças culturais e cuidados médicos é o de Anne Fadiman, *The Spirit Catches You and You Fall Down: A Hmong Child, Her American Doctors, and the Collision of Two Cultures* (Nova York: Farrar, Straus and Giroux, 1997). Seu livro deveria ser leitura obrigatória para todos os profissionais de saúde.

O estudo com 45 médicos de Sacramento, Califórnia, trabalhando em centros universitários ou clínicas comunitárias, é citado em Derjung M. Tarn et al., "Physician communication when prescribing new medications", *Archives of Internal Medicine* 166 (2006), p. 1855-1862.

A dra. JudyAnn Bigby escreveu um importante livro sobre contexto: *Cross-Cultural Medicine* (Filadélfia: American College of Physicians, 2003). Alguns meses após eu tê-la entrevistado, a dra. Bigby foi indicada para comandar o Departamento de Saúde e Recursos Humanos de Massachusetts.

O livro do dr. Eric Cassell é uma reveladora investigação da arte da medicina: *Doctoring: The Nature of Primary Care Medicine* (Nova York: Oxford University Press, 1997), p. 16, 27, 28, 34, 38.

Não há uma forma simples de escolher o médico certo para você. Competência e caráter devem ser os principais critérios. O dr. Kent Sepkowitz discutiu isso em seu bom artigo "A few good doctors: Don't look for them on a magazine top-10 list", *Slate*, 13 de junho de 2006.

5. O desafio de uma mãe

Mais informações sobre OMEC podem ser conseguidas em fontes confiáveis da internet que explicam a máquina, sua utilização e os riscos. Entre elas estão:

www.nichd.nih.gov/cochrane/Elbourne/Elbourne.htm

www.childrenshospital.org/clinicalservices/Site459/mainpageS459P4.html

www.vanderbiltchildrens.com/interior.php?mid=959&mod

A frase de Pat Croskerry, "recuo da zebra", pode ser encontrada em sua taxonomia de erros cognitivos: "Achieving quality in clinical decision making: Cognitive strategies and detection of bias", *Academic Emergency Medicine* 9 (2002), p. 1184-1204.

Harold Koenig, Michael McCullough e David Larson organizaram uma resenha completa e profunda de como a fé influencia os pacientes: *Handbook of Religion and Health* (Nova York: Oxford University Press, 2001).

6. A incerteza do especialista

Um resumo sobre doenças cardíacas congênitas pode ser encontrado em Ariane J. Marelli, "Congenital heart disease in adults", em *Cecil Textbook of*

Medicine, 22ª ed., orgs. Lee Goldman e Dennis Ausiello (Filadélfia: Saunders, 2004), p. 371-383.

Há muitas biografias e sites na internet dedicados à vida de Arthur Conan Doyle. Gostei particularmente de ler o material de www.sherlockholmesonline.org.

A ilustração do coração foi adaptada de Enchanted Learning, LLG. www.enchantedlearning.com/subjects/anatomy/heart/labelinterior/labelanswers.shtml.

A história sobre a reunião médica em que os cardiologistas votaram foi extraída de uma entrevista minha com o dr. James Lock.

O ponto de vista de Lock sobre o que é necessário para atingir um alto nível de perícia em cateterismo cardíaco e outros procedimentos tem apoio na obra de K. Anders Ericsson et al., "The role of deliberate practice in the acquisition of expert performance", *Psychological Review* 100 (1993), p. 363-406; Geoff Norman et al., "Expertise in medicine and surgery", em *The Cambridge Handbook of Expertise and Expert Performance,* orgs.: K. Anders Ericsson et al. (Cambridge: Cambridge University Press, 2006), p. 339-353.

Para quem estiver interessado em aprender mais sobre sofrimento fetal e sobre como a aspiração de mecônio pode prejudicar o recém-nascido, ver Michael G. Ross, "Meconium aspiration syndrome — More than intrapartum meconium", *NEJM* 353 (2005), p. 946-948.

Os desafios enfrentados por cardiologistas pediátricos como James Lock nos cuidados dispensados a pacientes como o bebê O'Connell, particularmente a falta de instrumentos projetados para essas crianças, são abordados em meu artigo "The pediatric gap: Why have most medications never been properly tested in kids?", *New Yorker,* 10 de janeiro de 2005.

A falta de consciência por parte da maioria dos médicos de que cometeram erros cognitivos é sustentada por Mark L. Graber et al., "Diagnostic error in internal medicine", *Archives of Internal Medicine* 165 (2005), p. 1493-1499; Tejal K. Gandhi et al., "Missed and delayed diagnoses in the ambulatory setting: A study of closed malpractice claims", *Annals of Internal Medicine* 145 (2006), p.

488-496; Pat Croskerry, "Cognitive errors in clinical decision-making: A cognitive autopsy", *Quality Healthcare Network*, maio de 2004; Donald A. Redelmeier et al., "Problems for clinical judgment: Introducing cognitive psychology as one more basic science", *Canadian Medical Association Journal* 164 (2001), p. 358-360; Donald A. Redelmeier, "The cognitive psychology of missed diagnoses", *Annals of Internal Medicine* 142 (2005), p. 115-120.

Arthur Elstein, como mencionado anteriormente, é um dos pioneiros no campo da tomada de decisão médica. Seu livro, organizado juntamente com Jack Dowie, oferece um impressionante leque de opiniões sobre o tema e merece ser consultado por quem quiser saber mais: *Professional Judgment: A Reader in Clinical Decision Making* (Cambridge: Cambridge University Press, 1988). As citações de Donald A. Schön foram extraídas de "From technical rationality to reflection-in-action", em *Professional Judgment,* p. 60-77. A citação de David Eddy, da Universidade Duke, foi extraída de "Variations in physician practice: The role of uncertainty", em *Professional Judgment,* p. 45-59. Da mesma forma, o capítulo de Jay Katz se refere ao trabalho de Renée Fox sobre incerteza e apresenta as experiências do próprio Katz durante sua formação médica: "Why doctors don't disclose uncertainty", em *Professional Judgment,* p. 544-565.

7. Cirurgia e satisfação

"Os melhores médicos em...": ver novamente Kent Sepkowitz, "A few good doctors: Don't look for them on a magazine top-10 list", *Slate,* 13 de junho de 2006.

O livro de Richard Selzer, *Letters to a Young Doctor* (Nova York: Simon and Schuster, 1982), é uma compilação maravilhosa e merece ser lida pelo leitor comum e por profissionais. O dr. Sherwin Nuland escreve belamente sobre a experiência do cirurgião calejado em *How We Die: Reflections on Life's Final Chapter* (Nova York: Knopf, 1994), e *How We Live* (Nova York: Vintage, 1998). Para quem estiver interessado no ponto de vista de um residente de cirurgia em formação, ver um livro do meu colega de *The New Yorker* Atul Gawande, *Complications: A Surgeon's Notes on an Imperfect Science* (Nova York: Metropolitan Books, 2002). Os comentários do dr. Light sobre todos os pacientes chegarem com uma história podem parecer estranhos ao leitor, já que os cirurgiões são freqüentemente apresentados como se interessando apenas em trabalhar com as mãos. Mas como disseram Roter e Hall, os melhores vêm completos.

A satisfação da busca como erro cognitivo é bem descrita em Pat Croskerry, "'Achieving quality in clinical decision making: Cognitive strategies and detection of bias", *Academic Emergency Medicine* 9 (2002), p. 1184-1204.

Um artigo ótimo e divertido sobre o mundo da ortopedia é o de Donald Berwick, "My right knee", *Annals of Internal Medicine* 142 (2005), p. 121-125.

8. O olho do espectador

Uma edição especial do *Journal of the American College of Radiology* (vol. 3, 2006) tem um grande número de artigos que fornecem muitas informações e uma bibliografia para este capítulo: Harold L. Kundel, "History of research in medical image perception", p. 402-408; Craig A. Beam et al., "The place of medical image perception in 21st century health care", p. 409-412; E. James Potchen, "Measuring observer performance in chest radiology: Some experiences", p. 423-432; Elizabeth A. Krupinski, "Technology and perception in the 21st century reading room", p. 433-440; Matthew Freedman e Teresa Osicka, "Reader variability: What we can learn from computer-aided detection experiments", p. 446-455; Bradley J. Erickson et al., "New opportunities in computer-aided diagnosis: Change detection and characterization", p. 468-469; Dulia Ortega e César García, "Communication between radiologists and patients: An unsolved issue", p. 472-477; Ehsan Samei, "Why medical image perception?", p. 400-401.

A estimativa do número de casos analisados pelos radiologistas foi feita pelo dr. Herbert Kressel, que foi presidente do Beth Israel Deaconess Medical Center, Boston, além de titular da cátedra Stoneman de Radiologia em Harvard.

As taxas de erros na observação de cianose, a interpretação equivocada de eletrocardiogramas e as divergências em relação a biópsias cervicais foram extraídas de David Eddy, "Variations in physician practice: The role of uncertainty", em *Professional Judgment: A Reader in Clinical Decision Making*, orgs.: Jack Dowie e Arthur Elstein (Cambridge: Cambridge University Press, 1988), p. 45-59.

Há muitos estudos sobre a precisão da mamografia. Os leitores interessados podem consultar os seguintes para ter uma noção das informações: Craig A. Beam et al., "Association of volume and volume-independent factors with accuracy in screening mammogram interpretation", *Journal of the National Cancer Institute* 95 (2003), p. 282-290; Joann G. Elmore et al., "Variability in radiologists' interpretations of mammograms", *NEJM* 331 (1994), p. 1493-1499; Yulei Jiang et al., "Potential of computer-aided diagnosis to reduce variability in radiologists' interpretations of mammograms depicting microcalcifications", *Radiology* 220 (2001), p. 787-794; Daniel B. Kopans, "Mammography screening is saving thousands of lives, but will it survive medical malpractice?", *Radiology* 230 (2004), p. 20-24.

Mais detalhes sobre os estudos de Kundel, especialmente seu trabalho fundamental, podem ser encontrados em seu artigo no *Journal of the American College of Radiology* citado acima, bem como em G. Revesz e H. L. Kundel, "Psychophysical studies of detection errors in chest radiology", *Radiology* 123 (1977), p. 559-562. Da mesma forma, Ehsan Samei estudou a dificuldade de identificar nódulos nos pulmões: Ehsan Samei et al., "Subtle lung nodules: Influence of local anatomic variations on detection", *Radiology* 228 (2003), p. 76-84.

A dra. Vickie Feldstein foi uma mestra dos números quando estudante, um importante membro da equipe de matemática da Newton South High School de Newton, Massachusetts. Sua compreensão de como aplicar números à tomada de decisão médica, como apresentado neste capítulo, é um modelo para o médico moderno que pode olhar tabelas mas também perceber suas deficiências.

Um estudo interessante sobre medicina defensiva, no sentido de decisões médicas tomadas em função de preocupações com potenciais disputas judiciais é o de David M. Studdert et al., "Defensive medicine among high-risk specialist physicians in a volatile malpractice environment", *JAMA* 293 (2005), p. 2609-2617.

9. Marketing, dinheiro e decisões médicas

Tem havido uma grande polêmica quanto ao relacionamento entre laboratórios farmacêuticos, seus programas educacionais, marketing junto aos médicos, anúncios dirigidos ao público, pesquisa científica e tomada de decisão clínica. Entre os artigos e livros apresentando opiniões distintas sobre essas questões estão Ashley Wazana, "Physicians and the pharmaceutical industry: Is a gift ever just a gift?", *JAMA* 283 (2000), p. 373-380; Troyen A. Brennan et al., "Health industry practices that create conflicts of interest", *JAMA* 295 (2006), p. 429-433; Jason Dana e George Loewenstein, "A social science perspective on gifts to physicians from industry", *JAMA* 290 (2003), p. 252-255; David Blumenthal, "Doctors and drug companies", *NEJM* 351 (2004), p. 1885-1890; Jerry Avorn, *Powerful Medicines: The Benefits, Risks, and Costs of Prescription Drugs* (Nova York: Knopf, 2004); Marcia Angell, *The Truth about the Drug Companies: How They Deceive Us and What to Do about It* (Nova York: Random House, 2004); Thomas Stossel, "Free the scientists!: Conflict-of-interest rules purport to cure a problem that doesn't exist — and are stifling medical progress", *Forbes*, 14 de fevereiro de 2005; Thomas Stossel e David Shaywitz, "What's wrong with money in science?", *Washington Post*, 2 de julho de 2006; e um artigo de meu colega em *The New Yorker* Malcolm Gladwell, "High prices: How to think about prescription drugs", *New Yorker*, 25 de outubro de 2004.

Robert Steinbrook destacou o acesso dos laboratórios aos padrões de prescrição dos médicos em "For sale: Physicians' prescribing data", *NEJM 354* (2006), p. 2745-2747, de modo que agora Karen Delgado e seus colegas já não precisam receber essa informação de leitores de revistas de negócios, como seu marido.

Recentemente, orientações de tratamento produzidas por uma comissão de especialistas foram criticadas porque um laboratório farmacêutico que fabricava um produto altamente questionável recomendado nas orientações tinha financiado o trabalho: Peter Q. Eichacker et al., "Surviving sepsis: Practice guidelines, marketing campaigns and Eli Lilly", *NEJM* 355 (2006), p. 1640-1642.

A polêmica sobre a reposição de androgênio em homens envelhecendo é muito bem resumida em Paul M. Stewan, "Aging and fountain-of-youth hormones", *NEJM* 355 (2006), p. 1724-1726, baseado em um estudo recente de K. Sreekumaran Nair et al., "DHEA in elderly women and DHEA or testosterone in elderly men", *NEJM* 355 (2006), p. 1647-1659.

Meu artigo sobre os inibidores da COX-2 foi publicado em *The New Yorker* em 15 de junho de 1998: "Superaspirin: A new kind of drug could make Motrin and Aleve obsolete."

O debate sobre terapia de reposição hormonal em mulheres foi amplamente acompanhado. O artigo de Francine Grodstein et al., "Hormone therapy and coronary heart disease: The role of time since menopause and age at hormone initiation", *Journal of Women's Health* 15 (2006), p. 3544, provocou muita repercussão jornalística. Para uma visão de como a imprensa leiga noticia estudos clínicos e de laboratório, ver Edward W. Campion, "Medical research and the news media", *NEJM* 351 (2004), p. 2436-2437. No capítulo, o artigo do *New York Times* "Rethinking hormones, again", de Roni Rabin, foi publicado em 31 de janeiro de 2006, e o artigo do *Wall Street Journal* "In study of women's health, design flaws raise questions", de Tara Parker-Pope, em 28 de fevereiro de 2006.

Muitos artigos em jornais e revistas alertaram os pacientes para as práticas de marketing e a influência de remuneração por consultoria e presentes nas recomendações dos médicos: Abigail Zuger, "How tightly do ties between doctor and drug company bind?", *New York Times,* 27 de julho de 2006; Gina Kolata, "Spinal cement draws patients and questions", *New York Times,* 28 de agosto de 2005; Gina Kolata, "With costs rising, treating back pain often seems futile", *New York Times,* 9 de fevereiro de 2004; Reed Abelson, "Whistle-blower suit says device maker generously rewards doctors", *New York Times,* 24 de janeiro de 2006; Gardiner Harris, "In article, doctors back ban on gifts from drug makers", *New York Times,* 25 de janeiro de 2006; Carl Elliott, "The drug pushers", *Atlantic Monthly,* abril de 2006; Gwen Ifill entrevistou o dr. David Blumenthal, "Debating drug company gifts", no *PBS Online,* 25 de janeiro de 2006.

O debate sobre o correto diagnóstico e tratamento de dor nas costas pode ser encontrado no excelente trabalho de Richard A. Deyo e James N. Weinstein, "Low back pain", *NEJM* 344 (2001), p. 363-370. Ver também Peter Fritzell et al., "Lumbar fusion versus nonsurgical treatment for chronic low back pain", *Spine* 26 (2001), p. 2521-2534; Judith A. Turner et al., "Patient outcomes after lumbar spinal fusions", *JAMA 268* (1992), p. 907-911; Daniel C. Cherkin et al., "Physician variation in diagnostic testing for low back pain: Who you see is what you get", *American College of Rheumatology* 37 (1994), p. 15-22. Na imprensa leiga, ver Judy Foreman, "Aching spine", *Boston Globe,* 3 de maio de 2005. Um importante estudo sobre tomada de decisão informada pode ser encontrado em Richard A. Deyo et al., "Involving patients in clinical decisions: Impact of an interactive video program on use of back surgery", *Medical Care* 38 (2000), p. 959-969.

10. A serviço da alma

O livro de Stephen Hall é *A Commotion in the Blood: Life, Death, and the Immune System* (Nova York: Owl Books, 1998).

Os leitores interessados na história da filantropia médica da família Rockefeller devem ler Ron Chernow, *Titan: The Life of John D. Rockefeller, Sr.* (Nova York: Random House, 1998).

O IPSS foi publicado em Peter Greenberg et al., "International scoring system for evaluating prognosis in myelodysplastic syndromes", *Blood* 89 (1997), p. 2079-2088.

Epílogo: As perguntas de um paciente

O dr. Arthur J. Barsky escreveu bastante sobre sintomas somáticos causados por perturbações psicológicas. Seu trabalho e o de outros é apresentado em meu artigo "Sick with worry: Can hypochondria be cured?", *New Yorker*, 11 de agosto de 2003. Barsky e Emily C. Deans publicaram recentemente um livro para pessoas que sofrem de hipocondria, estabelecendo um programa de terapia comportamental cognitiva para reduzir o sofrimento: *Stop Being Your Symptoms and Start Being Yourself* (Nova York: HarperCollins, 2006).

O estudo com 45 médicos é de Derjung M. Tarn et al., "Physician communication when prescribing new medications", *Archives of Internal Medicine* 166 (2006), p. 1855-1862.

A história contada por Karen Delgado sobre os comprimidos roxos mostra que soluções abrangentes ainda exigem comunicação e não são soluções perfeitas para erros no atendimento. Os médicos precisam continuar a pensar até a resposta ser encontrada.

Índice

Este livro foi composto em Minion 10,5/16,8
e impresso pela Ediouro Gráfica sobre
papel offset 75g para a Agir em abril de 2008.